U0362507

素养导向的
信息科技教材研制
与创新应用

线上线下融合的视角

李　锋◎著

华东师范大学出版社

·上海·

图书在版编目（CIP）数据

素养导向的信息科技教材研制与创新应用：线上线
下融合的视角/李锋著. —上海：华东师范大学出版
社，2025. —ISBN 978 - 7 - 5760 - 5912 - 0

Ⅰ. G633. 672

中国国家版本馆 CIP 数据核字第 20251AG296 号

素养导向的信息科技教材研制与创新应用
线上线下融合的视角

著　　者　李　锋
责任编辑　彭呈军
特约审读　陈成江
责任校对　王丽平
装帧设计　卢晓红

出版发行　华东师范大学出版社
社　　址　上海市中山北路 3663 号　邮编 200062
网　　址　www.ecnupress.com.cn
电　　话　021 - 60821666　行政传真 021 - 62572105
客服电话　021 - 62865537
门市（邮购）电话 021 - 62869887
地　　址　上海市中山北路 3663 号华东师范大学校内先锋路口
网　　店　http://hdsdcbs.tmall.com

印 刷 者　上海龙腾印务有限公司
开　　本　787 毫米×1092 毫米　1/16
印　　张　15
字　　数　255 千字
版　　次　2025 年 4 月第 1 版
印　　次　2025 年 4 月第 1 次
书　　号　ISBN 978 - 7 - 5760 - 5912 - 0
定　　价　68.00 元

出 版 人　王　焰

本书是国家社会科学基金教育学一般课题"线上线下融合的信息技术教材新形态及创新应用研究"（课题编号：BCA210081）研究成果。

序 一

本书深入探讨了信息科技教材在素养导向下的设计与开发,特别是在线上线下融合环境下的创新与应用。

书中首先分析了国内外中小学信息科技教材的发展现状,并深入讨论了信息科技教材研制的基础,包括教材的教育功能、学科逻辑、学生认知发展和教师教学要求。书中强调了为面对未来挑战,信息科技教材应在课改新理念的指导下,以提升学生的学科核心素养(信息意识、计算思维、数字化学习与创新、信息社会责任)为目标进行研制。由此作者详细讨论了学科核心素养视角下的信息科技教材设计,包括界定"关键问题"、形成"结构化内容"、规划学习单元,并提供了案例分析等。根据新课标的要求,书中还重点讨论了信息科技教材中跨学科学习主题的设计与实践,特别强调了跨学科的重要性,并提供了具体的案例分析。

基于新技术蓬勃发展的背景,本书对信息科技教材的具体编制进行了深入的研究,提出了线上线下融合的教材新形态,并具体探讨了研制的方法与策略。这种融合了线下的纸质文本和线上的数字化资源和网络平台的新形态教材,为学生与教师提供了更加丰富和多元的教与学资源和支持。

新形态教材用文本、图片、音频、视频、动画等多种媒体形式呈现内容,使得教学内容的表达更加生动、形象,易于理解。新形态教材通过网络平台可提供持续更新的"数字活页"学习内容,例如动态资源和数据,以及新技术、新应用等补充资源。

新形态教材中的人工智能技术,如知识图谱、学习者画像、个性化推荐等,支持教师更有效地进行教学的设计、实施和评价;也能根据学生的学习数据和学习风格,提供个性化的支持,帮助学生进行个性化学习。通过个人在线的教与学空间,教师和学生可以保存和分享教与学的成果,其中部分可以转化为新的教学资源。

新形态教材将纸质教材内容学习与在线教与学活动相结合,利用在线分析系统可获取相关有价值的数据和信息,这可帮助提升教研活动的质量,对教师专业发展和教育质量的提升都有积极的作用。新形态教材的建设是一个持续迭代的过程,需要不断地根据学生的学习反馈和技术发展进行优化和更新,所以新形态教材具有成长性。

中小学教科书在课程和教学中具有特殊的地位,它承载着教育目标和教学内容。一般来说,当教师和学生拿到教科书以后教与学才真正开始。因此教材的数字化转型应该是教育数字化转型的重要标志。本书所说的教材新形态,实际上就是教材的数字化转型,这对所有学科都有借鉴和示范作用。

本书作者李锋研究员是国家义务教育信息科技课程标准研制组和高中信息技术课程标准修订组的核心成员。在国家"双新"课程方案和课程标准的研制工作中,留给我深刻的印象:他是高校的学科专家,但对基础教育第一线有深刻了解,且全身心投入研究。本书就是他近年来主持的国家社科基金课题的研究成果,此成果获得结题优秀的评价。我很高兴把他的著作介绍给广大读者。

国家教育咨询委员会委员

2024 - 11 - 10

序 二

随着教育部制定并颁发《义务教育信息科技课程标准(2022年版)》，我国信息科技(信息技术、计算机)教育经过40多年的努力，完成了从无到有、从新技术新工具的学习到面向核心素养的人才培育、从只有高中以上教育的"空中楼阁"课程体系到中小学阶段完整课程体系的发展，进入一个学段教育全覆盖的新阶段。而且正好是在全球处于以互联网、大数据、人工智能为代表的新技术、新工具的快速发展创生出全新的数字化生存环境之时，这样，对于我国从事中小学信息科技教育的研究人员和一线教师来说，一方面面临着新的要求与挑战，另一方面也是提升本身素养的重要机遇。其中的一个重要问题是如何认识和对待以教材为基础的教学资源。

首先，信息科技教育的根本目的是提升我国中小学生适应信息社会不断深化的生存与发展能力的基本素养。数字化、网络化、智能化等信息社会环境的发展日新月异，而文本教材的写作、编辑、出版总是赶不上，这是客观事实；而许多新的概念、技术、成果又需要经过一段时间实践才能沉淀为人类共有知识；而且，信息科技又比其他学科具有平台优势。因此，信息科技教材作为信息科技教育的重要资源，打破文本为主的模式，创新线上线下融合的教材新形态，按照学科核心素养的要求合理选择和组织学习内容，通过对计算思维的渗透，让学生逐步具备数字化学习与创新的能力，形成良好的信息意识，加强信息社会责任感，以高质量教材建设推动信息科技课程实施。

信息科技教材建设要体现出时代性特征。能够体现信息科技最新研究成果和发展趋势，以及有独特价值的创新内容、应用和案例写入教材，特别是能反映我国信息科技和信息社会发展新面貌的内容，拓展学生的知识面，激发学习兴趣，从而引导学生正确认识信息科技在生活、学习中的作用。教材要充分反映社会进步和科学技术发展的成果，体现科学性与前瞻性，引导学生了解信息科技的最新发展成果对生活、学习的影响，以激发学生数字化创新的动机，培养学生对信息科技发展的适应能力。

教材的内容要依据课程标准的要求，处理好不同课程模块之间的关系，以适应不同需求和不同志趣学生的需要。必修课程的模块内容既要考虑面向全体学生数字素养与技能的培养，也要为后续课程的学习提供必要的基础；既要处理好和相关学科（如数学、物理等）的关系，又要在纵向上处理好与本学科初中、大学内容之间的关系，避免重复，从而为学生后续发展的需要指明方向。教材的内容编排要在教师的教与学生的学之间达成平衡，既要便于教师科学设计教学情境、有效组织教学，又要为教师自主选择、增补和调整教学内容预留空间。同时，还应注重引导学生主动探究、建构知识、获得结论，促使学生形成良好的学习习惯和思维习惯，为学生提供适当的个性化自主学习的空间。

信息科技教材建设要遵循学生认知发展规律。编写教材时，要充分考虑学生的身心发展水平和心理接受能力。从思维特点来看，不同学段学生认知能力也不相同。因此，教材的编写既要充分考虑学生已有的知识和经验，注意与有关课程的衔接，内容难易适中，教材的内容设计要密切联系实际，结合学生的现实生活和学习实践以及当地的社会发展，适度设置基于真实情境的学习任务、典型案例或研究性项目活动，以引导学生在动手操作、自主探究和解决问题的过程中将"学科技"与"用科技"有效融合，主动地理解知识、掌握技能、发挥能力。教材的内容编排要具有一定的开放性和拓展性，在保证基本内容完整性和系统性的基础上，允许教材编写者适当设置一些选学内容或选做的活动等，既能为学校和教师拓展学习内容、开发学习资源提供可能，又能拓宽学生的视野，发展学生的爱好和特长，培养学生的创新精神和实践能力。

李锋一直在信息科技教育领域开展研究，前期完成了信息科技课程开发的研究，这次完成的《素养导向的信息科技教材研制与创新应用》是对前期成果的延续，该书梳理了我国中小学信息科技教材发展的历程，分析了信息科技课程培养学生核心素养的特征，从课程标准建设、跨学科教学实施、线上线下融合学习环境、智能化教学手段等方面分析了新时代信息科技教材建设的方法与策略，为中小学信息科技教材建设与使用提供了新路径新方法。当然，新形态信息科技教材区别于传统纸质教材在于它以"智能终端＋网络平台＋智能系统"的方式创新教材形态。从功能效果来看，信息科技教材依托网络技术拓展学生学习时空，丰富学习资源，为学生时时可学、处处能学创造条件；通过学习大数据分析学生学习状况，为学生个性化学习资源选学提供支持；借助人工智能伴随学生学习，为学生提供有针对性的学习指导。从功能实现来看，新形态信息科技教材遵循信息系统研发规律，从需求分析、模型建设、数字化实现、优化完善等环节进行持续迭代。因此，为达成上述功能，新形态信息科技教材的研发就需要在教材实践应用中获取师生需求、结合教学理论依据需求开发相应的教育功能、在教学实践中验证功能、通过不断迭代优化智能教材。因此，新形态信息科技教材建设过程，也是实验学校同步应用与逐步完善的过程。希望大家共同努力从理论建设、教材研发、教学应用，全环节、全方位地促进中小学信息科技课程的建设与实施。

2024 - 11 - 14

目 录

前　言

　　教材作为人类优秀文化的传播载体,其内容与承载形式需要与时俱进。中小学信息科技是一门年轻的学校课程,在经历计算机文化论、信息技术工具论、信息素养论等发展历程后进入素养导向课程建设新阶段。在素养教育和数字化转型大背景下,信息科技教材建设要以网络强国、数字中国建设的国家战略需求为牵引,落实立德树人根本任务,坚持打造培根铸魂、启智增慧的精品教材,按照学生认知规律和新技术的发展丰富完善教材内容,创新教材形态,为促进全民终身学习的学习型社会、学习型大国建设提供教育新赛道。

　　本书针对中小学信息科技课程发展特征,依据教材建设内在规律和时代要求,从信息科技教材发展历程与理论基础、素养导向信息科技教材建设需求与设计、智能工具支持的教材建设新形态以及线上线下融合教材创新应用等方面开展研究,全书共有七章,其中:

　　第一章:国内外中小学信息科技教材发展成就与现状分析。以发展的视角分析我国信息科技教材建设阶段和内容特征,明确数字时代信息科技教材建设的现实需求与挑战。梳理国际信息科技教材最新研究成果和发展趋势,体现出信息科技教材建设的时代性特征,从前沿学科内容融入、内容组织方式、学习活动设计等方面指出线上线下融合教材建设的现实意义。

　　第二章:中小学信息科技教材研制的理论基础。本章从学生认知能力、教师教学需要、社会发展需求、学科发展特征等方面分析信息科技教材研制理论和学理依据,强调信息科技教材建设应围绕信息科技学科概念和逻辑主线,依据学生学习基础和认知能力组织教材内容,注重项目和主题实践活动的引领,促进从"为了知识的教学"向"基于知识的教学"教育理念发展,为发展学生核心素养、培养合格数字公民提供"抓手"。

第三章:核心素养视角下的信息科技教材设计。针对以核心素养为纲的课程改革对教材建设提出了新要求和新挑战,强调教材在结构设计和内容选择上要明确核心素养特征,分析信息科技学科核心素养的内涵与特征,探寻把知识转化为素养的机制和路径,从单元层面确定教材设计方案与策略,以结构化内容和综合实践活动促进学生核心素养发展,推动信息科技教材从知识本位向素养本位建设发展。

第四章:基于标准的信息科技教材内容选择与组织。本章探索了课程标准解析的方法与策略,基于课程标准的要求探索教材研制过程中单元教学设计与课时教学设计的实施路径,分析基于课程标准的信息科技教材内容选择和组织的方法,强调教材研制过程中要依据学生学习基础界定学习目标,选择和组织教材内容,通过学习活动促进学习目标的达成。

第五章:信息科技教材跨学科主题设计与实现。信息科技教材中设计跨学科主题是要打破学科之间界限,加强学科间的内在关联,突出课程内容结构化,以主题、项目、任务等实践活动方式增强学生综合运用知识解决问题的能力。本章分析了教材中跨学科主题设计的意义与原则,设计信息科技教材中跨学科主题设计的过程与方法,通过跨学科主题学习,帮助学生更好地理解现实世界中的复杂问题,增强批判性思维和问题解决的综合实践能力。

第六章:线上线下融合环境的信息科技教材新形态。新技术、新工具在教育教学中的广泛应用,深刻改变着师生传播和获取教育信息的渠道,创新了教师的"教"和学生"学"的新模式。本单元分析了线上线下融合教育环境特征,强调新形态教材建设的现实需求,针对新时代数字教材中的问题,发挥智能化工具的优势,依据教学理论从智适应选学、智能化导学、伴随式评价、深度学习互动等方面分析智能教材的功能,给出了相应的技术实现路径和教学实施案例。

第七章:新形态信息科技教材的创新应用。教材是师生开展教学的主要资源,是学生课外扩大知识领域的重要基础,新形态教材建设与实施要符合促进学生发展的教育理念。本单元遵循学生发展为主旨的教育理念,强调信息科技教材应用从"教教材"到"用教材教"的改变,探索线上线下深度融合教学方式,发挥新形态教材教学应用中互联网、虚拟/增强现实、人工智能等新技术优势,跟踪学生学习过程、开展学习数据分析、有效推荐学习资源,促进学生个性化学习。

新形态信息科技教材研制与应用,助推了线上线下融合、智能化、一体化的学习空间的建设,为教育数字化转型创造了契机,推动了活动过程灵活、学习场景丰富、教学方式多样且能满足个性化学习需求融合教学的开展,因此新形态信息科技教材应用过程中就需要理清融合教学内涵,明晰融合教学特征,构建线上线下融合教学模式,借助新形态教材将融合教学模式落实于教学实施中。本书按照素养导向信息科技课程建设与实施的需要,发挥信息科技自身优势,从线上线下融合教材建设和教学实施方面开展研究,由于本书涉及信息科技、课程与教学等多个领域,加之信息科技发展较快,书中难免有不足与疏漏,我诚恳地期待着读者朋友的批评指正。

李锋

于华东师大文科大楼

第一章
国内外中小学信息科技教材发展成就与现状分析

　　教材作为人类优秀文化的传播载体，其内容与承载形式需与时俱进。计算机和互联网技术的发展促进了线上线下深度融合，创生出教材建设的新形态。2020年1月，国家教材委员会印发的《全国大中小学教材建设规划（2019—2022年）》指出，"教材建设要适应信息技术与教育教学深度融合需要，满足互联网时代学习特性需求"。2020年5月，教育部印发《普通高中信息技术课程标准（2017版2020年修订）》，进一步强调"信息技术教材采用纸质介质与电子介质相辅相成的方式，以实现教材形态的多样化，促进教学手段更新"。2022年4月，《义务教育信息科技课程标准（2022年版）》指出，"围绕信息科技教学指南和学生学习手册，开发配套资源"，对信息科技教材建设提出了新要求。那么，在落实课程标准过程中，发挥信息科技自身优势，创新线上线下融合的教材新形态，以高质量教材建设推动信息科技课程实施就成为一项关键任务。①

---

① 注：中小学信息科技课程是一个快速发展的课程，在此过程中采用了不同的课程名称。本书中除课程标准或教材专用语外，统一采用"信息科技"表述课程名称。

第一节　我国中小学信息科技教材发展历程与成就

我国中小学信息科技教育可以追溯到 1982 年的中学计算机选修课教学实验的开展。当时,教育部在北京大学附中、清华大学附中、北京师范大学附中、复旦大学附中、华东师范大学第二附属中学五所大学的附属高中率先开展计算机选修课教学试点,并发布了一系列中小学计算机教育的政策文件,推动当时中小学计算机选修课教材的研制与应用。分析我国中小学信息科技教材建设与发展过程,大体经历了知识技能取向、三维目标取向和核心素养取向三个阶段。

一、面向知识技能的计算机教材

我国中小学信息科技教育是从计算机教育开始的,当时研制和应用的教材名称是中小学计算机教材,教材内容的选择与组织是依据教育部制定和发布的一系列计算机教育政策文件进行的。在这一时期,中小学信息科技教育更多关注的是计算机基础知识和操作技能,教材建设主要围绕着计算机知识技能的学科逻辑展开。

1984 年教育部制定和发布了《中学电子计算机选修课教学纲要(试行)》,将教学目标界定为初步了解计算机的基本工作原理和对人类的影响,掌握基本的 BASIC 语言并初步具备读、写程序和上机调试的能力,初步培养逻辑思维和分析问题与解决问题的能力。规定了教学内容,即电子计算机的发展、电子计算机的基本原理与构成、电子计算机操作、以 BASIC 为主的程序设计语言、数的进制、逻辑代数等。随后修订的《普通中学电子计算机选修课教学大纲(试用)》增加了三类应用软件(字处理、数据库、电子表格)的教学内容,课程目标相应地补充了计算机的应用。此时的中学计算机教学内容开始关注计算机软件的使用。[①] 1994年,国家教育委员会(教育部)在前期计算机教学实验成果总结的基础上,发布《中小学计算机课程指导纲要》,该纲要对中小学计算机课程的地位、性质、教学目的、课时安排、教学内容和教学要求都有了比较详细的要求,指出计算机课程将逐步成为中小学的一门独立的、知识和技能相结合的基础性学科。指导纲要规定了中小学计算机课程共包括五个模块:计算机的基础知识;计算机基本操作与使用;计算机常用软件介绍;程序设计语言和计算机在现代社会中的应用以及对人类社会的影响。之后颁发的《中小学计算机课程指导纲要(修订稿)》,增加了操作系统应用、网络通信、多媒体、常用工具软件等新内容,对程序设计语言在内容和要求上进行了调整,进一步明确了小学和中学的教学内容和教学要求。该指导纲要规定,小学计算机课程学习内容包括计算机基础常识和简单操作、微机操作系统简单操作与使用、汉字输入及简单文字处理、LOGO绘图、教学软件或益智性教学游戏软件的使用五个模块。中学计算机课程学习内容有10个模块,分为基本模块、基本选学模块、选学模块三类:基本模块包括计算机基础知识与基本操作、微机操作系统的操作与使用、汉字输入及西文文字处理。基本选学模块包括数据处理与数据库管理系统、电子表格、LOGO绘图、多媒体基础知识及多媒体软件应用、Internet基础知识与基本操作。选学模块包括常用工具软件的使用和程序设计初步。[②]

在此时期,一些教研部门和研究机构在国家中小学计算机教育政策文件指导下,编写了具有地方和学校特色的计算机选修课的教材。这些教材的研制与应用,为中小学计算机教学开展提供了"抓手"。例如,人民教育出版社出版的《BASIC语言——电子计算机初步知识》作为高中选学教材,包括电子计算机简介、BASIC语言初步、数的进位制、逻辑代数初步四部分内容。[③] 上海教育出版社出版的《中学计算机教材》有"电子计算机概论、BASIC语言的基本概念、BASIC程序设计基本语句、实例分析"等内容。[④] 天津教育出版社出版的计算机教材,初

---

① 全国中学计算机教育研究中心. 全国中小学计算机教育资料汇编[M]. 北京:电子工业出版社,1991.

② 国家教育委员会. 中小学计算机课程指导纲要(修订稿)[S]. 国家教育委员会办公厅,1997.

③ 吕学礼,陶振宗. BASIC语言——电子计算机初步知识[M]. 北京:人民教育出版社,1984.

④ 上海市中小学教材编写组. 中学计算机教材[M]. 上海:上海教育出版社,1985.

中阶段的主要内容为计算机的功能和计算机键盘输入的基本指法[①],高中阶段的学习内容为 BASIC 语言,帮助学生掌握计算机语言的逻辑和思维方式,明白计算机是如何工作的。[②] 在教材逻辑结构方面,该时期的中小学计算机教材首先介绍相关理论知识,然后详细地罗列操作步骤,突出知识技能的操作和实践。但是,该阶段的教材内容过于注重计算机技术知识,围绕计算机和程序设计语言展开,多以讲授 BASIC 语言为主,教材组织方式更像是计算机和各种计算机软件的操作说明。在学习过程中学生需要记忆较多的程序命令和较复杂的语句结构,内容难度超出了中小学生的认知能力,一定程度上降低了学生对计算机的学习兴趣。

二、面向三维目标的信息技术教材

进入 21 世纪,随着信息科技的不断发展,信息素养开始被人们不断提及并重视,成为信息社会公民素养的重要组成部分。2000 年,为深化教育改革,全面推进素质教育,培养具有创新精神和实践能力的高素质人才和劳动者,教育部决定在全国中小学开设信息技术课程,颁发了《中小学信息技术课程指导纲要(试行)》[③],正式把"计算机课程"更名为"信息技术课程",针对信息社会发展需求,对小学、初中、高中的教学目标、教学内容和课时安排进行了修改和补充,规定中小学信息技术课程教学内容以计算机和网络技术为主,在中小学信息技术课程的主要任务中明确提出要"让学生了解和掌握信息技术基本知识和技能"和"培养学生良好的信息素养"。由此,全国中小学掀起了一个普及信息技术教育的新高潮,中小学信息技术教育进入了全面普及阶段。2001 年,教育部印发《基础教育课程改革纲要(试行)》,规定从小学至高中设置综合实践活动作为必修课程,并将信息技术教育内容纳入综合实践活动统筹实施。强调在课程实施过程中要加强信息技术教育,培养学生利用信息技术的意识和能力。[④]

---

① 天津市中学计算机教学实验中心. 初中计算机教材(试用版)[M]. 天津:天津教育出版社,1987.
② 天津市中学计算机教学实验中心. 高中计算机教材(试用版)[M]. 天津:天津教育出版社,1988.
③ 中华人民共和国教育部. 教育部关于印发《中小学信息技术课程指导纲要(试行)》的通知[EB/OL].(2000 - 11 - 14). http://www. moe. gov. cn/s78/A06/jcys_left/zc_jyzb/201001/t20100128_82087. html.
④ 中华人民共和国教育部. 教育部关于印发《基础教育课程改革纲要(试行)》的通知[EB/OL].(2001 - 06 - 08)[2023 - 07 - 28]. https://www. gov. cn/gongbao/content/2002/content_61386. htm.

2003 年，教育部印发《普通高中课程方案（实验）》，明确提出在高中阶段设置技术课程，其中包括了信息技术科目。① 在《普通高中技术课程标准（实验）》中提出普通高中信息技术课程的总目标是提升学生的信息素养，具体体现在知识与技能、过程与方法、情感态度与价值观三个维度，强调三维目标的有机统一；课程内容包括信息技术基础一个必修模块和算法与程序设计、多媒体技术应用、网络技术应用、数据管理技术、人工智能初步五个选修模块。② 2017 年，教育部印发的《中小学综合实践活动课程指导纲要》，设计了 25 个信息技术活动推荐主题，包括信息交流与安全、三维趣味设计、体验物联网等，指导教师设计和实施综合实践课程，突出了培养学生获取信息、传输信息、处理信息和应用信息的能力，旨在培养学生的信息素养。③

《普通高中技术课程标准（实验）》颁布后，一些出版社依据该课程标准开展了信息技术教材编写工作。2004 年，国家中小学教材审定委员会审核通过了教育科学出版社、上海科技教育出版社、浙江教育出版社、广东教育出版社和中国地图出版社出版的五套高中信息技术教材。其中，"信息技术基础"作为必修模块，是高中学生提升信息素养的基础，也是学生学习各选修模块的前提。以此模块为例，五套教材围绕着"信息获取""信息加工与表达""信息资源管理"和"信息技术与社会"等学习主题展开，具体内容与《普通高中技术课程标准（实验）》中规定的内容标准实现了一致性对应。以上海科技教育出版社出版的《信息技术基础》为例，教材涉及的主题及主要内容如表 1 - 1 - 1 所示。整体来说，教材内容注重训练学生信息技术工具使用方法与策略，强调信息安全和信息伦理教育，旨在培养学生获取、加工、管理、发布信息，以及利用信息解决问题的选择和决策能力，提升学生的信息素养。

① 中华人民共和国教育部. 教育部关于印发《普通高中课程方案（实验）》和语文等十五个学科课程标准（实验）的通知［EB/OL］. (2003 - 03 - 31). http://www. moe. gov. cn/srcsite/A26/s8001/200303/t20030331_167349. html.

② 中华人民共和国教育部，普通高中技术课程标准（实验）［M］. 北京：人民教育出版社，2003.

③ 中华人民共和国教育部. 教育部关于印发《中小学综合实践活动课程指导纲要》的通知［EB/OL］. (2017 - 09 - 25). http://www. moe. gov. cn/srcsite/A26/s8001/201710/t20171017_316616. html.

表 1-1-1 《信息技术基础》主要内容

主题	教 材 内 容
信息获取	信息的定义和基本特征;列举信息技术的应用实例;信息技术的五次革命和发展趋势;根据问题确定信息需求和信息来源;选择适当的方法获取信息;网络信息检索的几种主要策略;下载网络信息;信息价值判断的基本方法
信息加工与表达	信息加工的需求确定;根据任务需求,使用工具软件处理文本信息、数据信息和多媒体信息;信息集成的一般过程;信息作品的制作、发布与交流;编程解决问题;智能信息处理
信息资源管理	信息资源管理的目的与方法;使用数据库管理信息的基本思想和方法
信息技术与社会	信息技术对社会发展、科技进步以及个人生活与学习的影响;信息技术引发的矛盾与问题;充分合理利用信息技术;自觉遵守与信息活动相关的法律法规的意识;病毒防范、信息保护的基本方法

在整体组织结构上,五套教材以信息处理与交流为主线,章节设置与《普通高中技术课程标准(实验)》中的主题相对应。在具体组织形式上,五套教材在每一章均设置有导言,通过情境或实际问题进行知识内容的引入,并且在章节后安排了一定数量的综合活动,引导学生在活动中巩固所学知识。在教材呈现方式上,以上海科技教育出版社出版的教材为例[①],教材通过"操作示例""提醒""学习向导""学习支持资源"等栏目提供资源支持,让学生在活动中巩固知识,如图 1-1-1 所示;通过穿插在正文中的"活动"栏目,让学生对知识有更深的理解,进一步掌握知识技能;"综合活动"提供了活动主题、活动要求、活动建议和评价,有助于学生在学习完一章的内容后进行自主探究和交流合作。从图表的角度来看,教材均能通过图文并茂的方式组织内容,使用了丰富多样的图表形式,如截图、数据表格、实物图和卡通画等,能够将截图、形状与文字说明相结合,帮助学生理解知识内容,促进学生知识应用与迁移。

该时期的初中信息科技教材主要围绕信息技术基础知识、网络搜索、电子表格、网页制作和发布等内容展开。例如,中华地图学社出版的教材《信息科技初中版(试用本)》在框架结构上[②],分为信息科技基础、班级演讲会、少年网页设计师、小小统计家四个部分,每个单元设计有三个活动,把各个单元的知识技能目

① 应吉康.信息技术基础[M].上海:上海科技教育出版社,2004.
② 俞时权.信息科技初中版(试验本)[M].北京:中国地图出版社,上海:中华地图学社,2003.

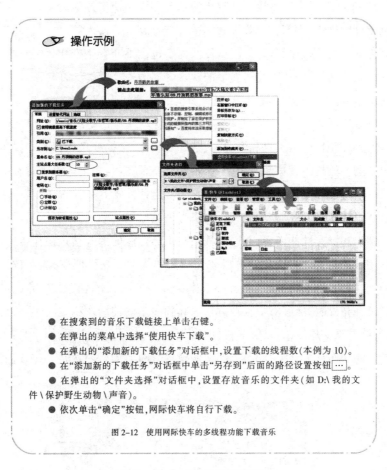

操作示例

- 在搜索到的音乐下载链接上单击右键。
- 在弹出的菜单中选择"使用快车下载"。
- 在弹出的"添加新的下载任务"对话框中,设置下载的线程数(本例为10)。
- 在"添加新的下载任务"对话框中单击"另存到"后面的路径设置按钮 …。
- 在弹出的"文件夹选择"对话框中,设置存放音乐的文件夹(如 D:\ 我的文件 \ 保护野生动物 \ 声音)。
- 依次单击"确定"按钮,网际快车将自行下载。

图 2-12   使用网际快车的多线程功能下载音乐

图 1-1-1   "操作示例"栏目

标落实于三个具体的活动中,各个活动依次增强、不断递进。为方便组织教学,教材把每个单元按教学量划分成课。在栏目设计方面,每个单元的篇首通过一段相关的短文简略介绍本单元的学习背景、内容、要求等,每课的正文前设置"目标",正文分成若干小段,在正文中配以适当的图解,在正文中设置"跟我学""想一想""做一做""试一试""小常识""练习""注意"等栏目,丰富教学活动,补充知识,吸引学生注意。在书写风格上,教材内容以第一人称的视角进行叙述,图文并茂,文字较为简短精练,以描述操作步骤和完成任务为主。整体来说,教材能够从主题活动出发,结合实际情境开展教学,增强了学生对信息技术应用的兴趣。但是,这些教材内容主要以计算机的基础知识和操作技能为主,详细描述计算机软硬件的操作,例如文字处理软件中的选择、单击、输入等,事实上随着计算机软硬件的持续迭代更新,计算机操作性内容也在不断发生变化,如何选择和融入本学科独特的、促进学生终身发展的学习内容仍是教材建设的挑战。

在小学阶段,教材内容主要围绕计算机的基础知识、基本概念,以及各种软件的应用方法展开,包括计算机的组成、键盘输入、画图、动画制作、LOGO 编程语言、计算机网络、网络工具和资源、文字处理软件、数据处理软件和多媒体制作工具等主题。教材内容覆盖范围广,但难度参差不齐,与初中教材内容有一定重合之处。以华东师范大学出版社出版的《小学信息科技第一册(试验本)》为例①,教材以认识计算机、文字处理、画图、网络为主线组织教学内容,多以描述性的语句讲述知识和操作性的内容,并通过截图和矩形标注的形式呈现操作步骤,将课程内容完全简化为计算机和计算机软件的操作指南。在呈现形式上,教材采用了卡通动物和卡通人物形象,符合小学生认知习惯,吸引学生兴趣,并通过气泡框的形式补充说明,能够对学生理解知识起到一定的辅助作用。同时,教材设置了"练一练""想一想""试一试"等栏目,如图 1-1-2 所示。但是教材内容多以软硬件的技能操作命令和步骤为主,不能体现主题和活动目的,学生只知道要这样

图 1-1-2 "练一练"栏目

---

① 陶增乐. 小学信息科技第一册(试验本)[M]. 上海:华东师范大学出版社,2004.

做,难以知道这样做的原因(即为什么选择这样的技术工具,应用这些技术解决问题的优势和不足有哪些,以及在使用中需要注意什么问题等)。由于教材内容过于强调了软硬件应用步骤的机械操作,这一定程度上限制了学生应用技能解决真实问题能力的增强。

值得一提的是,在这一时期,中小学信息技术教材已经出现了与教材配套的资料,如光盘和网站。与教材配套的光盘提供了相应的教学素材,例如用于文字处理操作练习的初始文件和完成示例文件、知识拓展资料、课后练习、作品范例及素材等。以上海科技教育出版社出版的高中《信息技术基础》配套光盘为例,启动光盘中的主应用程序,可以看到知识要点、学习表单、单元测试、作品实例、软件教程、相关素材等模块,每个模块链接着对应网页。但是其中的知识要点还较为简略,更像是教材的关键字句罗列;单元测试全部为单选题,以考查概念性知识为主,并且提供了测试题答案;作品实例和相关素材则提供了两个简单的网页作品,用以给予学习启发和操作参考,激发学生的创作兴趣。通过教材前言中提供的网址或直接搜索出版社网站,可以获取教材中出现的所有素材,如图片资源和数据库文件等,也可以下载查看与教材中实践活动相对应的作品案例。光盘、网站等配套资源的建设与应用,是对纸质教材进行的有益补充,为学生提供电子版的知识拓展内容,并支持网页作品、动画作品、程序作品的展示,弥补纸质教材内容难以及时更新的缺陷,对学生学习起到一定的辅助作用。

三、面向核心素养的信息科技教材

随着互联网、大数据、人工智能等新技术的迅猛发展,人们的生活、学习和工作受到了信息科技深刻影响。以计算软硬件操作为主导的信息科技基础教育已不足以支撑建设网络强国、数字中国、教育强国的国家战略目标,如何将新技术、新理念合理融入学校课程教学中,就成为信息科技教育的新任务。2018年,教育部颁布了《普通高中信息技术课程标准(2017年版)》,后又印发了《普通高中信息技术课程标准(2017年版2020年修订)》(以下简称"《高中信息技术课程标准》")。《高中信息技术课程标准》凝练了学科核心素养,提出信息技术学科的核心素养由信息意识、计算思维、数字化学习与创新、信息社会责任四个核心要素组成;精炼了数据、算法、信息系统与信息社会四个学科大概念;规定课程由必修、选择性必修和选修三类课程组成,必修模块包括数据与计算、信息系统与社会两个模块,选择性必修模块包括数据与数据结构、网络基础、数据管理与分析、人工智能初步、三维设计与创意和开源硬件项目设计六个模块,选修模块包括算法初步和移动应用设计两个模块。①

在义务教育阶段,2022 年,教育部印发了《义务教育信息科技课程标准(2022年版)》(以下简称《义务教育信息科技课程标准》),将信息科技课程从综合实践活动课程中独立出来,作为一门独立开设的课程。《义务教育信息科技课程标准》围绕数据、算法、网络、信息处理、信息安全、人工智能六条课程逻辑主线组织课程内容,结合核心素养和学生认知特征,设计了信息交流与分享、信息隐私与安全、在线学习与生活、数据与编码、身边的算法、过程与控制、互联网应用与创新、物联网实践与探索、人工智能与智慧社会等内容模块,并设置了数字设备体验、数据编码探秘、小型系统模拟、互联智能设计等跨学科主题,体现循序渐进和螺旋式发展。② 信息科技课程注重培养学生信息意识、计算思维、数字化学习与创新、信息社会责任四个方面核心素养,促进学生数字素养与技能的提升,课程内容反映出从培养信息科技"消费应用者"向培养信息科技"创新应用者"的发展。

《高中信息技术课程标准》实施后,国家教材委员会专家委员会审核通过了人民教育出版社与中国地图出版社、上海科技教育出版社、广东教育出版社、浙江教育出版社、教育科学出版社、华东师范大学出版社出版的六套高中信息技术教材。在内容结构上,六套教材根据《高中信息技术课程标准》的课程结构与课程内容进行编排,以"章—节"或"单元—节"的方式组织内容。以人民教育出版社与中国地图出版社出版的信息技术必修《数据与计算》为例③,教材以数字化、网络化、智能化的学科内容逻辑进行编排,按照由易到难、由浅入深的渐进顺序层层递进,整个教材由认识数据与大数据、算法与程序实现、数据处理与应用、走进智能时代四个章节组成(具体内容见表 1-1-2),旨在促进学生信息意识、计算思维、数字化学习与创新、信息社会责任核心素养的发展。可以看出,新版《高中信息技术课程标准》实施后的教材内容已经不再局限于信息获取、加工、管理、

---

① 中华人民共和国教育部. 普通高中信息技术课程标准(2017 年版 2020 年修订)[M].北京:人民教育出版社,2020.

② 中华人民共和国教育部. 义务教育信息科技课程标准(2022 年版)[M].北京:北京师范大学出版社,2022.

③ 祝智庭,樊磊. 信息技术 数据与计算[M].北京:人民教育出版社、中国地图出版社,2019.

表达和交流等技术工具操作层面的内容,而是突出了契合学生在数字时代中生活、学习、创新以及未来工作需求的问题分析、算法设计、方案实施、数据处理、优化迭代等数字化关键能力,通过基本原理、学科方法、解决问题的过程等内容发展学生数字素养与技能。此外,六套教材最为突出的特点为项目式学习,它们均结合教材内容设置了主题学习项目,将核心素养与课程目标融入项目主题学习活动中,在实践活动中促进学生数字素养与技能的提升。在人民教育出版社与中国地图出版社出版的教材中,教材在每一章均设置了主题学习项目,并在正文内容前明确了项目情境、项目目标、项目准备、项目过程、项目总结,将整个项目活动过程与学习过程紧密结合,在学习过程中贯穿活动主题,将章节正文内容与项目过程相匹配,引导学生利用学科知识技能和方法解决实际问题。

表1-1-2 《数据与计算》教材内容

章	教材内容	主题学习项目
认识数据与大数据	数据及其应用;信息及其特征;数据、信息与知识的关系;数字化及其作用;二进制与数制转换;数据编码;数据压缩;数据科学;大数据及其特征与应用	体质数据促健康
算法与程序实现	解决问题的一般过程;用计算机解决问题的过程;算法的概念及特征;用自然语言、流程图、伪代码描述算法;Python语言的常用数据类型;常量、变量与表达式;顺序结构、选择结构和循环结构;解析算法、枚举算法的问题解决	编程控灯利出行
数据处理与应用	数据采集的一般过程;数据采集的步骤和方法;数据整理的方法;数据安全及数据保护的方法;数据分析的作用、基本方法和工具;数据可视化的形式和方法;数据分析报告及其应用	用水分析助决策
走进智能时代	人工智能的产生与发展;人工智能技术;人工智能平台中的智能工具;编程调用平台中的智能工具;人工智能的应用与影响	智能交互益拓展

在教材呈现方式上,六套教材设置了各具特色、形式多样的活动栏目,并以图文并茂的形式呈现内容。例如,通过思考活动、实践活动、阅读拓展、技术支持、项目实施、思考与练习、问题与讨论、实践与体验等栏目组织教材内容,如图1-1-3所示。这些栏目能够补充正文内容,拓展知识,丰富教材内容及组织形

式。在图表设计上，教材采用了照片、实物图、简笔画、思维导图、过程示意图等丰富多样的插图，采用表格的形式展现文本信息，辅助学生理解教材内容。

阅读拓展　　　　　　　递归方法

　　递归是用于设计算法的一种思想方法，也是计算机科学中一个十分重要的概念。它通常是把一个大型复杂的问题层层转化为一个与原问题相似的、规模较小的问题来求解，通过构建递归关系式，将解决小问题作为解决大问题的入口，由此，大问题也就"迎刃而解"。

　　具体来讲，一个问题能够适用递归方法解决，必须符合两个条件：

　　■一个规模较大的问题可以分解为若干性质相同的规模较小的问题，这些规模较小的问题仍然可以进一步分解，分解出的新问题的解法和原问题的解法相同，只是处理对象的规模不同。

　　■必须有一个明确的结束递归的条件，不得无限递归。

　　递归不仅仅是设计算法的一种思想方法，也是一种简化问题的思维方式。

图1-1-3　"阅读拓展"栏目

　　初中阶段的信息科技教材依据《义务教育信息科技课程标准》，从互联网应用与创新、物联网实践与探索、人工智能与智慧社会三个模块的内容展开。以中国地图出版社出版的《互联网应用与创新》为例，教材为七年级学生用书，以"单元—节"的结构组织内容，包括"互联网创新与未来""互联网基本原理与功能""创建互联网作品"和"分享中国故事"四部分内容，每个单元依托主题学习项目展开，在单元导语后进行主题学习项目的介绍，包括项目目标、项目准备、项目过程和项目总结。其中，"分享中国故事"是跨学科主题项目学习内容，要求学生结合主题，综合运用语文、数学、历史、生物等学科知识开展项目活动。在栏目设计上，每一节前设置有"学习目标"和"情境导入"，情境与学生的生活和学习经历结合，便于学生理解学习要求，从实际问题出发，进行知识探索和学习。在节的末尾设置了"项目实施"和"练习提升"栏目，在章的末尾设置"总结评价"栏目，引导学生在学习过程中推进项目进度，同时进行自我评价。教材中设计了与学习内容相适切的"实践活动""思考活动""研讨交流"等栏目，调动学生思考和交流的积极性，在活动中完成学习任务。此外，对于复杂抽象的网络知识，教材利用图解、动画等形式，将知识与生活中的场景进行类比，例如将网卡中的

MAC 地址类比为"个人身份信息"，IP 地址类比为"家庭住址或学校地址"，将"网络爬虫爬取数据"与"蜘蛛获取食物"相类比，帮助学生理解互联网相关知识含义。

小学阶段的教材内容依据《义务教育信息科技课程标准》的内容模块展开，围绕信息交流与分享、信息隐私与安全、在线学习与生活、数据与编码、身边的算法、过程与控制六个内容模块进行编写。以浙江教育出版社出版的四年级上册《信息科技》教材为例①，内容以数据与编码为主，包括泛在的数据、数据证明观点、身边的编码三个单元，介绍了数据及其价值、数据获取整理、数据计算、编码及编码规则等内容。教材以"单元—课"的结构组织内容，在单元前界定学习目标并提出思考。每一课的内容按照"讨论、探索—建构—练习"的路径展开，从生活中的场景和问题引入内容学习，激发学生学习兴趣，吸引学生学习新知，讲解后通过练习进行总结和实践。在栏目设置上，设置了"想一想"和"试一试"等栏目，引导学生思考、讨论和实践。在呈现形式上，教材背景色彩丰富，不同单元使用了不同的主题色，同时使用了截图、实物图、照片、简笔画、手绘图等多种形式的插图，适合小学生的认知，便于学生理解教材中的文本内容。

随着信息科技的发展与应用，信息科技教材配套资源形式越来越丰富多样，数字教材建设越来越受到重视。目前，高中六套《信息技术》教材均由其出版单位提供免费的电子版教材和在线学习资源，供教师和学生下载使用。"国家中小学智慧教育平台"还针对信息科技课程与教学实施需要，发布了优秀教学课例和数字化学习资源，包括视频课程、学习任务单和课后练习，方便学生查漏补缺，自主学习。平台中还具有班级群组与在线作业活动等功能，学生能够以在线方式与老师和同学交流互动，完成作业。

此外，一些出版社为支持信息科技教材的应用，还搭建有配套的教学资源平台。以人民教育出版社和中国地图出版社出版的高中《信息技术》教材为例，教科书中涉及的资源均可以通过配套的参考教学资源平台下载获取，包括项目实施过程需要用到的数据表、数字化工具的使用指导视频、实践活动中用到的示例程序、程序设计相关的函数与属性功能解释文档，等等。配套资源平台能够补充前沿知识、提供学习支架，为学生完成实践活动和主题学习项目提供必要的支持。为了便于学生使用平台中的参考教学资源，在教材中有参考教学资源平台

---

① 魏雄鹰，翁恺. 义务教育信息科技（四年级上）[M]. 杭州：浙江教育出版社，2023.

获取资源的提示语,在教学资源平台中也清晰地提供了各项教学资源对应的教材章节和页码,便于师生查找和使用。目前,与教材相关的数字化资源形式多样,同时也在不断地完善和优化,通过教材配套的网络平台和数字化资源的建设,助力学生自主和个性化学习开展,促进学生数字化学习与创新能力的增强。

第二节　国际中小学信息科技教材的特征与发展趋势

近年来,互联网、大数据、云计算、人工智能、区块链等新技术的革新和在社会各领域中的广泛应用推动了中小学信息科技教育的发展,促进信息科技教材的研制。世界许多国家都加强了本国中小学信息科技教育,开发出形式多样的学习资源。2013年以来,美国、英国、日本、澳大利亚等国家先后发布了与中小学信息科技课程相关的教育标准。教材出版机构依据教育标准研制出版了中小学信息科技教材及配套资源,通过线上线下融合方式创新教材形态,丰富教材资源的类别。

一、美国计算机科学课程要求与教材特征

美国是在中小学开展信息科技教育较早的国家之一,也是信息科技教育目标取向多样化的国家。早期信息素养、教育技术、计算机科技等学习目标界定反映出不同的信息科技教育取向,体现了不同地区的信息科技教育需求。近年来随着新技术和新工具的普及应用,美国中小学信息科技教育更加强调学生数字素养的提升,依据计算机科学知识逻辑将算法与编程、计算机系统、网络与互联网、数据分析等内容融入中小学计算机科学教材内容中。收集和分析美国中小学校选用的计算机科技教材,无论是用于普及算法和编程教育的"*Python for Kids: A Playful Introduction to Programming*",还是用于指导学生参加升学考试的"*Objects First with Java: A Practical Introduction using BlueJ (Sixth Edition)*",其内容都强调了计算机学科的科学原理、学科方法和工具应用,注重采用线上线下融合方式支持学生对信息科技内容的学习。

（一）美国中小学计算机科学课程设计与实施

进入 21 世纪以来,信息科技在人类生活中起着越来越重要的作用,推动了市场和公众对于信息科技人才的广泛需求。美国的 IT 岗位增长迅速,但与市场的强烈需求相比,信息技术专业人员的数量却远远不能满足这一需要。① 市场需求与人才供给的巨大鸿沟进一步促进了信息科技教育在美国中小学的开展。

2016 年,美国计算机科学教师协会发布了美国《K－12 年级计算机科学框架》(以下简称"《计算机科学框架》"),该《计算机科学框架》提出五个核心概念,代表着计算机科学领域的主要内容,分别是计算机系统(Computing Systems)、网络和因特网(Networks and the Internet)、数据和分析(Data and Analysis)、算法和程序设计(Algorithms and Programming)、计算的影响(Impacts of Computing)。随后,在此基础之上发布了《CSTA K－12 计算机科学标准》,规定了一整套 K－12 计算机科学课程核心学习目标,对五个概念均有不同程度的覆盖,为各学段美国中小学生学习计算机科学提供了依据。该标准总共包括三个等级,其中第 1 和第 3 等级又划分为 A、B 两个等级,即 1A、1B、2 级、3A、3B。1A级、1B级、2 级和 3A 级适用于所有学生,3B 等级标准则是为高中阶段希望在计算机科学有更深造诣的学生准备的课程内容(包括专业课程和选修课程)。

1. 小学阶段课程概述

小学阶段主要是在 5—7 岁和 8—11 岁完成。5—7 岁学生的学习阶段在美国本土被称作 K－2 年级,属于等级 1A,8—11 岁学生的学习阶段则是 3—5 年级,属于等级 1B。小学阶段实施的课程主题是"计算机科学与我",介绍最基本的信息科技概念、发展学生计算思维,课程标准旨在鼓励激发学生学习计算机科学的兴趣,认识计算机科学的重要性,建议在社会科学、语言、数学等课程中渗透该理念与学习内容。

2. 初中阶段课程概述

初中阶段的课程内容主要是在 11—14 岁完成,美国本土称为 6—8 年级,内容属于课程标准中的等级 2。初中阶段实施的课程主题是"计算机与团体",课程标准旨在使得学生运用计算思维作为解决问题的工具。实施建议中指出,这些内容既可以单独在计算机科学课程中实施,同样也可以在社会科学、语言、数学

---

① 赵中建,周蕾. 作为一门学科的计算机科学——美国《K－12 年级计算机科学框架》评述[J]. 全球教育展望,2017(4):52—66.

等课程中渗透该理念与内容。

3. 高中阶段课程概述

高中阶段主要是在 14—16 岁和 16—18 岁完成,14—16 岁学生学习阶段在美国为 9—10 年级,内容属于课程标准中的等级 3A,16—18 岁学生学习阶段为 11—12 年级,内容属于课程标准中的等级 3B。高中阶段实施的是与"应用概念、在真实世界解决问题"相关的课程内容。这一课程又分为三个水平:

● 面向九年级学生,主要推荐学生学习"当代世界中的计算机科学"主题,旨在夯实学生对于计算机科学规则的理解和体验,帮助学生在将来职业追求和实践中能使用适当的计算机工具和技术,促进职业技能的增强。

● 面向十年级学生,主要推荐学生学习"计算机科学概念与体验"主题,旨在加深学生对计算机科学、计算法则的理解,学会应用信息科技进行合作交流、应用计算思维解决现实生活中的问题。

● 面向十一到十二年级学生,主要推荐学习"计算机科学的相关主题",作为一门选修课,为致力于深入学习计算机科学的学生提供支持。这些内容帮助学生进入大学学习相关专业做好准备,如"Java 程序设计"内容就可支持学生进入大学后计算机科学专业的学习等。

(二) 教材的特征分析

为落实课程标准的要求,美国一些出版社参考《计算机科学框架》内容和计算机科学标准研制或修订了相应的中小学计算机科学教材,供中小学校进行选用。美国 AP 计算机科学 A 课程推荐教科书 "*Objects First with Java: A Practical Introduction using BlueJ (Sixth Edition)*" 是面向高中生的计算机科学教材[①],为将来学生升学考试提供指导。

1. 模块结构

"*Objects First with Java: A Practical Introduction using BlueJ (Sixth Edition)*"从计算机科学的角度给学生分析一般的算法和编程概念,适用于具有一些编程基础的学生,能够帮助他们将编程能力迁移到面向对象的编程语言中。全书选择 Java 语言作为编程教授语言,基于 Java 开发环境 BlueJ 开展教学实践。

[①] David J. Barnes & Michael Kölling. Objects First with Java: A Practical Introduction using BlueJ (Sixth Edition) [M]. FisicalBook. 2016.

整册书由目录、前言、正文和附录构成。正文由两部分组成：第一部分"面向对象的基础"包含第一至九章，第二部分"应用程序结构"包含第十至十六章。教材是围绕基本的软件开发任务构建的，依据开发任务结构化地组织与呈现内容，而非依据特定的 Java 语言结构，这样更易于帮助学生理解编程学习所指向的实践应用目的，也会增强学生的学习兴趣，体现了本书作为一本实践性教材的指导功能。

2. 内容选择

教材内容兼顾传统的编程方法和更新的、功能性的函数结构，涉及新结构的章节被标记为"进阶"（advanced），在第一次阅读教材时可以跳过这部分章节，将重点放在面向对象编程的基础上。当然，教学时间充足的情况下，也可以按顺序学习教材内容。下文对每一章节的内容选择进行了概要分析。

第一章讨论面向对象的最基本概念：对象、类和方法。教材对这些概念进行介绍，但没有深入讲解 Java 语法的细节。这一章的内容是贯穿之后章节的主线。第一章还介绍了一些源代码，并设计了可交互图形绘制和简单的实验室注册系统两个实践案例。

第二章介绍了类的定义，以及如何编写 Java 源代码来创建对象。这一章的主要案例是自动售票机的实现，并进一步推进了第一章的实验室注册系统案例。

第三章讨论多对象的交互作用，讲授对象间如何互相调用协作执行公共任务。这一章设计了数字闹钟显示器和电子邮件系统两个案例。

第四章继续构建更广泛的对象结构，并开始使用对象集合。这一章的学习过程中要实现一个音乐管理器和一个拍卖系统。同时，这一章还讨论了集合的迭代，首次介绍了 for-each 循环和 while 循环语句结构。

第五章是本书中首次呈现了进阶内容（advanced section）——函数式编程结构，提供了第四章中讨论的命令式集合处理的另一种方式。这一章介绍了一般的函数方法和一些相应的 Java 语言结构。

第六章讨论库和接口，介绍 Java 库并讨论一些重要的库类。同时，这一章强调了编写文档在团队开发系统中的重要性，并解释了如何阅读和理解库文档。

第七章主要讨论一种特定但非常特殊的集合类型——数组，详细介绍了数组处理和循环的相关类型。

第八章以专业的视角剖析如何将问题域划分为类。这一章介绍了好的类是如何设计的，包括责任驱动设计、耦合、内聚和重构等概念，设计了一款基于文本的互动冒险游戏 World of Zuul 的实践案例,教材呈现了改进游戏内部类结构和扩展其功能的迭代过程,最后列出了一系列对学生项目实施的拓展建议。

第九章探讨如何生成正确且可理解、可维护的类,涵盖编写清晰的代码(包括样式和注释)、测试、调试等问题。这一章的案例主题是在线商店示例和电子计算器的实现。

第十章和第十一章介绍了继承和多态性,详细讨论了代码继承、子类、多态方法调用和覆盖等问题。

第十二章实现了一个捕食者/猎物模拟实践案例,用于讨论基于继承的其他抽象机制,即接口和抽象类。

第十三章介绍如何构建图形用户界面(GUI),为音乐管理器(第四章中的案例)开发图像查看工具和图形用户界面。

第十四章接着探讨如何处理错误,详细介绍了 Java 的异常处理机制,这一章呈现了拓展和改进地址簿应用程序的过程,以及演示错误的处理方法。

第十五章详细地讨论如何将模糊的问题构造成"类"和"方法"。前面的章节往往假设程序结构的大部分已经存在,学生需要做的是在此基础上进行改进。这一章则要从零开始,详细讨论如何设计类,它们如何交互,责任该如何分配。教材选用有助于增强学生设计能力的 ClassName/Responsibilities/Collaborators (CRC)卡片去解决这一问题,帮助学生设计电影院订票系统。

第十六章是一个完整的案例研究,将之前章节中讲解的内容整合在一起,前文讨论的概念(如可靠性、数据结构、类设计、测试和可扩展性)在这一章中再次得到应用和实践,增强学生应用所学知识解决问题的能力。

3. 活动设计

(1) 本教材在第一课中首先通过创建对象帮助学习者了解核心概念。"对象优先"一直是许多教科书作者和教师的教学口号,但在教授 Java 语言时,创建对象前必须要克服许多语法和细节方面的障碍,包括:

- 编写类;
- 编写 main 函数,包括静态方法、参数等概念;
- 创建对象的语句(new);
- 对变量赋值;
- 变量声明,包括变量类型;
- 函数调用;

● 参数列表。

本教材选择 BlueJ 作为开发工具，支持学生直接创建对象并与之交互，在阅读 Java 代码学习语法之前，就可以具体地讨论类、对象和参数等概念。因此，教材在第一课中就让学习者通过创建和调用对象初步学习核心概念。

（2）采用螺旋式的形式组织内容。本教材并非采用顺序递进的方式逐一介绍重要概念内容，而是在前几章中就涉及几乎所有的重要概念，在之后的不同章节中多次触及这些概念，依据章节中任务实现难度的需要对相关概念进行不同程度的介绍。随着章节学习的推进，学生对这些内容会获得更深入的理解。

（3）以项目驱动法设计教学活动，先提供一个目标任务和问题，分析解决问题的方案，进而引入语言结构来解决问题。教材在每一章节中都设计了项目案例，详细演示了相关概念的应用和实践。有些案例在多个章节中重复出现，项目功能逐步拓展和完善，这一过程也是学生对概念逐步深入学习的过程。

4. 教材形态

教材采用线上线下相结合的方式组织学习内容。其中用作讨论示例和所有项目的完整源代码都可以在教材网站上下载，该网站还提供下载 BlueJ 和书中提到的相关资源的链接。此外，读者可以在网站上观看教学视频，支持自定义步调学习教材内容。教师通过注册访问教师资源中心网站，可以下载课件和章节后的习题答案。除了静态资源网站外，教材还为教师提供了一个可进行交互研讨的社区论坛 Blueroom，包含许多教师共享的教学资源，提供论坛供教师提问和讨论。

5. 特点分析

（1）教材侧重程序设计过程与方法，强调算法思想的学习。"*Objects First with Java: A Practical Introduction using BlueJ (Sixth Edition)*"这本教材注重学习者对程序设计过程与方法的掌握，关注学习者算法思维的培养，而非只是去介绍一种程序设计语言内容。教材中设计有大量练习并配套提供了典型的优秀案例项目，鼓励学习者通过探究、思考、实践来加深对理论知识和编程解决问题方法的理解。

（2）与时俱进，内容新颖，兼顾基础性和专业性。教材的内容选择和设计风格紧随信息科技的发展步伐，第六版的内容及时纳入了函数编程风格的新构造，以软件开发的专业性视角组织章节结构；同时内容安排和活动设计体现出基础性，具体表现在进阶章节可以先跳过、基于 BlueJ 开发环境下的具象操作介绍抽象概念等方面,这种内容组织与安排方式可更好地支持学习者按照个人学习特点开展学习。

(3) 采用线上线下融合教材呈现方式,创新教材形态。教材内容除了以纸质教材呈现学习内容外,还开发了配套的在线平台,从案例分析、习题讲解、资料拓展等方面补充了纸质教材内容中的学习资源。同时,在该平台上还创设有论坛功能的讨论空间,为学习者学习过程讨论问题、提供学习经验、交流学习成果创设了学习机会。

当然,我们在借鉴该教材设计方法、内容组织和呈现方式时,也应注意到这本教材主要还是为准备进入大学并选择计算机相关专业的高中生开发与研制的,教材内容专业性强,项目活动也强调了系统性。教材学习过程中,对学生的计算机科学基础(尤其是编程基础)有着较高的要求。

二、英国计算课程要求与教材特征

2013 年,英国教育部对早期在中小学开展的信息与通信技术课程进行了调研与反思,在此基础上,制定和发布了中小学《计算(Computing)课程标准》,于 2014 年 9 月在英国中小学正式实施。英国中小学计算课程的实施是希望通过引导学生对信息科技原理知识和学习方法的学习,帮助学生从被动的技术接受者转变成为主动的技术创新应用者,能够运用计算思维及数字技术理解和改造世界。

(一) 英国中小学计算课程设计与实施

1. 小学阶段计算课程概述

英国小学阶段计算课程主要是在 5/6—11/12 岁完成,常称作 KS‐KS2 阶段。每个学校在该阶段对于学生的内容组织形式和学习方式不尽相同,但大多以游戏或者动画的形式进行教学。在《计算课程标准》中要求该阶段课程学习后,学生需要达到的学习结果是:

关键学段 1(5—7 岁)学生通过该课程学习,应:

(1) 理解什么是算法,算法通过数字设备上的程序是如何实现的,怎样通过清晰的指令执行算法;

(2) 创建和调试简单的程序;

（3）使用逻辑推理预测简单程序的运行过程与结果；

（4）有目的地使用技术创造、组织、存储、操作和检索数字内容；

（5）了解学校外面信息技术的一般性应用；

（6）安全和负责任地使用技术，保护个人隐私，安全地进行在线交流并能尊重他人，保护个人信息，当关注与互联网或者其他网络技术相联系的内容时，能够知道从哪里寻求帮助和支持。

关键学段2（7—11岁）学生通过该课程学习，应：

（1）为完成特定目标而进行程序的设计、编写和调试，包括控制或模拟物理系统；通过将程序分解成更小的部分来解决问题。

（2）在程序中使用顺序、选择和循环语句结构；计算变量和各种形式的输入和输出。

（3）应用逻辑推理来解释一个简单算法是如何执行的，并检测和纠正算法和程序中的错误。

（4）了解包括互联网在内的计算机网络，了解网络应用功能（例如万维网），知道网络为人们提供交流与合作机会等多种服务。

（5）有效利用搜索技术；理解如何选择结果和排序，具备数字信息的辨识能力。

（6）为完成给定目标，能在数字设备上设计和创造程序或相应的内容，包括收集、分析、评估和表达数据与信息。

（7）安全、尊重和负责任地使用技术，认识到使用技术过程中可接受或不可接受的行为。

2. 中学阶段计算课程概述

中学阶段的学生年龄主要集中在11—16岁，其中11—14岁在本土被称作KS3阶段，14—16岁是学习GCSE的阶段。KS3主要是一个从小学到GCSE的过渡阶段，在这个阶段中，开始培养学生在生活中的计算思维，着重培养学生界定问题、描述问题、分解问题、解决问题、反馈问题的能力。GCSE是针对10、11年级（14—16岁学生）的学习课程，分成一年制和两年制，是必须要完成的课程。在中学阶段课程设计的内容和学习后的要求为：

关键学段3（11—14岁）学生通过该课程学习，应：

（1）设计、使用和评价抽象方法，通过抽象方法可以模拟真实世界的问题和物理系统的状态和行为。

（2）理解几个反映计算思维的关键算法（如排序和搜索算法），利用逻辑推理来比较使用不同算法解决同样问题的绩效。

（3）使用编程语言解决计算问题；正确使用数据结构（如列表、数组），使用过程或函数来设计和开发模块化程序。

（4）理解简单的布尔逻辑（如与、或、非）以及在电路和程序中的应用；理解数值是如何以二进制表示的，能否在二进制数上执行简单的操作（例如，二进制加法以及二进制和十进制之间的转换）。

（5）了解组成网络计算机系统的硬件和软件，了解网络系统通信的基本原理。

（6）解释一个计算机系统是如何存储和执行指令；理解各种形式的数据（数字、文本、声音和图像）是如何以二进制形式被数字化表示和操作的。

（7）通过进行创造性的项目来实现包括收集和分析数据，满足用户需求的挑战性目标，这些项目涉及在数字设备上多种应用软件的选择、使用和组合。

（8）为了特定的用户，将数字化制品进行创造、再利用、修改和重新确定目的，以满足再设计和可用性的需要。

（9）理解安全、尊重、负责任地使用技术的各种形式，包括保护他们的网络著作权和隐私；知道不恰当的内容和产品，并且知道如何报告问题。

关键学段4（14—16岁）学生通过该课程学习后应：

（1）培养他们计算机科学、数字媒体和信息技术的知识、能力和创造力。

（2）培养他们问题解决、设计和计算思维的技能及其应用。

（3）理解技术影响安全是如何变化的，包括保护他们的网络隐私和身份的新形式，以及如何确立和报告一系列问题。

本学段的学习过程中，学生应在信息科技领域获得深入学习的机会，以促使他们进入到更高的学习水平或开启职业生涯。

（二）英国中小学计算教材分析

依据英国教育部所发布的课程标准，一些教育出版社研制出版了相对应的学校教材。例如，剑桥大学出版社出版的《计算机科学（AS&A LEVEL）》，牛津大学出版社出版的《计算教材（学生用书）》等都为本国计算课程标准落地提供了教学资源。其中，牛津大学出版社出版的《计算教材》按照课程标准要求形成一套9本的学生用书，每册学生用书从技术本质、数字素养、计算思维、编程、多媒体应用、数据等维度设计和组织学习内容，采用循序渐进、螺旋式上升的方式为学生学习计算课程提供"抓手"。下文以牛津出版社出版的计算教材为例，分析英国信息科技教材的特征。

1. 模块结构

该系列教材主要是面向1—9年级学生的计算教材，全套书共九册，每册由六个单元构成，分别为：技术的本质（The nature of technology）、数字素养（Digital literacy）、计算思维（Computational thinking）、编程（Programming）、多媒体（Multimedia）、数字和数据（Numbers and data）。

各模块的内容结构组织呈现螺旋式上升的特点。虽然每册主题相同，但随着年级的递增，深度和难度在逐渐提高。例如，同样是第一单元"技术的本质"，第一册面向5—6岁的1年级学生，主要向学生介绍什么是计算机、如何用计算机辅助日常的学习和生活；第九册面向13—14岁的9年级学生，则要让学生学习CPU的工作原理。可以发现，全套教材在低年级阶段侧重对身边的技术概念的感知，体验相关技术的应用，高年级阶段则侧重对于技术背后原理的探索。（如图1-2-1所示）

本书结构

本书包含六个章节，供5–6岁学生在第一年使用。

1. 技术的本质：什么是计算机、计算机的用途
2. 数字素养：学习如何安全地使用计算机
3. 计算思维：思考人类如何控制计算机
4. 编程：编写并运行程序
5. 多媒体：使用计算机作图
6. 数字和数据：使用计算机编辑数字

本书结构

本书有六个单元，供13–14岁学生在第九年使用。

1. 技术的本质：什么是中央处理器，它是如何工作的
2. 数字素养：如何安全地使用社交媒体
3. 计算思维：人工智能背后的原理
4. 编程：使用计算机程序建模真实生活中的系统并解决问题
5. 多媒体：开发一个以声音和视频为特征的新闻网站
6. 数字和数据：使用软件进行项目管理

图1-2-1 《计算教材》第一册和第九册结构与单元主题

2. 内容选择

在整套教材中，技术的本质、数字素养、计算思维、编程、多媒体、数字和数据六个单元主题覆盖了信息科技领域的学科基本知识。每册教材里，第一单元"技术的本质"涉及计算机硬件、计算机系统、计算机网络和机器人；第二单元"数字素养"涉及数字化资源的使用与开发和信息安全；第三单元"计算思维"涉及算法与人工智能；第四单元"编程"涉及图形/文本编程；第五单元"多媒体"涉及多媒体软件的使用与多媒体作品的制作；第六单元"数字和数据"涉及数据处理与分

析。该套教材内容选择贴近学生生活情境,注重引导学生思考技术对生活的影响,注重学生用技术解决生活问题能力的增强。

此外,在教材中还设置有"螺旋递进(Spiral Back)"板块,用于回顾在之前的模块中学习过的相关内容,分析这些学习内容与本模块将要学习内容之间的关联,体现出学习内容螺旋式上升的组织结构特点。

3. 活动设计

整套教材以活动方式组织学习内容,虽然每一册学习内容不同,但活动的结构设计具有较高的一致性特征。同时,教材的第1—6册和7—9册的活动设计体现出阶段性差异分别相当于小学阶段和初中阶段。因此,下文在对英国教材的活动设计分析中,既会分析全套教材的共性特征,也会注意区分小学和中学阶段教材的差异性特征。

聚焦到每一模块的单元结构,可以发现单元具有共性结构特征:每单元由导论(Introduction)、课程(Lessons)和单元测试(Check what you know)三部分组成。导论部分通过线下活动和课堂讨论引导学生开始思考单元学习主题;每个单元包含6节课左右,引导学生经历基于活动的学习,达成学习目标;单元测试由测试(Test)、活动(Activities)以及自评(Self-evaluation)组成,用于检测学生的学习成果,促进学生的自我反思。

(1)导论(Introduction)

导论部分会介绍单元学习目标和学习内容,提供导入活动,引出单元主题。第一至六册的导论部分设计了线下活动,第七至九册则设计了不插电活动(unplugged activity),用以引导学生在活动的基础上进行课堂讨论,帮助学生思考单元学习主题。

例如,第三册第一单元"技术的本质:数字设备"在导论部分设计了课堂活动,请学生思考不同职业的人会如何使用数字设备辅助自己的工作,引发学生对于学习主题的探索。

第九册第一单元"技术的本质:CPU内部"则在导论部分设计了不插电活动——真假游戏,学生分两组,一组确定物品并保密,另一组通过提问得到"真"或"假"的回答,最终确定该物品。学生在参与游戏的过程中,能够初步感知逻辑问题的处理过程。

(2)课程(Lessons)

每个单元6节课左右,每节课由一个或多个"学生活动(Activity)"和"挑战任务(Extra Challenge)"组成。为随堂检验学生的学习成果,小学阶段的教材(1—6册)设计了"再想想(Think again)"板块,设置问题或活动任务;中学阶段的教材(7—9册)则设计了"测试(Test)"板块,包含4道难度逐渐递增的题目。

例如,第五册第1.4节"互联网"一课中,设计了"活动"让学生列出互联网服务并结合个人生活体验进行举例说明,"挑战任务"进一步对网络终端设备进行区分,要求学生分别列出只能使用电脑和只能使用手机访问的网络服务,"再想想"板块则给出了一个实践任务——借助网络调查智能家居供暖或智能空调系统,列出它们的特征并思考它们对环境的帮助。从基础任务到拓展任务,再到实践检验,层层递进,构成了完整的一节课。

第九册第1.4节"复杂逻辑语句"一课中,则设计了两个课堂活动,用"买花瓶"任务帮助学生学习使用"and"连接逻辑语句,通过"分析烟雾传感器和热传感器的警报触发机制"帮助学生学习使用"or"连接逻辑语句。在这两个活动的基础上,设计了"分析银行保险柜系统"这一拓展任务,增加了条件的数量。最后,设计了4道测试题,检测学生对于复杂逻辑语句的掌握情况。

另外,课程部分还包含"词云(Word cloud)""发挥创造力(Be creative)""课外探索(Explore more)""未来的数字公民(Digital citizen of the future)""术语解释表(glossary)"等板块。

(3) 单元测试(Check what you know)

单元测试中包含测试题和活动任务,并在自评部分请学生评价自己测试题和活动任务的完成度。每一题项前不同颜色的圆圈代表着题目难度等级。红色圆圈代表进步型(Developing),学习课程内容面临挑战的学生需要完成这些题目;绿色圆圈代表巩固型(Secure),大部分学生需要达到这一水平;蓝色圆圈代表拓展型(Developed),为技能和理解力高于平均水平的学生准备。

4. 教材形态

课程实施过程中,师生会用到计算机编程、信息处理等数字工具,教材根据教学内容和学习活动需要推荐对应的数字化工具。小学阶段(1—6册)推荐使用Scratch进行编程。初中阶段(7—9册)推荐使用Python进行编程。教师还可以自主选择合适的软件支持课程学习,例如Microsoft Office、Google Drive软件、网页浏览器等。

为更好地支持学习者应用本套教材,出版社通过网络平台提供了相配套的项目文件、拓展内容、导学案等资源,学习者可以在网络平台上(www.oxfordprimary.

com/computing)免费下载。此外,网络平台还提供师生互动、在线评价、学习需求、研讨论坛、专业发展等功能,为学习者的沟通交流创设了在线学习社区。

5. 特点分析

基于上述分析,可以发现,英国中小学计算教材具有如下特点:

(1)以学科核心概念、数字素养、计算思维、数字工具应用等为教材内容主线,构建教材体系,采用螺旋式上升的、循序渐进的方式组织学习内容。

(2)教材内容源于学科前沿知识,贴近学生生活和学习,选用数据分析、网络信息传输、虚拟/增强现实、机器人等内容,结合学生生活中的实践案例呈现学习内容,加强学习内容的实用性。

(3)以活动的形式组织学习内容。教材内容采用项目活动的方式组织内容。每个单元的学习都是通过项目活动展开的。例如,引导学生在"个人数据的管理"过程中学习数据分析方法,在"创建个人陈述报告"过程中学习演示文稿制作,体现出"做中学"和"用中学"的教育理念。

(4)具有免费的配套在线学习资源。为便于学生深入学习教材内容,教材研制者开发了配套的在线学习资源,通过教材中固定的栏目(例如,数字资源)实现线上线下学习活动的融合,通过配套的在线资源平台既可为学生提供丰富的拓展学习资源,也可支持学生应用数字化学习资源和融合方式开展计算课程的学习,增强学生的数字化学习能力。

三、日本信息课程要求与教材特征

日本政府为促进教育信息化开展,近年来推出一系列教育政策加强学生数字素养提升。2003年,日本文部科学省将"信息"作为必修课纳入高中课程体系中,希望通过学校课程促进学生对信息知识的学习和数字设备的应用。2018年,文部科学省根据信息课程实施情况和社会发展需求对该课程进行了修订,推出修订后的《高中学习指导要领:信息》,进一步加强信息学科的科学性特征,促进学校信息课程开展。

(一)日本中小学信息课程现状

日本中小学信息课程由文部科学省制定指导要领。小学信息知识的学习主要融入其他学科教学中。初中信息课程是家庭和技术课的技术分类中的一部分,高中的信息课程分为"信息Ⅰ"和"信息Ⅱ"两类科目。

1. 小学阶段课程概述

日本小学信息教育主要是融入各个学科课程中,要求各个学科的教师通过使用信息化方法和设备进行教学(例如数字教材),给学生创造信息科技学习和应用的环境,潜移默化地帮助学生在学习中应用数字设备,培养学生数字素养。

2. 初中阶段课程概述

日本初中阶段的"信息基础"是作为综合性课程开设的。主要着眼于计算机设备操作和初级软件的应用,使学生初步具备数字化学习能力。主要包括六方面内容:(1)生活与产业中信息技术所起的作用;(2)计算机的基本构成、技能与操作;(3)计算机的运用;(4)通信网络;(5)计算机多媒体的运用;(6)程序、仪器测量与控制。其中,(1)—(4)的内容为必修项目,(5)—(6)的内容为选修项目。

3. 高中阶段课程概况

2018年,日本文部科学省发布新的《高中学习指导要领:信息》,其中对高中信息学科进行了修改,并于2020年开始实施。"指导要领"将日本高中的"信息"课程分为"信息Ⅰ"和"信息Ⅱ"两类科目。"信息Ⅰ"主要内容领域含有"信息社会中的问题解决""通信与信息设计""计算机和编程""信息通信网络及数据的利用"四部分。"信息Ⅱ"主要内容领域包括"信息社会与信息技术的进步""通信和资源""信息与数据科学""信息系统和编程""利用信息技术发现和解决问题的探究"五部分。信息Ⅰ、信息Ⅱ都是2学分,"信息Ⅰ"是必修课,培养所有学生从信息及其联系的角度理解世界的能力,能有效利用信息科技来发现和解决问题。"信息Ⅱ"是以"信息Ⅰ"为基础、培养学生有效利用信息系统和多样数据进行创造创新能力的选修课。

(二) 日本中小学信息教材分析

1. 教材的模块结构

日本中小学信息教材,是由出版机构依据文部科学省发布的《高中学习指导纲要:信息》研制的。日本中小学信息教材由多个出版机构组织编写和出版,学校根据教学需要选用教材。下面以日本实教出版株式会社出版的信息教材为例分析其教材特征。信息教材的内容主要分为理论篇和实践篇。理论篇是针对信息科技理论展开的,实践篇中有丰富的信息科技活动案例。例如,理论篇的第一章内容是信息的模型化,对应的实践篇则要设计一个灾害发生时的逃生路线。

实践篇的活动设计分为三个步骤,首先试着应用与操作,然后掌握基本技能,最后共同合作研究。

理论篇引导学生对信息理论的系统学习,在每章结束设有专门的一节对本章知识进行梳理和总结,支持学生学习后的复习。

实践篇里开设了技术工具项目实践的学习课程。例如,文字处理软件的主要实践是制作带有目录的文本文件,电子表格的操作内容主要是通过制作换算表进行实践。

2. 内容选择

(1) 实践篇和生活实际紧密结合,引导学生的学习兴趣。在实践篇中,学生可以自由选择自己感兴趣的课题进行研究。

(2) 将理论篇和实践篇统合在一起,将理论学习及时应用于实践中,加深学生对理论的理解。例如,实践篇里有一章要求实现一个小型的销售系统,对商店零售柜台的所有交易信息进行加工处理,实时跟踪销售情况,分析数据、传递反馈、强化商品营销管理。

(3) 重视初高中内容的衔接。高中教材中专门列出了初中家庭技术课中学过的关联知识,并且整理了初中学过的计算机用语。

3. 活动设计

(1) 在内容组织上,日本教材恰当地运用学生已有的学习经验,依据学生学习经验引入新知学习,对于比较抽象的知识,合理选用贴近学生生活的案例,引导学生进行类比剖析,从而帮助学生理解新知。例如,高中教材《信息Ⅰ》在讲解程序中函数的概念时,设计了这样一个例题。

例题1:通过自动贩卖机学习函数的自变量和返回值。

应用函数功能,根据接收到的参数进行处理并返回计算结果。学生可以通过自动售货机实现的任务过程学习函数。在这种情况下,请分析自变量和返回值分别是什么。

解题示例:

自变量	按下投入金额的按钮
返回值	清凉饮料

分析:

数学中处理的函数,自变量和返回值一般都是数值。但在程序设计过程中的函数概念,数值以外的内容也能成为自变量和返回值。编程语言中处理的函数可以将数值以外的文字等内容作为自变量或返回值。

另外,除了解题示例以外,还可能出现找钱或者清凉饮料售空的情况,也就是说,返回值应当考虑多种情况。由此可见,看似简单的售货机实际上反映的是复杂函数的应用。

(2)教材部分内容会以卡通画的形式呈现,直观生动,富有趣味,易于理解。例如,教材《信息产业与社会》在"信息化的发展与信息技术"这一单元中呈现了"信息化的光与影"和"互联网使用的注意事项"两组漫画,生动地展现了信息化带来的利与弊,引导学生思考应该如何应对这些变化。

(3)将信息科技的知识合理融入教材各方面。例如,进制转换是计算机课程学习中一个难点,同时这部分内容又比较枯燥,于是教材编写和设计者将书的页码同时用二进制、十进制和十六进制表示,让学生在潜移默化中学习二进制、十进制与十六进制的转换。

4. 教材形态

目前,日本数字教材建设取得了不错的效果,教材除了支持学生在线阅读、做笔记、插入书签、截图保存等基本功能外,还内嵌了丰富的数字化学习资源,包括可交互动画、视频、操作步骤、测试等。在教学过程中,师生单击页面上的相应图标即可跳转观看。下文举例对教材中嵌入的数字化资源进行说明。

数字教材《信息的表达和管理》在"颜色的表现"这一节内容中,就嵌入了光的三原色(加法混色)和颜色的三原色(减法混色)两个交互动画,帮助学生直观感知并比较两种混色原理。

数字教材《高中信息Ⅰ:Python》在讲解信息系统的概念时,嵌入了便利店POS系统、气象观测系统、汽车的信息网络、GPS观测系统四个视频,介绍了不同的信息系统原理和应用,帮助学生理解信息系统的概念。

数字教材《高中信息Ⅰ:Python》在讲解电子表格中 rand()函数和 int()函数的用法时,设计了"例题3:掷色子时的期望值",并嵌入了操作步骤动画,学生可以查看电子表格操作的每个步骤,通过按钮进行控制,自主控制学习节奏。

数字教材《图说信息Ⅰ》在第一章"信息社会与问题解决"的章节小结中嵌入了章节测试,支持随机出题、回答曾经出过错误的题等功能,帮助学生进行自我检测,根据个人学习检测结果调整学习方法和内容。

5. 特点分析

（1）数字化是日本信息教材的重要特征。日本在 2018 年 5 月通过了《学校教育修订法》，认定数字教材可作为正式教材使用，自 2019 年 4 月起，由政府购买的数字教材供所有中小学师生免费使用。到 2021 年，日本数字教材建设在小学和初中学段的科目覆盖率均达到了 95%，数字教材在日本中小学课堂逐步普及。日本信息课程的数字化教材不仅提供了丰富的学习资源，还可通过学生注册和在线学习过程跟踪的方式记录学生学习过程，支持学生个性化学习。

（2）在内容组织上，日本信息教材分别设置理论篇和实践篇的内容。通过理论篇加强学生对信息学基本概念和原理的学习，强调了学科的科学性特征；通过实践篇注重学生将所学的知识应用于具体解决真实问题中，以"做中学"的方式增强学生动手实践能力，将信息课程的理论学习与实践应用进行了结合，提高了课程学习的实用性，这也是日本的信息教材的一个重要特征。

（3）在学习方法上，日本信息教材在内容设计、图片选择、交互方式等方面都突显学生学习的主体地位。其中，选择与学生日常生活和学习经验相关的实践案例来增强学生应用所学信息技能解决问题的能力；采用学生喜欢的卡通图或以二进制十六进制方式表示页码用来激发和维持学生学习兴趣；以内容互动学习的方式引导学生经历问题分析、假设验证、知识建构的过程等方面都是围绕着学生学习展开的，以此提升学生的数字素养。

四、澳大利亚信息科技课程要求与教材特征

随着数字时代到来，澳大利亚教育部门认识到，中小学信息科技教育不仅是要增强学生对信息技能的掌握与操作能力，更需要发展学生应用数字技术解决问题的高级思维（例如，设计思维、计算思维、系统思维），加强学生生存于数字环境中的批判性思考和创新能力。在 2020—2022 年澳大利亚新课程改革方案审议期间，澳大利亚政府与教育部门更加关注学生数字素养的提升，在技术领域中专门设置了数字技术课程的内容。2022 年，澳大利亚课程评估和报告局发布的《数字技术：综合能力框架》中强调通过学校课程提升学生的数字素养。[1]

---

[1] Australian Curriculum, Assessment and Reporting Authority (2022) General Capabilities: Digital Literacy. https://v9. australian curriculum. edu. au/f-10-curriculum/general-capabilities/digital-literacy?element=0&sub-element=0.

（一）澳大利亚中小学信息科技课程现状

澳大利亚中小学信息科技教育分为六个阶段，分别为 Early Stage、Stage1（1－2year）、Stage2（3－4year）、Stage3（5－6year）、Stage4（7－8year）、Stage5（9－10year），澳大利亚信息科技课程在各教育阶段均有课程要求。

1. 基础教育 1—6 年级信息科技课程

澳大利亚的 1—6 年级教育阶段相当于小学教育阶段，这一阶段的信息科技课程主要学习内容为数字技术的知识、数字技术处理信息方法和应用技巧。学生经过这段时期的学习，应达到如下要求：了解数字系统的各个组件在数据处理和表示中所起的作用；获取、验证、解释、跟踪和管理不同类型的数据，了解数字系统中数据的概念，以及数据如何在系统之间传输；通过识别类似问题和系统中的共同元素来学习，进一步发展抽象能力，理解模型与它们所代表的现实世界系统之间的关系。在该阶段学习过程中，澳大利亚大部分小学并没有提供信息科技教科书，而是通过一些辅助材料或跨学科融合方式开展学习。

2. 基础教育 7—8 年级信息科技课程

这一阶段大致相当于初中阶段。7—8 年级信息科技基础教育的学习要求包括：能针对所需解决问题创建一系列数字解决方案，如交互式网络应用程序或可编程多媒体作品，或模拟现实世界中对象之间的关系，分析网络系统的特性及其在数据类型传输中的适用性和用途，获取、分析、验证和评估不同类型的数据，了解在数字系统中存储和传输这些数据的复杂性；能使用结构化数据对所参与社区的对象和事件进行建模，进一步理解数据在生活中发挥的重要作用，以及数据和相关系统如何定义并受到技术、环境、经济和社会限制；能解释社会、伦理、技术和可持续性因素如何影响创新和实现解决方案的设计，以满足当前和未来的一系列需求；能解释技术特征如何影响设计和生产决策，根据特定目的在不同类型的网络之间进行选择和应用。

3. 基础教育 9—10 年级信息科技课程

这一阶段信息科技的学习要求是：能分析问题，设计、实施和评估数字化解决问题的方案，如动态交互网站、人工智能引擎和模拟等；在与网络系统交互过程中，保护数据的安全性和相关信息隐私性；设计和实现模块化程序，包括面向对象程序，使用涉及反映现实世界和实体关系的模块化功能的算法和结构；能从潜在风险、可持续性和创新潜力等方面评估信息系统及其解决方案。

（二）澳大利亚信息科技教材分析

澳大利亚中学信息科技教学实施中较多采用的是剑桥大学出版社在澳大利亚发行的《信息技术实践》教材（"*Practice IT for the Australian Curriculum*"[①]），该套教材按照澳大利亚中小学数字技术课程标准的发展也在不断调整和完善，下文以该套教材为例，分析其学校信息科技教材的特征。

1. 模块结构

澳大利亚《信息技术实践》系列有两本教材，分别为"Practice IT for the Australian Curriculum Book1"（《信息技术实践 1》，以下简称 Book1）和"Practice IT for the Australian Curriculum Book2"（《信息技术实践 2》，以下简称 Book2）。两本教材在澳大利亚中学使用，Book1 适用于 7—8 年级，Book2 适用于 9—10 年级。

教材的结构特点明显，每册教材包含若干个模块，每个模块又分为许多小节。《信息技术实践 1》包含 10 个模块，分别为：计算机意识、IT 应用的社会伦理、文字处理、绘图工具、制作电影、多媒体、计算机图形学、电子表格、数据库、算法和编程。《信息技术实践 2》包含 11 个模块，分别为：计算机意识、IT 应用的社会伦理、文字处理、动画创作、计算机图形学、图片编辑、电子表格、数据库、网页创作、桌面出版、算法和编程。可以发现，两册教材在主题方面有相同之处，计算机意识、IT 应用的社会伦理、文字处理、计算机图形学、电子表格、数据库、算法和编程七部分内容在两册教材中均单独作为一个模块呈现，体现出模块内容循序渐进、螺旋式发展的特点。

聚焦到模块的知识结构，以《信息技术实践 2》模块四"计算机图形学"为例，该模块的知识结构按照如下方式组织：

第一部分：简单描述计算机图形学；

第二部分：介绍具体知识与技能应用；

第三部分：案例研究。

2. 内容选择

教材在内容选择方面具有如下特点：

---

① Greg Bowden/Kerryn Maguire. Practice IT for the Australian Curriculum ［M］. Cambridge University Press. 2017.

（1）版面采用彩色印刷，图例丰富，容易理解；

（2）每一小节都有知识讲解和练习操作，每个模块最后设置项目实践，环环相扣，逐步提高；

（3）内容知识面广，可读性强，与学生实际生活联系紧密；

（4）采用表格和图文结合的形式介绍信息技术的发展历程。

3. 活动设计

每个模块的最后有一个项目任务，是对该模块内容的应用，帮助学生学习巩固、熟练并综合运用该模块所学知识和技能，锻炼学生的动手能力。

例如，Book2 中提供了一个网页制作案例。

案例描述：Garden Gnomes 是一家位于墨尔本的专业园艺的公司，Murray 是 Garden Gnomes 的所有者，Murray 有五个员工，一个是他的秘书 Natalie，另外四个负责园艺事务。由于事务的减少，Murray 担心因公司事务减少出现员工被辞退的问题。为解决该问题，他想制作一个网页，希望通过网页使得更多的人知道他们的可靠服务，这个网页同时也能提供用户在线预订园林服务。

Murray 最终委托你来帮他制作网页。

调查问题：准备网站所需的页面，准备所需材料。

设计方法：画出网站的主题框架，想好不同页面之间的链接关系实施方法：在实施中使用之前的技巧，并同时做到三点：（1）多与其他人讨论；（2）想办法提高设计效率；（3）尽量使网页吸引人。

4. 教材形态

该套教材有纸质版和电子版，电子版教材支持在线阅读、添加书签、记笔记等功能。为帮助学生自主学习，出版社还提供有支持性的学习资源文件，包括数据和示例文件，如电子表格、文本图像等。

在教材内容中，不同模块会选用不同教学软件，如 Flash 动画制作模块使用 Adobe Flash，图片编辑模块使用 Adobe Photoshop，电子表格模块使用 Microsoft Excel，浏览器使用 IE、Firefox 等，通过这些软件工具学生可以深入地完成学习作品，开展探究活动。

5. 特点分析

澳大利亚《信息技术实践》系列教材具有如下特点：

（1）该套教材关注信息科技解决实际问题的实践方法，为学生学习设计了丰富的互动练习和结构化项目，支持学生在解决项目问题中发展信息技能，增强学生应用信息科技解决生活和学习中真实问题的能力。

（2）该套教材模块结构设计灵活，在教学实施中既有利于教师根据学生学习情况使用其中的一些模块自行组建成完整的信息活动开展教学，也可以按照教材内容顺序将每一个模块作为一个独立的单元针对具体内容开展教学，满足学校个性化的信息科技教学要求。

（3）该套教材建设注重依据澳大利亚数字技术课程标准进行建设和完善，新版本依据课程标准的新要求调整了教材内容，通过线上线下融合方式对学习内容和项目案例进行修订和完善，同时将最新的信息科技前沿内容融入教材之中。

五、国际信息科技教材发展趋势

综合分析美、英、日、澳等国家近年来中小学信息科技类相关教材研制与应用，可看出为发展学生数字素养，增强学生应用信息科技解决问题的能力，信息科技教材在目标界定上更加注重学生信息科技关键能力的培养；教材内容突显信息时代特征，将信息科技前沿知识、新技术、新工具合理融入其中；教材组织方式上突显项目活动设计与实施，体现了"做中学""用中学"和"创中学"学习方式，并通过线上线下学习资源相融合方式创新教材形态。

（一）教材目标注重学生关键能力培养。信息科技在社会各领域中的广泛应用推动了社会各领域的数字化转型和模式创新，对社会公民的数字素养提出新要求。中小学信息科技教育从早期关注"能熟练操作技术工具"的学习目标发展为"发展学生关键能力、提升学生数字素养"的学习目标。例如，英国牛津出版社出版的中小学《计算教材》围绕着认识技术本质、提升数字素养、发展计算思维、应用编程解决问题、创设多媒体作品、具备数字和数据意识等核心内容，发展学生应用信息科技解决问题过程中需要具备的分析问题、设计方案、采集与分析数据、编程验证、创新数字化作品等方面的关键能力。再如，日本实教出版株式会社出版的高中《信息Ⅰ》教材通过"信息社会与我们、媒体与设计、系统与数字化、网络与安全、问题解决与方法、算法与编程"等方面发挥学生应用数字设备解决问题的能力，培养学生具有一定的信息安全防范能力，能安全、负责任地使用数字设备。可见，随着信息科技的创新发展与应用，发挥学生应用信息科技解决问题的关键能力，培养学生良好的信息伦理与道德，提升学生数字素养已成为信息科技教材研制与应用的主要目标。

（二）**教材内容突显信息科技时代特征。**移动设备、互联网、云计算、人工智能等新技术、新工具的创新发展与应用普及提高了人们的学习、生活和工作效率，改变着人们的行为和思维方式，为帮助学生尽快适应数字化环境，应用数字设备创新学习、生活和未来工作方式，上述国家信息科技教材根据学生生活和学习经验，融入了具有时代特征的信息科技前沿知识和技术工具。例如，牛津出版社出版的中小学《计算教材》中，将新兴技术中的芯片技术、人工智能、无人机应用、智能生产等内容融入其中。在信息科技教材中，合理融入时代性前沿知识与技术，不仅可以加强学生对信息科技发展的认识，也为学生创设出信息科技促进社会发展的应用场景和发展需求，激发学生对信息科技的学习兴趣，增强学生数字化生存能力。

（三）**教材组织强调项目活动的设计。**信息科技课程具有基础性、实践性和综合性特征。为能更好帮助学生理解学科的基本原理知识，将学习内容应用于日常生活和学习，上述国家中小学信息科技教材在内容组织方式上，都关注了学生已有学习经验和认知基础，通过项目活动和主题实践的方式引导学生在活动中开展学习。例如，美国高中"*Objects First with Java: A Practical Introduction using BlueJ (Sixth Edition)*"一书中，每一单元都要求学生在程序设计学习过程中开展并完成一个项目活动，例如教材中设计的编程构建图形用户界面、创作一个实验室注册系统、开发拍卖系统等项目，引导学生在活动中学习算法与编程知识，将所学的知识应用于解决真实问题之中。再如，澳大利亚《信息技术实践》教材中通过应用文字处理软件制作"咖啡馆的价格单""公司宣传单"等项目实施发展学生分析问题、数据收集、方案设计、实施方案、评估和完善方案的数据处理和作品创作能力。信息科技教材通过项目活动方式组织学科知识与技能学习，将知识技能学习融入真实情境中，帮助学生体验应用信息科技解决真实问题的过程与方法，促进"做中学""用中学"和"创中学"的开展。

（四）**教材形态呈现线上线下相结合方式。**信息科技在教材建设中的应用，创新了教材形态，网络技术拓展了教材空间，教材不仅可以用纸质方式呈现，也可以用在线平台进行传播和交流，学习内容不仅可以是文本和图片，也可以采用声音、动画、视频等多媒体形式。上述调研的美、英、日、澳等国的中小学信息科技相关教材不仅研制有纸质形态的教材，也都通过网络平台发布配套数字教材和资源，通过线上线下相融合方式丰富学生学习资源，及时更新教材内容。新形态信息科技教材建设一方面可以为学生提供丰富多样的数字化学习资源，以生动形象的方式呈现抽象的学科知识，另一方面也创设学生与教材内容的交互空间,跟踪学生学习过程,记录学生生成性学习成果,通过分析学生学习数据,有针对性地推荐学习资源,有助于推动因材施教教育理念的落实。

第三节　数字时代信息科技教材建设新需求

　　教材是历史的产物,更是时代的产物。一个时代的教材,必然会反映出这个时代的要求,同样也需要为这个时代做好教育服务。[①] 信息科技日益更新与普及、学生个性化发展需求、线上线下深度融合等时代进步对信息科技教材研制提出了新要求。因此,在建设网络强国、数字中国、教育强国的征程中,中小学信息科技教材建设就应该以国家战略需求为牵引,围绕新时代学生发展需要,突显信息科技特征、渗透现代教育理念、创新线上线下融合的教材新形态,推动教育数字化转型。

一、信息科技教材建设要彰显时代特征

　　数字经济是继农业经济、工业经济之后的主要经济形态,是以数据资源为关键要素,以现代信息网络为主要载体,以信息通信技术融合应用、全要素数字化转型为重要推动力,促进公平与效率更加统一的新经济形态。[②] 2021 年 11 月,中央网络安全和信息化委员会印发《提升全民数字素养与技能行动纲要》,指出全球经济数字化转型不断加速,数字技术深刻改变着人类的思维、生活、生产、学习方式,推动世界深度变革,全民数字素养与技能日益成为国际竞争力和软实力的关键指标,提升全民数字素养与技能,是建设网络强国、数字中国的一项基础性、战略性、先导性工作。2022 年 4 月,我国教育部发布的《义务教育信息科技课程标准》明确提出发展学生的数字素养与技能,该标准围绕核心素养,按照信息科技发展特征,梳理出数据、算法、网络、信息处理、信息安全、人工智能六条逻辑主线,设计出义务教育全学段内容模块。当前,我国正在实施的《高中信息技术

---

① 袁帅,潘信林,吕建晴.推进新时代教材建设高质量发展[J].中国社会科学学报,2021(10).
② 国务院.国务院关于印发"十四五"数字经济发展规划的通知(国发[2021]29 号)[EB/OL].
　　(2021 - 12 - 12).https://www.gov.cn/zhengce/zhengceku/2022-01/12/content_5667817.htm.

课程标准》也体现了数字时代的特征,指出"自电子计算机问世以来,信息技术沿着以计算机为核心、到以互联网为核心、再到以人工智能为核心的发展脉络,深刻影响着社会的经济结构和生产方式,加快全球范围内的知识更新和技术创新,推动了社会数字化、网络化、智能化的建设与发展,催生出现实空间与虚拟空间并存的信息社会,并逐步构建出智慧社会"。可见,无论是《义务教育信息科技课程标准》还是《高中信息技术课程标准》都突显课程时代性特征,强调了数字化、网络化、智能化技术的创新发展与应用,因此信息科技教材建设要彰显社会发展的时代性特征。

1. 互联网拓展了人们的生存时空。智能终端、移动通信的发展促进了人们线上线下活动的深度融合,它在改变人们社会行为特征的同时,也转变着认知方式,延伸了人们的活动空间。《义务教育信息科技课程标准》在课程理念中强调,"培育学生正确的世界观、人生观、价值观,促进学生在数字世界和现实世界中健康成长"。信息科技教材建设要落实课程标准的理念要求,体现出数字世界与现实世界的深度融合。在教材内容设计中,要注重"网络"作为一条逻辑主线在不同模块的教学要求,例如"在线学习与生活"模块中,就需要依据课程标准中"对比实际案例,将生活中掌握的在线沟通与交流能力迁移到学习中,通过线上平台与他人开展协作学习活动,讨论学习规划,分享学习资源,感悟在线学习的便利与创新性"的学习要求,针对学生学习过程中可能遇到的困难,为学生设计出线上线下融合学习活动的案例,引导学生在线上线下融合环境下创新学习模式,提高学习质量。由此可见,信息科技教材建设过程中,就要体现出"互联网+"的创新优势,在教材中合理融入线上线下结合应用案例,引导学生把以"教室、图书馆、会议室等为代表的真实学习和交流空间"与以"互联网为载体的在线学习与交流空间"进行深度融合,形成全新的学习与交流环境,重构出线上线下融合教材新形态。

2. 反映出数据成为社会发展的重要资源。信息科技与社会各领域的交互融合,引发了数据规模和数据类型的迅猛增长,数据在社会发展中起到越来越重要的作用。例如,清晨从我们拿起手机这一刻起,数据就在不断被生产和记录,当我们在使用智能穿戴设备时、当我们通过手机阅读资讯时、当我们上传照片和视频时、当我们使用物联网络时,我们都在创造着数据,也在享受数据带来的便利。用数据说话,不仅仅是因为数据的客观特征,更因为全样本的数据往往能够让我们看得更全面,数据分析让我们看清纷繁复杂的现象背后的内在逻辑。《高中信息技术课程标准》针对信息社会发展中数据处理的现实需要,分析了数据对社会生产和人们生活的影响,将"数据"作为一项学科大概念,指出"针对数据(包括大数据)在信息社会中的重要价值,课程开发要引导学生分析数据与信息的关系,强调数据处理的基本方法与技能,发展学生利用信息技术解决问题的能力"。因此,在信息科技教材研制中要体现出数据对人们学习、生活和工作的影响。例如,在医疗中通过信息科技手段能全面地收集每个患者的相关数据,依据数据分析结果为每位患者制订个性化的医疗方案和用药处方成为可能。精准医疗普惠百姓健康,医疗服务作为人类最基本的需求之一,在实施过程中可以产生庞大的数据量,当大数据和医疗服务结合后,一个崭新的智能医疗时代也就到来了。因此,信息科技教材研制要依据课程标准的要求合理融入数据对社会发展影响的案例和现实应用,引导学生体验数据采集、分析、可视化和应用的全过程,掌握数据处理的基本知识与技能,认识到数据作为一种新资源,将会和我们日常生活中应用的"煤气、电、水"等资源一样赋能信息社会发展。

3. 突显人工智能作为经济发展的新引擎。人工智能作为新一轮产业变革的核心驱动力,在催生新技术、新产品的同时,对传统行业也具有较强的赋能作用,引发经济结构的重大变革,实现社会生产力的整体跃升。人工智能帮助人类准确感知、预测、预警基础设施和社会安全运行的重大态势,做出决策反应,显著提高社会治理的水平。义务教育和高中课程标准都强调了人工智能在课程建设中的重要性,其中《义务教育信息科技课程标准》将"人工智能"作为一条逻辑主线贯穿于每个课程模块中,此外课程标准还专门设计有"人工智能与智慧社会"课程模块,要求学生通过该模块课程的学习,"理解人工智能的优点、优势和能力边界,知道人工智能与社会的关系,以及发展人工智能应遵循的伦理道德规范"。《高中信息技术课程标准》在"数据与计算"必修模块中专门设计了人工智能的学习内容。因此,信息科技教材建设中就需要将人工智能基本知识与技能、应用方法与策略、社会伦理与道德渗透到教材内容中,帮助学生领悟人工智能的发展与应用,认识到人工智能为智慧社会的发展创造了条件,利用智能技术和工具可以高效利用社会资源、促进生产成本和能源的节约,改进服务交付和生活质量,减少对环境的影响,支持创新和低碳经济,实现智慧技术高度集成、智慧产业高端发展、智慧服务高效便民,持续创新,以智能化推动社会各行业的高质量发展。

互联网、大数据和人工智能技术发展重塑了人们沟通交流的时间观念和空间观念,改变人们的思维与交往模式,创生出人们生活、工作与学习新模式、新方法、新路径。信息科技教材研制要超越单纯的技术工具操作与应用,就需要体现出课程内容时代性特征,从信息意识、计算思维、数字化学习与创新、信息社会责任方面提升全体学生的数字素养与技能,增强学生在信息社会的适应力与创造力,为网络强国、数字中国、智慧社会的建设培养合格数字公民。

二、信息科技教材应反映现代教育理念

从教材属性来看,教材除了具有知识传播功能外,还具有教学性特征,即教材所呈现内容本质是学科教学性知识,是把学科知识通过学生可理解的语言、叙事方式、学习活动等进行教学转化而形成的知识。[①]《义务教育课程方案(2022年版)》指出,要"加强情境创设和问题设计,引导学习方式和教学方式变革。关注学生认知发展特点,强化教材学段衔接"。信息科技教材研制过程中既要融入具有时代性的学科内容,也要渗透现代教育理念,落实信息科技课程标准中提出的"做中学""用中学"和"创中学"的要求。

1. 突出以"学"为中心学习过程设计。以"学"为中心的教育理念注重学生学习主体的地位,集中体现了学生学习的自主性、主动性和创造性。《高中信息技术课程标准》在课程建设理念中强调"培育以学习为中心的教与学的关系,在问题解决过程中提升信息素养"。为更好支持学生主动学习,信息科技教材设计与开发就应鼓励学生在不同的问题情境中,运用信息科技学科方法形成解决问题的方案,体验信息科技行业实践者真实的工作模式和思考方式,创造机会使学生感受到信息技术所引发的价值冲突,思考个体的信息行为对自然环境与人文环境的影响。例如,人教中图版高中信息技术《数据与计算》教材中"体质数据促健康"项目活动设计,将"学生个人体质健康数据采集与分析"与"数字化设备与网络平台应用"结合起来,从活动内容和活动形式上引导学生主动应用数字化设施和网络平台开展个人体质健康数据的处理,在完成项目任务过程中,掌握信息科技课程内容中数据、信息、数字化等基本知识,提高学生数字素养。可见,信息科技教材在落实以"学"为中心教育理念时,要引导学生在自主或合作活动过程中理解人、技术和社会的关系,思考信息科技为人类社会带来的机遇和挑战,履行个人在信息社会中的责任与义务,逐步成长为有效的技术使用者、创新的技术设

---

① 赵长林.什么是好的教科书设计:一种多学科观点[J].教育导刊,2022(9):33—41.

计者和理性的技术反思者。

2. 注重教学评一致性的内容组织结构。教学评一致性反映了"以评促教、以评促学"的教学理念，评价不再仅是甄别学生的筛选工具，更是促进学生达成教学目标的重要手段。"教学评一致性"实施过程中，教学目标是课堂教学的支点，评价贯穿在课堂始终，通过评价了解学生学习情况，通过学习反馈及时调整师生教与学状态，重组教学资源，促进目标达成。我国《义务教育课程方案（2022年版）》明确提出全面推进基于核心素养的考试评价，强化考试评价与课程标准、教学的一致性，促进"教—学—评"有机衔接。同时，要注重伴随教学过程开展评价，捕捉学生有价值的表现，因时因事因人选择评价方式和手段，增强评价的适宜性、有效性。将教、学、评一致性的要求落实到教材研制中时，就要体现出：单元（或节）目标与课程标准一致、活动设计与单元教学目标的一致、评价与教学目标的一致以及教学反馈和调整的一致。例如，信息科技教材研制过程中，就需要依据单元目标设计项目评价量规，将项目评价量规应用于单元项目活动中，对学生项目活动过程和作品进行评价，帮助学生对所完成的作品进行持续迭代和完善；按照"节教学目标"设计教材的作业练习，通过学习后的作业检查学生对课时学习目标的达成度，帮助学生有针对性地进行学习调整；针对课堂活动过程中的实践练习和操作要求，通过活动展示或交流研讨方式对学生学习过程进行伴随式评价，检测学生学习过程和学习结果，引导学生及时发现学习问题，针对具体问题调整学习方案，优化学习方法。

3. 强化学科实践的主题探究活动开展。学科实践注重加强学生知识学习与个人经验、现实生活、社会实践之间的联系，引导学生在参与学科探究活动过程中，经历发现问题、解决问题、建构知识、运用知识的过程，体现学科思想方法。[①]实践取向的信息科技教材研制就需要关注"做中学、用中学和创中学"活动的开展。加强信息科技知识技能学习与学生经验、现实生活、社会实践之间的联系，注重真实情境的创设，增强学生利用信息科技学科方法和工具认识真实世界、解决真实问题的能力。教材的主题探究活动设计应体现出实践任务与意图、学生活动、教师组织和学业要求等内容。例如，信息科技教材"在线数字气象站"主题探究活动中，结合数学、物理、地理、艺术等学科知识，设计搭建校园数字气象站的活动，通过主题性的实践活动，引导学生动态积累气象数据并按照地理学科的

---

① 中华人民共和国教育部. 义务教育课程方案（2022年版）[M]. 北京：北京师范大学出版社，2022.

知识进行数据分析,掌握气象观测的基本方法,激发学生学习自然地理的兴趣,培养其应用信息科技解决真实问题的能力。

三、线上线下融合的信息科技教材新形态

教材作为人类优秀文化的传播载体,其承载形式需要与时俱进。互联网、大数据、人工智能等新技术的发展促进了线上线下深度融合,创生出教材建设的新形态。2020 年 1 月,国家教材委员会印发的《全国大中小学教材建设规划(2019—2022 年)》指出,"教材建设要适应信息技术与教育教学深度融合需要,满足互联网时代学习特性需求"。素养导向的信息科技教材建设要充分发挥新技术、新工具的优势,通过线上线下融合创新教材形态,体现出立体化、多媒体化和智能化特征。

1. 信息科技教材的立体化特征。计算机和网络技术在教材研制中的应用,突破了纸质教材受编辑、印制、发行等流程的限制,在教材内容组织形式、教材媒介形态以及教材资源感受方式等方面,都出现了跨空间、多形态和深度体验的变化,加快从纸质平面式教材向立体化教材的发展。立体化教材是以促进学生达成学习目标为主旨,在传统纸质教材的基础上以课程内容为主体,以跨空间、多形态、多用途的教学资源和多种教学服务为内容的结构性配套教学出版物的集合。它以提高学生学习水平为中心,充分发挥学生学习的主动性、积极性和创造性,培养学生的综合能力素养。[①] 信息科技教材的立体化特征反映在:其一,载体空间立体化。网络技术拓展了教材的空间,利用网络技术可以将纸质教材内容以在线方式进行呈现,通过智能终端或阅读链接就可以帮助学生实时获取和学习教材内容,提高教材的应用效率,加强师生互动交流,促进教学方法改革。例如,信息科技教材研制者通过建立配套平台为学生提供教材的数字化资源,学生可根据学习需要利用移动终端实时获取学习资源。其二,教材内容立体化。通过虚拟现实/增强现实(VR/AR)等技术可真实性地呈现教材内容中的相关学习场景,引导学生体验场景中的活动经历(例如,物联系统中数据的采集、通信、输出设备的状态控制),激发学生学习兴趣,易于学生在探究活动中建构知识。其三,感知方式的立体化。借助信息科技,学生学习教材内容时不仅可以阅读教

---

① 魏江江. 立体化教材建设的思考与实践[J]. 科技与出版,2011(9):30—32.

材,而且可以听讲教材,甚至还可以通过数字设备感知教材中创生出的活动场景,学生能通过多种感知方式获取教材内容,全方位、立体化地对教材内容进行学习。此外,也可为有特殊需求的学生创新出应用数字设备学习教材内容的新渠道。

2. 信息科技教材的多媒体化特征。多媒体技术在教材研制中的应用,改变了教材内容呈现方式和学习互动方式,通过综合使用文本、图片、音频、视频、动画等媒体形式可以增强学习者学习体验,吸引学生学习注意力,增加学生学习效果。信息科技教材的多媒体特征主要表现为:其一,媒体形式的多样性。教材不仅可以通过纸质的文本和图片呈现学习内容,也可以利用数字设备以音频、视频、动画等方式创造生动的学习场景,在信息科技学习过程中通过多媒体形式可以将一些在纸质教材中无法实现或难以体验的活动情境直观地模拟出来,引导学生探索事物的本质和内在联系。例如,信息科技教材在介绍智能工业场景、智能农业场景时,如果只是以文本或图片方式呈现,对于缺少相应背景知识的学生而言理解起来会比较困难,教材通过配套网络平台提供相应视频讲解就会丰富学生学习内容,易于学生学习和理解。其二,媒体内容的交互性。通过多媒体技术可以创设出交互性的学习活动和场景,学生可主动与多媒体场景进行互动,体验和感知其中的学习内容。多媒体学习场景也可根据学生输入的信息,理解学生意图,选用恰当教学策略,指导学生学习,同时学生也可利用多媒体系统反馈的信息进行自我调整,持续优化学习过程。例如,信息科技教材中对"机器学习中的神经网络算法"内容呈现时,如果只是通过文字和图片方式呈现输入层、隐藏层和输出层,对于中小学生来说依然较难理解其中所涉及的参数权重、激活函数、损失函数、拟合、过拟合等核心概念及其作用。如果教材通过配套平台以交互动画方式,引导学生体验机器学习中神经网络训练模型和结果预测的过程,学生就能较好地领悟上述概念的特征及功能作用,从而能整体地理解机器学习中神经网络算法的特征及实现方式。

3. 信息科技教材的智能化特征。知识图谱、数字画像、个性化推荐等人工智能技术,在教材研制中推动了教材资源组织与呈现方式的创新,借助这些技术可根据学生的学习特点和需求提供个性化学习内容和指导,丰富学生学习资源,促进教材智能化的发展。信息科技教材的智能化特征主要表现为:其一,智能交互。智能交互系统通过自然语言处理、机器学习和语音识别等技术提高学生与教材资源互动的智能化水平,智能交互系统在理解学生提出问题的基础上提供相应的解答或说明。例如,将针对信息科技学科内容训练的大模型融入信息科技教材中,智能教材不仅可以为学生提供和组织学习内容,还能支持学生在教材内容学习过程中遇到问题时,通过与大模型对话交流寻求解决学习问题的方法和策略,起到智能学习指导者的功能。其二,个性化推荐。个性化推荐系统是通过跟踪、记录、分析学生学习过程,收集学生学习数据,构建学生学习画像,针对学生学习特征和学习问题推荐与之相适应的学习内容。将个性化推荐系统融入教材研制中,不仅可以描述和诊断学生教材内容的学习现状,还能针对诊断结果推荐适合学生学习的资源,促进学生个性化学习的开展。其三,智能评价。智能学习评价系统,是利用人工智能和大数据技术评估学生学习情况的系统,可以根据学生学习表现和特点,自动生成个性化学习指导建议和评价报告,帮助学生有针对性地开展学习。结合信息科技学习内容,将智能学习评价系统嵌入信息科技教材中,可以较好地将过程性学习评价和结果性学习评价结合在一起,促进学生信息科技综合性学习评价的开展。此外,随着人工智能技术的发展,尤其是生成式人工智能快速迭代与创新,将会进一步促进教材在学习互动、个性化指导和学习评价等方面的智能化水平。

中小学信息科技课程,旨在帮助青少年掌握数字时代的知识建构与创新方法,引导学生在使用信息科技解决问题的过程中遵守道德规范和科技伦理。信息科技教材研制与应用,是课程实施过程中的一个重要环节,教材研制过程中需要充分利用信息科技自身的技术优势,通过新形态信息科技教材建设促进学生数字素养与技能提升。

第二章
中小学信息科技教材研制的理论基础

中小学信息科技教材作为学校课程实施的重要资源,随着信息科技发展、教育理念创新以及社会进步的时代需要得以不断更新与完善。面向核心素养信息科技教材研制,以数据、算法、网络、信息处理、信息安全、人工智能等学科概念和逻辑主线为内容支撑,遵循学生认知规律、依据学生学习基础和认知能力组织教材内容,注重项目和主题实践活动的引领,促进从"为了知识的教学"向"基于知识的教学"理念的发展[1],为发展学生核心素养、培养合格数字公民提供"抓手"。

---

[1] 余文森. 以核心素养为导向:建立与义务教育新课标相适应的新型教学[J]. 中国教育学刊,2022,(05):17—22.

第一节　信息科技教材的教育功能与价值定位

我国《高中信息技术课程标准》和《义务教育信息科技课程标准》的发布进一步推动了学校信息科技课程的建设与实施。新发布的课程标准反映了以核心素养为导向，以学科大概念和学科逻辑主线为支撑的设计方法，强调"课程要围绕学科核心素养，精炼学科大概念，构建具有时代特征的学习内容"①。那么，在课程标准实施过程中，如何通过精选教材内容，怎样通过活动设计促进学生核心素养发展，就成为信息科技教材研制的关键问题。

一、信息科技教材教育功能：化知识为素养

互联网技术的发展与应用，加强了现实空间与数字空间的深度融合，全新数字化生存空间不仅改变了人们的行为方式，也改变着人们的思维方式，培养具有数字胜任力的社会人才，成为学校信息科技教育的重要任务。2014年，英国教育部改革其学校的 ICT 课程，将课程名称改为"计算（Computing）课程"，提出通过该课程的实施要"确保学生具备数字素养，让学生应用、并通过 ICT 表达自己的想法，使他们能达到一定的水平以适应未来工作，并成为数字社会的积极参与者"②。2017年，美国计算机教师协会发布的《K－12 计算机科学教育框架》通过计算机系统、网络和英特网、数据和分析、算法和程序设计、计算的影响五个核心

---

① 中华人民共和国教育部. 普通高中信息技术课程标准（2017 年版）［M］. 北京：人民教育出版社，2018.

② UK Department of Education (2014), National curriculum in England, Computing Programmes of study: key stages 1 and 2, key stages 3 and 4 ［DB/OL］. https://www.gov.uk/government/publications/national-curriculum-in-england-computing-programmes-of-study, 2019 － 12 － 20.

概念促进学生数字素养提升。2018 年，我国发布的《高中信息技术课程标准》和2022 年发布的《义务教育信息科技课程标准》都提出"信息意识、计算思维、数字化学习与创新、信息社会责任"核心素养，强调这四个方面互相支持，互相渗透，共同促进学生数字素养与技能的提升。开展信息科技教育，发挥学生数字生存的关键能力，提高学生数字素养与技能已成为新时代学校信息科技教育的一项重要内容。

核心素养是课程育人价值的集中体现，是学生通过课程学习逐步形成的正确价值观、必备品格和关键能力。面向核心素养的教学从"为了知识的教学"转向"基于知识的教学"，知识从教育的目的转化成培养学生核心素养的途径。[①] 指向核心素养的信息科技教材建设，既需要从学科独特育人价值层面（信息处理的对象和学科方法）设计学习内容，也需要为一个整体的"人"在信息社会生存与发展而提供综合能力培养的机会，将学科知识逻辑与核心素养发展结合起来，既要避免"为学信息科技而学信息科技"的问题，也要避免"离开学科知识讲素养，缺少教学抓手"的问题。因此，信息科技教材建设就需要改变传统的脱离情境、切片化、流于形式的信息传递式的课时教学组织方式，转向围绕学科核心素养，立足大概念和学科逻辑主线，以项目或主题活动方式规划、设计与组织教材内容。

其实，大凡课程改革总要经历"标准研制——教材编写——教学实施"等环节，而且这些环节之间总会出现这样或那样的"落差"。为减少环节转换的落差，要将核心素养渗透到教材中，搭建从"核心素养"到"教科书结构与内容设计"的"桥梁"，把上位的教育要求转化为可操作的关键问题。素养导向的信息科技教材建设，需要从围绕"知识技能逻辑体系的设计"进一步发展为"基于项目活动设计"，通过项目活动引导学生在实践中开展学习，将所学习的知识技能应用于实践活动中。素养导向信息科技教材建设是新课程意识的体现，也是教育教学理念的革新。教材中的项目活动，是在理解学科核心素养和课程标准内容的基础上，结合信息科技知识技能和学情分析，用课程的视角来审视教学，将核心素养贯穿整个项目活动过程，促进课堂教学从"知识传递"向"学科育人"发展。

---

① 余文森.从"双基"到三维目标再到核心素养——改革开放 40 年我国课程教学改革的三个阶段[J].课程·教材·教法,2019,39(9):40—47.

二、信息科技教材价值定位：提升学生数字素养与技能

学校教材体现了国家意志，是传承人类文明的重要载体。信息科技教材研制就应站在数字时代人才需求高度，依据信息科技课程标准，发挥教材育人功能，帮助学生学会数字时代的知识建构与创新方法，遵守信息社会的道德规范和科技伦理，促进学生在数字世界和现实世界中健康成长，培养数字时代的合格人才。

1. 落实立德树人根本任务，发展学生数字素养与技能

信息科技革新与普及推动了信息社会沿着以"计算机驱动"到以"互联网驱动"再到以"人工智能驱动"的路径持续发展。伴随着新一代数字化工具成长起来的"数字原住民"，潜移默化地具备"更快利用网络获取信息，善于并行工作，适合图形学习"的社会优势[①]，但也出现了"沉迷手机、网络上瘾"，甚至导致"网络自闭症"等心理问题。因此，中小学信息科技教材研制，不应局限于技术工具操作或应用性的常识教育，而需要培育学生的计算思维，引导他们像"信息科技学科专家"一样，从学科方法层面思考"人、技术、社会"的关系，合理应用信息科技处理信息问题，具备信息社会责任，把"数字原住民"培养成合格的"数字化公民"。

为应对数字时代发展需要，2007年，国际教育技术协会在《面向学生的教育技术标准（修订版）》中明确提出数字公民的发展要求，指出具备数字素养的公民要能够理解人、技术文化与信息社会问题的关系，合法使用技术，具备良好的技术道德行为；2020年，欧盟启动了《数字教育行动计划（2021—2027）》，强调提高社会成员的数字素养与技能，包括：敏锐地甄别和判断信息，有效管理信息，良好的计算素养，合理地使用新兴数字技术（例如，人工智能）。2021年11月，我国中央网络安全和信息化委员会印发的《提升全民数字素养与技能行动纲要》强调，要立足新时代世情、国情、民情，构建知识更新、创新驱动的数字素养与技能培育体系，指出数字素养与技能是数字社会公民学习工作生活应具备的数字获取、制作、使用、评价、交互、分享、创新、安全保障、伦理道德等一系列素质与能力的集合。可见，面向数字素养与技能的信息科技教材建设是要依据国家课程标准，针

---

① Marc Prensky, Digital Natives, Digital Immigrants [DB/OL]. http://www.marcprensky.com/writing/Prensky%20-%20Digital%20Natives,%20Digital%20Immigrants%20-%20Part1.pdf.

对"数字原住民"的成长需求,分析数字公民需要具备的信息应用能力、利用信息科技解决问题的能力、创造能力以及信息社会责任,主要表现为:

发展学生数字素养与技能就是要增强学生的数字化生活能力。信息科技在生活中的广泛应用,潜移默化地改变着人们的生活方式,例如,当身处陌生环境时,能主动采用智能手机上的电子地图进行自我定位;当预订车票时,能有效利用订票 APP 查询车次,在线预订和付款。新技术、新工具为人们创造出一个全新的数字化生活环境。信息科技教材主题设计就是要引导学生积极适应在线生活,通过易用、便捷和兼容的数字工具,畅享美好数字生活,感受到在数字化环境中所获得的高质量生活和成就,提升生活于数字社会的幸福感。

发展学生数字素养与技能就是要增强学生的数字化学习能力。网络技术拓展了学生的学习空间,丰富了学习资源,加强了线上线下学习的深度融合,创造了一个全新的数字化学习环境。如何发挥好数字化学习环境,怎样利用数字技术创新学习模式,对新时代学习者提出了新挑战。信息科技教材内容的选择就是要提高学生基本信息科技知识与技能,理解数字工具的基本原理与方法,发展学生计算思维,引导学生自觉探索数字化环境学习方式,从容应对新时代学习变革。

发展学生数字素养与技能就是要增强学生的数字化创新能力。移动通信、大数据、人工智能等新技术、新工具的发展推动了信息社会的进步,给人们认识世界和改造世界提供了新手段。"互联网＋""人工智能＋"等新技术的应用呼唤着开放创新、协同创新人才的培养。信息科技教材的活动组织,就是要激发学生对个人和社会发展的危机感,能够准确判断个人现状与社会人才需求的差异,增强数字创新能力,积极维护数字社会安全、促进数字社会进步。

发展学生数字素养与技能就是要增强学生未来数字化工作能力。学生是学习者,也是未来社会的劳动者。数字素养与技能的培养,不只是培养数字工具消费者与适应者,更是要培养新时代的劳动者和创造者。信息科技教材的目标导向要面向未来社会发展的需求,引导学生从容面对未来数字技术与经济社会各领域深度融合带来的挑战。教材内容要与时俱进,体现出时代性发展特征,帮助学生认识到应用信息科技改变传统生产模式的重要意义,紧紧跟上数字化推动产业发展的步伐,抓住数字化变革中所带来的新机遇,立志为社会经济发展贡献力量。

2. 合理组织学科知识内容,增强学生解决问题的关键能力

信息科技的快速发展与广泛应用创生出一个全新数字化生存环境,它在改变人们的行为方式时,也转变着人们的思维方式,赋予了信息科技课程新内涵。信息科技课程面向数字时代经济、社会和文化发展要求,吸纳国内外信息科技前沿成果,从信息科技实践应用出发,帮助学生理解信息科技基本概念与基本原理,增强学生知识迁移能力,提高其学科思维水平,体现"科"与"技"并重的特征。

素养导向的信息科技教材要围绕信息意识、计算思维、数字化学习与创新、信息社会责任的核心素养,以数据、算法、网络、信息处理、信息安全、人工智能为逻辑主线,按照学生认知发展规律组织与安排学科知识内容,体现出循序渐进和螺旋式上升的特征。其中,小学低年级注重生活体验;小学中高年级引导学生初步学习基本概念和基本原理,并体验其应用;初中阶段深化原理认识,帮助学生探索利用信息科技手段解决问题的过程和方法。高中要引导学生较系统地学习信息科技基础知识与技能,感悟信息科技学科方法与学科思想,在教材内容中嵌入与信息科技相关的社会现实问题和情境,结合数据加工和信息系统应用的真实过程增强学生解决问题的能力。

素养导向的信息科技教材要依据课程标准系统规划项目活动,体现核心素养发展的全面性和阶梯性。在项目情境选择上,要注意内容、难度与不同阶段学生认知水平相匹配,反映出技术更新和迭代迅速的特点,体现我国最新的信息科技成果,引导学生认识自主创新的重要性。在项目活动过程中,要注重以科学原理指导实践应用,把学知识与用知识结合起来。强化信息科技学习的认知基础,注重基本概念和基本原理学习。探索"场景分析—原理认知—应用迁移"的教学,从生活中的信息科技场景入手,引导学生发现问题、提出问题,在已有知识基础上分析、探究现象的引发机理,学习、理解相应科学原理,尝试用所学的原理知识解释生活和学习中经历的问题,选用恰当的信息科技工具解决问题。

3. 依托现代信息科技手段,创新学生学习路径

信息科技教材研制过程中,按照学习内容和活动设计的要求合理利用数字化平台、工具和资源,运用线上线下结合、模拟实验、虚拟仿真等方式,引导学生自主学习、合作学习,注重发挥数字化学习跨时间跨地域、随时随地开展等优势,适应个性化培养需要,指导学生结合自身实际合理规划、管理学习,帮助学生学会学习。

借助多媒体资源丰富信息科技教材内容呈现形式。多媒体教学演示是借助计算机以文字、声音、图形、动画等媒体组织学习资源,将抽象的学习内容以生动、形象的方式进行呈现。在教学实施中,多媒体教学演示可起到激发学生学习

兴趣、降低认知难度的目的。迈耶在双通道教学理论中指出,人类的学习过程包括两个通道,即视觉通道和听觉通道。借助多媒体技术可以同时激活两个通道,增加学习效果。[①] 在信息科技课程内容中,计算机组成原理、互联网、物联网、人工智能等知识较为抽象,如果教材内容采用单纯的文本描述方式,学生还较难理解,通过信息科技手段配套多媒体学习资源,以生动形象的方式呈现学习内容,可以提高中小学信息科技教材的易用性和可用性。

通过线上线下相融合方式创新信息科技教材新形态。线上线下学习内容的组织不仅拓展了学生的学习空间,还创新了教材内容媒介形态。信息科技教材内容包括逻辑性强的原理性知识,也涉及操作性强的应用技能。学习过程中需要深层次的内容理解,也要有分步骤的技能操作。为能促进学生达成不同类别学习目标,可将学生纸质内容学习与在线活动相结合,以纸质文本引导学生深度阅读与研讨,通过在线伴随式技术记录、分析学生活动过程,针对学生学习问题,给予个性化指导,创新教材新形态。例如,霍德教育集团出版的《计算机科学》教材[②],通过"动态学习"栏目将纸质教材的学习延伸至在线活动中,在线系统分析学生在线活动的关键环节,针对学生活动过程中存在的问题反馈学习建议,推送个性化学习资源。

此外,在信息科技教材研制过程中还可通过移动互联网、大数据、云存储等技术跟踪学生应用教材学习的过程,分析学生应用教材学习效果,及时收集和整理学生学习过程中的生成性学习内容,帮助学生了解自己的学习现状,有针对性地调研学习过程和方法,通过新技术增加学生应用教材学习的效果。

第二节　学科逻辑与信息科技教材研制

学科课程既要反映本学科的科学体系,又应符合教育要求。[③] 学科内容是指科学的特定分支的系统知识内容,主要表现形式是科学知识体系——由本学科的重要概念与原理、知识构成,还包括为发展这些所积累的实践经验和方法。教

---

① 理查德・E.迈耶. 多媒体学习[M]. 牛勇,邱香,译. 北京:商务印书馆,2006.

② George Rouse. AQA GCSE Computer Science, Second Edition [M]. Hodder Education, 2020.

③ 石鸥. 教科书概论[M]. 广州:广东教育出版社,2019.

材内容的选择与组织既包括符合学科逻辑的知识体系,也要根据学生认知能力对这些内容进行取舍、重组和编排。

一、理解信息科技学科逻辑

奥苏贝尔(David Pawl Ausubel)认为,有意义学习发生的必要条件之一是学习材料必须是潜在有意义的,这说明学习任务和学习材料应该是有组织的、可阅读的和相关的。[①] 教材的内容选择与组织应注意知识内容之间的逻辑关系,将有关联的内容组织起来,形成有意义的学习材料。布鲁纳在教材内容组织与结构研究中也关注了学科的逻辑体系,主张让学生领会和学习学科的基本结构,了解学科的基本概念和基本原理体系。[②] 对于确定和组织中小学信息科技教材内容而言,理解信息科技学科的逻辑就显得尤为重要。

近年来,随着信息科技的革新与普及,信息科技课程内容也得以不断发展,体现出数字化、网络化和智能化的发展特征。信息科技核心概念和学科体系日趋成熟,信息科技研究领域已不再限于技术领域的活动,也体现了科学领域的内容。从早期计算机课程注重程序设计语言教学和计算机键盘的操作指法、计算机软件应用等知识技能层面的内容,发展到以信息处理与交流为主线,关注发展学生信息素养,讲解"信息获取、信息加工、信息表达与交流、信息技术与社会"等内容,再到以数据、算法、网络、信息处理、信息安全、人工智能为学科逻辑主线,提升学生数字素养,增强其技能。新时代信息科技教育不再局限于数字化设备操作与应用,也要让学生理解信息科技基本的科学原理与方法,从注重技术工具操作发展为科学与技术并重,帮助学生领悟学科思维与方法,增强应用学科知识、方法和工具解决问题的能力。

中小学信息科技作为一门独立的国家课程,有着自己独特的科学原理和学科方法,有着本学科的知识体系和结构关联。信息科技学科逻辑,是以学科核心概念为逻辑主线组成的课程内容逻辑体系,既明确了学科的重要概念与原理、知识组成等,也反映出学科概念的逻辑关系。学科逻辑蕴含着信息科技课程要培养学生的知识技能,并细化各个学段的具体内容,明确学生完成学习后需要达到

---

① M. P. 德里斯科尔. 学习心理学——面向教学的取向[M]. 王小明,等,译. 上海:华东师范大学出版社,2008.
② 邵瑞珍. 教育心理学[M]. 上海:上海教育出版社,1996.

的水平表现,在遵循学生身心发展阶段规律的基础上进行教学。信息科技学科逻辑覆盖学科核心概念,构建了学科知识网络,形成递进式的、螺旋式上升的课程内容结构,这说明信息科技课程内容并不是静止的、孤立的知识点,而是螺旋上升的、互相关联的主题式逻辑线索,在不同学段学习的内容深度不同,需要用不同的情境和案例进行解释。学生能够在不同年龄阶段,学习符合自身认知发展阶段的相应知识。同时,学生并不是在某一学段学习某一个概念后就不再接触此概念了,而是在不同的阶段内容之间增加相关内容的难度,用合适的方式循环递进,每一个概念内容在不同阶段都有不同的知识量与结构复杂度。例如,在义务教育阶段,"数据"这一逻辑主线贯穿了一年级到九年级的教学内容,出现在不同的内容模块中,小学低年级体验感受智能语音助手、智能红绿灯等生活和学习中产生的数据;能根据任务需求通过在线平台获取数字资源,设计作品,进行数据传递;小学中高年级学习数据与编码、身边的算法、过程与控制模块也涉及数据的采集与处理;第四学段"互联网应用与创新"模块需要了解互联网应用中数据的构成,知道网络中数据编码、传输和呈现的原理;"物联网实践与探索"模块需要读取、发送、接收、汇集和使用数据;另外,数据是人工智能的三大技术基础之一,在"人工智能与智慧社会"模块中需要进一步学习大数据的特征及处理方式。由此可见,教材内容要帮助学生达成课程标准中各学段内容要求,同时又要符合学生认知规律,就需要将六条逻辑主线贯穿于各模块内容中,在同一模块内容中它们相互交织共同形成学段的知识网络。

二、信息科技学科的六条逻辑主线

《义务教育信息科技课程标准》按照学科概念的逻辑关系,构建了逻辑关联的课程结构,梳理出数据、算法、网络、信息处理、信息安全和人工智能六条逻辑主线,依据学生认知发展规律,统筹安排各学段学习内容。围绕六条逻辑主线设计课程模块,组织课程内容,体现循序渐进和螺旋式发展。信息科技课程的六条逻辑主线明确了学生学习的核心内容,为建构课程内容体系打下了基础,为信息科技各模块内容要求设计提供了结构性支架,为教材内容的选择与组织提供了依据。

1. 数据。随着信息科技在社会各领域中的应用,数据已成为信息社会的一项重要资源,数据已经渗透到人们学习、生活和工作的各个方面。为引导学生认识到数据对信息社会发展的作用和价值,《义务教育信息科技课程标准》通过将"数据来源的可靠性——数据的组织与呈现——数据对现代社会的重要意义"融入课程模块内容中,增强学生数据获取、分析和应用的能力。

2. 算法。算法是计算思维的核心要素之一,也是人工智能得以普遍应用的三大支柱(数据、算法和算力)之一,引导学生了解一些身边的算法,学习基本的算法知识,可以更有效地去解决日常学习和生活中的问题。为帮助学生在课程学习过程中领悟算法思想,信息科技课程标准设计了"解决问题的步骤分解——算法的描述、执行与效率——解决问题的策略或方法"等与算法相关的内容,通过身边算法的学习,提高学生问题解决过程中的抽象、分解、建模、算法设计等思维活动水平。

3. 网络。互联网应用普及,推动着人类的学习、生活和工作由线下到线上、由现实空间向数字空间的逐步迁移,标志着人类社会由工业社会向信息化、智慧社会的一次全球性大迁徙。为帮助学生能够从容、自信、负责地利用网络,课程标准将"网络搜索与辅助协作学习——数字化成果分享——万物互联的途径、原理和意义"融入课程内容中,以此增强学生的在线学习与生活能力。

4. 信息处理。信息处理包括对信息的接收、存储、转化、传送和发布等过程。随着信息科技在社会领域中的广泛应用,社会信息量日趋增加,如何有效处理信息是每位社会成员在现代信息社会生存的一项基本素养。为增强学生信息处理能力,课程标准按照年级的提升以"文字、图片、音频和视频等信息处理——使用编码建立数据间内在联系的原则与方法——基于物联网生成、处理数据的流程和特点"设计课程内容,以此逐步增强学生信息处理能力。

5. 信息安全。互联网技术拓展了人们的活动空间,创设出便利的活动环境,但也带来了一些潜在风险,例如隐私泄露、网络欺凌、网络诈骗等问题。为引导学生安全、负责任地使用网络空间,课程标准从"文明礼仪、行为规范、依法依规——个人隐私保护——规避风险原则、安全观——防范措施、风险评估"等方面设计了信息安全的内容,帮助学生整体理解信息科技给人们带来的影响,增强学生自我保护意识和能力。

6. 人工智能。人工智能赋能社会各个领域,成为促进经济、科技发展的重要驱动力。为帮助学生理解人工智能的特点、优势和可能对社会带来的潜在影响,知道人工智能与社会的关系,以及发展人工智能应遵循的伦理道德规范,课程标准通过"应用系统体验——机器计算与人工计算的异同——伦理与安全挑战"的内容设计,引导学生学习人工智能,学会与人工智能打交道,更好地适应智能化环境。①

《义务教育信息科技课程标准》融合核心素养与学段目标,围绕六条逻辑主线,根据学生的认知能力设计了四个学段的内容模块。第一学段关注学生在接触信息科技初期形成好习惯和好行为,包括信息交流与分享、信息隐私与安全两个模块。第二学段包括在线学习与生活、数据与编码两个模块,让学生熟悉在线环境和数字化设备,并且了解数字化设备的基本原理。第三学段设计了身边的算法、过程与控制两个模块,针对身边的真实问题,引导学生经历问题解决的全过程,逐步掌握信息科技学科的思维方法,更好地认识身边的信息系统和数字设备。第四学段包括互联网应用与创新、物联网实践与探索、人工智能与智慧社会三个模块,在前序课程模块基础上,强调网络中信息编码、传输和呈现的原理,融入人工智能的搜索、推理、预测和机器学习等方面的内容,帮助学生探索利用信息科技手段解决问题的过程和方法,认识到新技术新工具对社会发展的巨大影响。此外,《义务教育信息科技课程标准》通过跨学科主题学习方式,设计了数字设备体验、数据编码探秘、小型系统模拟、互联智能设计等主题,帮助学生体会领悟学科原理与方法,体现"做中学、用中学、创中学"的开展,促进学生数字素养与技能的提升。

随着小学、初中、高中信息科技课程的一体化建设与推进,《高中信息技术课程标准》紧扣数据、算法、信息系统、信息社会等大概念,结合信息科技变革前沿知识与国际信息科技教育发展趋势,构建必修、选择性必修和选修的课程内容体系。通过引导高中生体验数据加工、问题解决和信息系统创建与应用的真实过程,发展学生的计算思维,增强他们的信息社会责任意识,实现信息科技知识与技能、过程与方法、情感态度与价值观的统一,为研制具有进阶性、系统性和选择性的信息科技教材提供了结构化的内容框架。

三、围绕六条逻辑主线选择教材内容

国家课程标准是教材编写、教学、评估和考试命题的依据,是国家管理和评价课程的基础。各学科的课程标准提供了具有较强操作性的内容体系,为教材研制确定了基本的方向和准则,用以指导组织教材内容的先后次序、详略多寡,

---

① 李锋. 义务教育信息科技课程"新"在哪[J]. 中国信息技术教育,2022(11):9—10.

明确不同内容对学生的要求。[①] 信息科技课程标准确定了六条逻辑主线,教材内容选择需要依据学科逻辑主线由浅入深推进,按照逻辑主线之间的关联结构组织内容。

1. 六条逻辑主线纵向由浅入深

纵向来看,课程标准六条逻辑主线贯穿一年级到九年级所有学段,与高中学段的内容相互呼应,围绕六条逻辑主线设计出循序渐进的课程模块。在教材内容选择方面,需要依据学生认知能力的发展,按照年级递进的关系对同一逻辑主线的内容由浅入深地进行组织和安排。以"算法"为例,从低年级到高年级的螺旋式发展体现在"解决问题的步骤分解——算法的描述、执行与效率——解决问题的策略或方法"这一路径。具体来说,小学阶段的内容要求为"针对简单问题,尝试设计求解算法""能用自然语言、流程图等方式描述算法",初中学段需要"分析解决同一问题的不同算法在时间效率上的高低",认识到算法是人工智能的三大技术基础之一,了解算法的作用,知道解决问题的策略或方法。课程标准中六条逻辑主线体现出循序渐进的内容体系,为学生由浅入深学习基本概念奠定了基础,确立了各年级信息科技教材内容的衔接关系。

2. 六条逻辑主线横向相互关联

从横向来看,六条逻辑主线是相互关联,不可割裂的。每一学段的内容模块并不是孤立地讲授某一知识点,而是通过对应的内容模块,将六条逻辑主线的内容相互关联和渗透,在同一年级的课程内容中融入数据、算法、网络、信息处理、信息安全和人工智能的相应内容。在教材的内容选择上,依据《义务教育信息科技课程标准》中各课程模块的内容要求,选择适应学生认知发展规律的六条逻辑主线的学习内容。以第四学段的"物联网实践与探索"模块为例,要求学生"能通过实验平台读取、发送、接收、汇集和使用数据",体现了八年级学生对"数据"这一逻辑主线的学习要求;内容要求中"探索物联网中数据采集、处理、反馈控制等基本功能"涉及算法设计;"知道物联网与互联网的异同"则体现出"网络"知识技能的学习;学生在物联网数据处理过程中不可避免地涉及信息处理的学习内容;同时要求学生"有意识地保护个人隐私,进行安全防护""了解自主可控生态体系对我国国家安全的重要作用",涉及信息安全层面;以及"体验物联网、大数据及人工智能的关系"体现出"人工智能"的要求。这样分析下来,通过"物联网实践

---

① 石鸥. 教科书概论[M]. 广州:广东教育出版社,2019.

与探索"一个模块把数据、算法、网络、信息处理、信息安全、人工智能六项内容融合在一起,构成八年级学生所要学习的结构化内容。因此教材研制中,每个年级都需要合理体现出六条逻辑主线的关联,形成相互交织的学习内容,明确教材内容中六条逻辑主线相互融合的方式。

教材内容有广度、深度、难易度等不同的维度和检验内容的不同标准。[①] 内容广度是教材内容所传播的知识,所叙述的事件、人物和过程,以及所组织学生活动的范围;内容深度是指教材所揭示的知识原理、概念,所反映的事件、人和过程的错综复杂的因果关系,以及对学生知识储备和能力要求的复杂程度;内容难易程度反映了内容被学生理解的困难程度。因此,中小学信息科技教材内容组织要参照学科逻辑,用适合学生理解的方式与语句结构呈现内容,避免出现教材内容过难或过易、过多或过少等随意性问题。

第三节 学生认知发展与信息科技教材研制

中小学信息科技教材本身就是为学生学习研制的,其内容结构和组织方式要遵循学生认知发展规律,用符合学生认知能力的方式安排学习内容。布鲁纳在知识结构理论研究中指出,"任何学科知识都能够用智育上是正确的方式教给不同发展阶段的儿童"[②]。因此,教材研制过程中,就需要用与学生认知水平相适应的方式组织学习内容(如动作、映像和符号),帮助学生在原有认知基础上不断地进行深入学习。

一、理解学生的认知发展规律

认知发展(Cognitive development),是个体自出生后在适应环境的活动中,对事物的认识以及面对问题情境时的思维方式与能力表现随着年龄增长而逐渐改变的历程。[③] 依据认知发展理论,遵循学生的认知发展规律,能够为教材结构

① 石鸥. 教科书概论[M]. 广州:广东教育出版社,2019.
② 邵瑞珍. 教育心理学[M]. 上海:上海教育出版社,2002.
③ 张春兴. 教育心理学[M]. 杭州:浙江教育出版社,1998.

设计与内容组织提供理论依据。

（一）皮亚杰的认知发展理论对教材研制的启示

皮亚杰的认知发展理论将人的认知发展分为感知运动（0—2岁）、前运算（2—7岁）、具体运算（7—11岁）、形式运算（11岁以后）四个阶段。其中，很多儿童在具体运算阶段开始接受学校教育，在这一阶段儿童掌握了一定的逻辑思维和运算能力，但思维活动仍需要具体事物的支持，还不能进行抽象运算。进入形式运算阶段后，儿童的思维能够超越对具体的、可感事物的依赖，抽象思维得到发展，能够通过推理等方式来解决问题。基于此，按照义务教育阶段学生认知发展规律，统筹安排各学段信息科技课程学习内容，在小学低年级阶段教材内容组织方式应注重学生生活体验，在教学中选用身边的案例，创设具体、可感的学习和生活情境，适应具体运算阶段的认知发展；在小学中高年级初步学习基本概念和基本原理，体验其应用，依托学生熟悉的应用初步探索应用背后的抽象原理，做好从具体运算阶段到形式运算阶段的衔接；初中时期，学生已经进入形式运算阶段，具备进一步探索抽象、复杂的原理性知识的认知能力，初中信息科技教材应深化原理认识，引导学生探索利用信息科技解决问题的方法和过程。高中教材则需要兼顾理论学习和实践应用，通过丰富多样的任务情境，鼓励学生在数字化环境中学习与实践，增强学生应用信息科技方法与手段创新解决问题的能力。

（二）维果斯基的文化历史发展理论对教材研制的启示

维果斯基的文化历史发展理论强调了人类社会文化对人的心理发展的重要作用。维果斯基认为，个体的心理发展是在环境和教育的影响下，在低级心理机能的基础上逐渐向高级心理机能转化的过程，而人的高级心理活动起源于人与社会的交互作用。在阐述教学与认知的发展关系时，维果斯基提出了"最近发展区"的概念，即"实际的发展水平和潜在的发展水平之间的差距"，前者指学生独立解决问题时已拥有的实际发展水平，后者指在成人指导下或与更有能力的同伴合作而获得的潜在发展。[1] 最近发展区为学生提供了发展的可能性。因此，教学应考虑学生的现有发展水平，同时要走在学生现有发展水平的前面。组织教

---

① M·P·德里斯科尔.学习心理学——面向教学的取向［M］.王小明，等，译.上海：华东师范大学出版社，2007.

材内容时,可以为学生设计具有挑战性的任务并提供学习支架。例如,中学阶段信息科技教材包含互联网、物联网、人工智能等内容,可以以跨学科主题学习活动组织这些内容,设计环境变化、经济变化、能源变化等挑战性问题,引导学生以小组合作形式,设计未来智能产品方案,形成方案的可行性评估报告。在这个过程中,教师可以采用产品方案模拟发布会、研讨会、评议会等互动方式,运用多元评价,帮助学生完善作品,引导他们正确认识智能技术对社会的影响,增强学生信息社会责任感。

二、教材内容组织方式和原则

直线式和螺旋式是两种常见的教材内容组织方式。此外,奥苏贝尔的渐进分化和综合贯通原则对教材内容组织也有重要指导作用。教材研制过程中,针对不同内容或内容之间的关系,按照学生认知能力和学习基础合理采用不同的组织方式,以提高教材的适用性。

1. 直线递进式教材内容组织方式

加涅在教材内容组织研究中指出,直线递进式的编排模式是指把教材的内容组织成一条在逻辑上前后联系的直线,环环相扣、直线推进、不予重复。加涅认为"学习任何一种知识技能的排列方式是由简单到复杂依次推进的",教学过程应该是一种"直线式的序列"。该方式主张在选定教材内容后,从学习层级论的观点出发,把教学内容转化为一系列习得能力目标,按等级排列,逐步推进。[①]例如,高中信息技术教科版必修一《数据与计算》教材第一单元"初识数据与计算"是采用直线递进式的内容组织结构,这一单元包含"我们身边的数据"和"数据的计算"两个小节,第一小节围绕"气象生活指数的参考价值研究"项目开展教学,在初步认识数据后学习第二小节数据计算的相关内容,在开展"'鸡兔同笼'问题的解决"项目过程中,感受应用计算机解决问题时的算法设计和编程实现。[②]在此单元项目活动中,将数据、算法、编程、计算机处理数据的知识技能融入其中,引导学生由浅入深地开展学习。

采用直线式编排的教材通常是依据学科知识逻辑线性地组织学习内容,知

---

① 李杨.新版高中信息技术必修模块教材比较研究[D].济南:山东师范大学,2021.
② 郑骏.信息技术 数据与计算[M].上海:上海科技教育出版社,2023.

识结构之间的相互关系比较清晰,单位时间内的知识传授效率比较高,一些高年级教材在同一册或同一单元内部常以直线式编排为主,这样可以较好地支持讲解式教学。但是,由于直线式编排的教材前后内容缺少螺旋上升关系,知识间难易度的安排容易出现较强的跳跃性,年龄较小的学生学习该类教材内容时容易出现知识结构的断点较多、内容理解不够深入,甚至出现死记硬背的学习现象。

2. 螺旋式上升教材内容组织方式

布鲁纳在课程研制中强调螺旋式课程内容组织方法和策略。他认为课程内容围绕学科基本结构和核心概念在不同阶段上重复出现,逐渐扩大范围和加深程度。因此,不同学段间的教材适合采用螺旋式进行组织,以与学生思维方式相符合的形式组织学科知识,随着年级的提升,不断拓展和加深学科的基本结构。这也是《义务教育信息科技课程标准》所强调的,按照学生认知特征和信息科技课程的知识体系组织课程内容,体现了知识学习的循序渐进和螺旋式上升。例如,对于"信息处理"这一逻辑主线,在小学阶段学生都会学习信息处理的相关内容,但不同年级学习目标不同,一、二年级要求学生掌握文字、图片、音频和视频等信息处理,三、四年级要求学生掌握使用编码建立数据间内在联系的原则与方法,到五、六年级则要求学生应用算法和编程方式来处理数据。

信息科技教材螺旋式编排方式比较符合低年龄段学生的认知发展规律,能较好地支持低年龄段学生的思维发展,易于帮助学生及时巩固所学知识。但是,也应注意到如果教材编写中缺少知识技能进阶层次的区分,过多的内容重复可能会挤占教学时间,甚至会因为内容的多次重复而降低学生学习兴趣。可见,教材内容组织需要综合考虑学生认知能力、学习基础及知识技能的相互关联,针对学生学习需要合理选用直线递进式或螺旋上升式的内容组织方式。

3. 渐进分化和综合贯通组织原则

为了促进学生有意义学习的开展,奥苏贝尔提出教学内容组织的渐进分化和综合贯通原则。依据该原则,设计教材展开的顺序时,应首先呈现学科最一般和最概括的概念,然后按细节和具体性逐渐分化,以此给学生增加下位概念学习的机会,这样就能较好地帮助学生建构起知识的结构关系,学习这类教材时在结构上就会相对清晰一些。另外,在有些情况下,所要学习的新内容也可能是与从前学过的内容相似的或者相关的,在内容难度或认知程度上有所递进,加强知识之间的融会贯通。依据渐进分化和融会贯通的原则,组织教材内容时就要通过加强新旧概念、原理之间的关联,引导学生探讨新旧知识之间的联系。例如,在组织"信息系统"这部分内容时，高中信息科技华师大版必修二《信息系统与社会》在第一章先整体介绍信息系统概念和组成要素，在此基础上第二章中以智能停车管理系统为例，分别介绍信息系统中各部分组成要求，再到第三章自主搭建小型物流信息系统。先解释抽象的大概念，再结合具体的实例深入剖析、学习和实践①，以此加强上面章节中所学知识概念之间的关联，体现出学习内容渐进分化和综合贯通的组织原则。

综上可以发现，教材内容组织过程中需要遵循学习者认知能力，按照渐进分化和融合贯通的原则综合采用直线递进、螺旋上升的方式。当然，这些组织方式并不是非此即彼的，而是根据学生学习需要和具体内容选用或综合应用。例如，在全学段的教材设计过程中，为加强教材之间的衔接，就需要明确分册教材之间哪些内容需要作为知识衔接点和教材中重合性内容，重合到什么程度等，以螺旋式上升方式进行教材内容组织；而对单元或课时内容，就需要分析出核心知识技能点以及它们的前后序关系，建立知识间的递进层次，采用直线递进式可较好地支持学生由浅入深地开展学习。而在教材内容具体呈现上可根据内容需要将渐进分化和融会贯通的组织原则融入其中，引导学生在应用教材过程中建构个人知识。

三、依据学生认知能力组织教材内容

教材作为学生学习的重要"抓手"，其内容组织方式上需要遵循学生认识事物和学习发展的规律。在中小学阶段，学生认知能力与学习心理发展水平与成年人有所不同，教材内容组织要适应青少年的认知发展水平和心理特征②，支持、激发和促进学生学习。

（一）构建全学段信息科技教材内容体系

学生的认知发展具有阶段性，处于每一发展阶段的学生应当具有适应相应阶段的教材和课程，帮助他们经历有意义的学习活动。③ 因此，教材内容组织与

---

① 李晓明. 信息技术. 信息系统与社会[M]. 上海：华东师范大学出版社，2022.
② 高凌飚. 教材评价维度与标准[J]. 教育发展研究，2007(12)：8—12.
③ 孔凡哲. 基础教育新课程中"螺旋式上升"的课程设计和教材编排问题探究[J]. 教育研究，2007(5)：62—68.

安排应紧扣核心素养和学段目标,依据学生的认知发展水平,围绕数据、算法、网络、信息处理、信息安全、人工智能六条信息科技学科逻辑主线,构建螺旋式上升、全学段信息科技教材内容体系。螺旋式教材编写可以从内容广度、螺旋间隔和内容深度等多个维度予以实现[①],综合考虑相似主题的教学单元如何形成一个螺旋、同一教学主题在中小学不同阶段需要多少次螺旋、如何选择和呈现不同螺旋的课程内容的编写等问题以满足信息科技课堂教学的需要,尽量使每个阶段的教材内容处于学生的最近发展区内。例如,对于"信息安全"部分的内容,在三、四年级的教材中编写在"数据与编码"模块,呈现真实案例帮助学生了解威胁数据安全的因素,引导学生在学习和生活中有意识地保护数据并遵守相关的法律法规;在五、六年级编写"过程与控制"模块,让学生在了解过程与控制原理的基础上,理解过程与控制系统中可能存在的安全问题;在初中阶段编写"互联网应用与创新""物联网实践与探索""人工智能与智慧社会"模块,引导学生在探索智能技术原理基础上有针对性地采取有效措施进行信息安全防护。

(二)设计结构化信息科技单元模块内容

教材知识结构是由核心概念构成的,通过核心概念可以把相似的事物归类,将获得大量的信息组成有意义的单元,作为组成教材基本结构的概念彼此相互关联。[②] 在设计教材概念内容的结构体系过程中,一方面要理顺概念之间层次关系,围绕着某一核心概念形成概念群,帮助学生建立结构化知识,在原有知识基础上,将新知识合理融入进去,建立起清晰的知识结构图。例如,信息科技教材中在组织算法内容时,可围绕算法这一核心概念进一步细分为算法特征、算法描述方式、算法的结构表示、算法效率等,其中算法描述方式还可进一步细分为自然语言、流程图、伪代码等概念。另一方面,要加强概念之间的多维关联,通过教材提供的引导材料及其中的问题分析,帮助学生综合应用所涉及的概念去理解和解决问题,明确概念之间的区别和关联。例如,教材内组织"信息系统的功能和组成"学习内容时,教材可以先呈现"智能公交查询系统"的案例,引导学生通过调查、搜索等手段剖析该系统的功能和特征,理解信息系统中数据输入、计算、

① 宋运明,邝孔秀.数学教材内容的螺旋式编写方式研究——以"平行四边形"为例[J].数学教育学报,2018,27(6):44—49,66.
② 邵瑞珍.教育心理学[M].上海:上海教育出版社,2002.

输出等的关系,总结出信息系统的特征和一般性组成要素。由此可见,通过核心概念的纵向分化和水平层面的相互关联就构成了教材内容的结构化体系,以结构化内容促进学生核心素养发展。

(三) 合理安排与选择开放性信息科技学习内容

信息科技课程设计与实施以培养学生数字素养与技能为目标,以学生已有知识、技能和经验为起点,遵循学生学习规律,系统设计学习活动,倡导多元化教学策略,注重学生个性化发展。《义务教育信息科技课程标准》就强调,"凸显学生主体地位,关注学生个性化、多样化的学习和发展需求,增强课程适宜性"。《高中信息技术课程标准》也指出,"设置满足学生多元需求的课程结构,促进学生的个性化发展"。可见,信息科技教材研制在顺应学生共性发展特征的基础上,还应满足学生的个性化发展需求。在内容编排上要具有一定开放性和拓展性,在保证基本内容完整性和系统性的基础上,还应适当设置一些选学内容或选做的活动等,既能为教师拓展学习内容、开发学习资源提供可能,又能拓宽学生的学习视野,发展学生的爱好和特长,培养学生创新精神和实践能力。在内容选择上,在确保每个学生达到共同目标基础的前提下,也应体现选择性,充分考虑学生不同的发展需求,结合学科特点适当安排一些自学或拓展学习的内容,以适应不同学生的学习需要,引导学生形成个性化的学习方案,促进学生自主发展。例如,一些版本的高中信息技术教材通过"知识延伸""拓展阅读"等栏目为学生提供可选择性的学习内容,学生可根据自己的学习情况进行选择学习,也有教材通过线上线下相结合方式为学生提供丰富多样的学习资源,学生可根据自己的需要选择相应的资源进行学习。此外,为有效促进学生个性化发展,教材建设过程中也要注重信息科技工具的选择与应用,探索信息科技工具为教、学、评一致性提供支持的方法与路径,为学生自主学习提供个性化资源支持与学习指导。

信息科技教材内容组织与编排要注重学科知识逻辑,确保教材内容的科学性,也应关注学生认知发展水平,依据学生发展需要和学习特征整合、重组学科知识,结合学生现实生活和学习实践设置基于真实情境的学习任务,通过项目活动或主题探究的方式引导学生在动手操作、自主探究以及解决问题的过程中将"学科技"与"用科技"有效融合,在实践活动中理解信息科技知识、掌握关键技能,增强应用信息科技解决问题的能力,达到化知识为素养的目的。

第四节　教师教学需求与信息科技教材研制

　　教材作为教师开展教学的重要资源,评估教材优劣的一条重要指标就是是否有利于教师"用教材教"。因此,教材的结构框架和活动设计要为教师自主选择、增补和调整教学内容预留空间,要能够促进教师改进教学实践,引导和激发教师创新教学。

一、信息科技教材教学应用的需求分析

　　基于标准的课程实施过程中,教材是课程标准的具体化,直接影响着课程标准的落实。2018 年发布的《普通高中信息技术课程标准》从课程模块名称到模块内容要求都有了很大的发展,课程标准紧扣数据、算法、信息系统和信息社会等学科大概念,结合信息科技变革的前沿知识与国际信息技术教育发展趋势,引导学生学习信息科技的基础知识与技能,感悟信息科技学科方法和思想;结合数据加工、问题解决和信息系统操作的真实过程,发展学生计算思维,增强他们的信息社会责任意识,通过学科核心素养实现信息科技知识与技能、过程与方法、情感态度与价值观的统一。2022 年发布的《义务教育信息科技课程标准》进一步加强了信息科技"科学原理"内容的融入,引入简单控制系统、互联网、物联网、人工智能等基本原理,从信息实践应用出发,帮助学生理解基本概念和基本原理,引导学生认识信息科技对人类社会的贡献与挑战,提升学生知识迁移和思维水平。信息科技课程已从过去过于注重技术操作走向科与技并重的新阶段。信息科技课程内容与以往教学要求相比有非常大的变化与发展,这对信息科技教师理解"为什么教""教什么""教到什么程度""怎么教"提出了新挑战,对教材的研制提出了新要求。

　　信息科技课程在中小学是一门较新的课程,受技术发展快、社会各领域融合度高等因素的影响,我国信息科技教材发展过程中还存在着内容陈旧且教材质量参差不齐的问题,各地使用的教材版本众多、部分教材出版时间较早、课程内容偏重计算机技能操作、涉及学科科学性的内容偏少,这些因素都影响了人们对

信息科技课程的正确认知,导致课程在各地受重视程度差异较大。① 《高中信息技术课程标准》和《义务教育信息科技课程标准》的发布,合理融入了信息科技中"科"的内容,体现出"科"与"技"并重的课程特征。因此,信息科技教材研制就需要依据课程标准科学选择和组织教材内容,在内容编排和结构框架设计上,应在教师的教与学生的学之间达成平衡,既要便于教师科学设计教学情境,有效组织教学,又要为教师自主选择、增补和调整教学内容预留空间。既要有助于增强学生技能应用能力,也要发展学生在理解信息科技原理基础上的创新能力,注重引导学生主动探究、建构知识、获得结论,促进学生形成良好的信息科技学习习惯和思维方式,为学生提供适当的个性化自主学习空间,全面提升学生数字素养与技能。

素养导向的信息科技课程强调培育以学生学习为中心的教与学关系,引导学生在问题解决过程中提升数字素养与技能,注重把握数字化学习的特点,合理利用数字化平台、工具和资源,运用线上实验、模拟、仿真等方式,促进学生自主学习、合作学习,发挥数字化学习跨时间跨地域、随时随地等优势,帮助学生学会学习。随着新课程的实施,课堂教学模式、教学方法和教学工具都有了发展,信息科技教材的研制应结合数字时代信息科技课程教学特征,开发文本、数据、图片、音频、视频(动画)等多种媒体类型的数字资源,重视建设支持信息科技教学实验环境的实验室,丰富资源类型。在教材介质上要超越传统纸质教材方式,加强线上线下教材资源的融合,以数字化手段创新教材形态,丰富教材的内容资源,优化教材内容,为教师创新教材应用模式、更新教学手段提供数字技术支持。

信息科技课程指向了学生的核心素养教育,强调大概念、主题式、体验性、综合化,这与以往信息科技重复操作、简单编程、知识点罗列的教学方式区别很大。课程自身的发展与提高要求信息科技教师在教学实施中强化学科实践,引导学生参与学科探究活动,经历发现问题、解决问题、建构知识、运用知识的过程,体会学科思想方法;创新教学方法,加强知识学习与学生经验、现实生活、社会实践之间的联系,注重真实情境创设,增强学生认识真实世界、解决真实问题的能力,例如跨学科教学、项目式学习、问题解决式学习等,以培养学生的创新思维和实践能力。跨学科主题活动的设计与实施不仅能保证数字素养和技能的培养,还

---

① 熊璋,赵健,陆海丰,等.义务教育阶段信息科技课程的时代性与科学性——《义务教育信息科技课程标准(2022年版)》解读[J].教师教育学报,2022,9(4):63—69.

对促进相关学科教学协同实施、发挥综合育人效果,具有举足轻重的作用,教学实施中必须得到足够重视。[①] 基于此,信息科技教材就需要合理依托项目活动、学习主题等方式,合理设计实践性的学习活动,积极融入项目式、主题型等综合教学活动,设计单元教学方案,支持教师通过项目活动、主题探究等方式引导学生开展实践性学习。

二、信息科技教材中的教法特征

作为支持学科课程实施的信息科技教材,不仅要科学地组织课程内容,也要反映出符合时代要求的教学理念与方法,支持教师的教和学生的学。信息科技教材研制要体现出课程标准对教学实施的建议与要求。

信息科技课程强调"做中学""用中学""创中学",注重课程的实践性。素养导向的信息科技课程"实践性",不再局限于以往信息科技课程中的技术工具操作与应用,而是要引导学生在实践中开展应用技术解决问题的探索,围绕学生体验模拟、仿真、验证等解决问题的过程,以增强对课程的理解和应用,因此课程实施就需要为学生提供支撑其进行探究性学习的实践空间和活动资源。此外,教师在教学过程中需要创新教学方式,以真实问题或项目驱动,引导学生经历原理运用过程和计算思维过程,建构知识,增强问题解决能力。[②] 例如,在"身边的算法"模块要求设计问题求解算法,并通过程序进行验证,"过程与控制"模块要求能在实验系统中通过编程等手段验证过程与控制系统的设计,"物联网实践与探索"模块要求设计与搭建简易物联系统。这些都是实践性较强的内容要求,教学实施中要注重开发系列配套的课程资源,为学生探究奠定基础。因此信息科技教材学习活动设计就应体现出"做中学""用中学""创中学"的教学特征。

1. 在"做中学"中建构知识。"做中学",是把学习内容与学生日常学习、生活中的活动结合起来,学生在实践过程中建构知识。基于"做中学",信息科技教材研发需要为学生创设适合他们经验的活动主题,引导学生在动手实践中完成任务,思考实践过程中的方法与策略,建构人工智能知识。例如,制作"智能分类器"主题活动中,在明确物品分类基础上,学生借助人工智能学习平台采集数据,

---

① 熊璋,李正福. 义务教育阶段信息科技课程建设路径研究[J]. 中国电化教育,2023(1):127—132.
② 仇森,郭芳,黄荣怀. 基于信息科技课程标准的资源开发:原则、思路和路径[J]. 课程·教材·教法,2023,43(6):133—138.

体验机器应用数据学习的过程,完成模型训练,应用训练模型对物品进行识别。通过主题活动,学生领悟机器学习的基本过程与方法,为进一步深入学习"机器学习"打下基础。信息科技教材"做中学"的学习方式关注信息科技教育实践性,强调学生在主题活动过程中,将信息科技知识建构与动手实践结合起来,以适应所生存的数字化环境,避免信息科技教育中理论学习与实践应用脱节的问题。

2. 在"用中学"中内化素养。"用中学",是将学生学习的知识应用于实践中,在应用知识解决真实性问题时,把知识内化为素养。基于"用中学",信息科技教材研发需要将挑战性的问题融入主题情境,引导学生经历"问题分析—方案设计—技术应用—问题解决"的过程,为学生内化核心素养创设体验路径。例如,开发"智能购鞋提示系统"主题活动中,学生在理解情境任务基础上,分析如何根据顾客的身高来预测相应鞋码的问题,应用人工智能学习平台所提供的身高和鞋码的数据集发现数据之间的关系,应用数学知识建立回归模型,编写程序实现模型的自动化预测。信息科技教材中的"用中学"和"做中学"结合,实现了学生在实践中学习和应用信息科技的闭环,学生经历应用信息科技解决问题过程内化解决问题的新思维方式。

3. 在"创中学"中提升素养。创新实践是信息科技发展的动力,既表现为信息科技自身技术的创新突破,也反映在将信息科技应用于各领域中产生的新方法和新模式。因此,为增强学生数字化创新能力,信息科技教育就不应停留于把学生培养成数字工具的消费者,更应将学生培养成信息科技的创新应用者,将"创中学"教育理念与方法融入教学中。基于"创中学",信息科技教材建设可通过创设跨领域复杂的主题情境,引导学生应用信息科技创造解决问题的新方法和新模式。例如,针对农业大规模生产中的"果树病虫害"难题,引导学生应用人工智能技术创新果树病虫实时监测与远程调控的新方法,学生在探究应用人工智能解决农业领域的难题时,增强个人数字化创新能力。信息科技教材中"创中学"理念的融入,不仅要求学生要能分析问题,而且还要能敏锐地发现问题,设计应用信息科技解决问题的创新方案,在方案执行的过程中判断其优势和潜在问题,针对问题进行迭代和优化方案。"创中学"突破了"用中学"和"做中学"的闭环路径,引导学生在不断发现问题、解决问题过程中,以螺旋式上升的方式提升核心素养。

信息科技课程注重项目教学活动的开展。信息科技教材研制应淡化知识的单一讲解,通过项目或主题方式鼓励学生通过自主探究解决项目中的问题,在解决问题的过程中整合知识学习,促进思维发展。帮助教师从"学会操作"的课堂价值取向转向"形成学科核心素养"的价值诉求,引导学生从实际生活中发现项目素材,培养学生的信息意识;在"尝试→验证→修正"的"试错"过程中,发展学生的计算思维;引导学生从自主寻求项目实施所需知识和技能的过程中,形成数字化学习与创新能力;在项目成果的推介交流中,提升学生信息社会责任。

综上,为了更好地实现教材的教学功能,支持教师"用教材教",信息科技教材研制过程中就需要考虑课程实施的教学方法,将《义务教育信息科技课程标准》中所强调的"做中学""用中学""创中学"的教育理念,以及跨学科融合、项目教学方法,合理地体现在信息科技教材内容组织和活动开发中。

三、需求导向的教材结构设计

教材结构是指教材各要素或各组成部分相互联系的方式。设计符合师生教与学需要的教材结构,不仅要能清楚地反映学科中最基本的概念和原理,同时也能使教材中知识组织和呈现与不同年龄水平的学生的接受能力相匹配,更好地支持教师处理教材内容。中小学教材结构是由教材内容、教材程序和教材形态三个层次的子结构有机构成的,三者相互制约,共同实现教材的整体功能,即促进学生的个性发展。[①] 当前信息科技教材的结构设计,在考虑学科自身的内在逻辑联系、学生的认知规律与社会文化环境的基础上,结合核心素养和六条逻辑主线,从内容结构、程序结构和形态结构三方面进行整体架构。

1. 教材内容结构

教材内容结构,主要包括学科取向内容和社会经验取向内容及其间的关系,是学科知识逻辑、社会经验逻辑的综合体现。[②] 教材内容结构的建构首先要从《义务教育信息科技课程标准》入手,一方面分析课程内容标准中的内容要求与学业要求,按照学科知识取向确定入选教材的内容,另一方面要厘清课程内容标准所对应的核心素养的表现与水平,确定知识的广度和深度。通过问题解决活动这一中介,将知识与技能的掌握与发展学生核心素养关联起来。并且需要结合活动设计,精心考虑社会经验取向的内容遴选问题,从学生生活经验入手,筛

---

① 苏鸿. 论中小学教材结构的建构[J]. 课程・教材・教法,2003(2):9—13.
② 李艺. 重构信息技术课程——从经验选择走向思想投射[J]. 电化教育研究,2015(10):5—11.

选出哪些对学科发展而言具有一般生活意义,使之不仅符合学生当下信息社会的真实生活情境,也能指向其未来信息社会发展。最终,两种取向走向融合统一,规避单纯以学科知识取向或以社会经验取向遴选教材内容的局限性。以信息科技课程第三学段(5—6年级)"身边的算法"模块中的"算法的描述"为例,内容要求学生能够"借助学习与生活中的实例,体验身边的算法,理解算法是通过明确的、可执行的操作步骤描述的问题求解方案,能用自然语言、流程图等方式描述算法"。结合该学段学生认知发展正处于具象思维到抽象思维过渡时期的认知特征,确定这一则内容要求的教学可从"猜数字游戏、鸡兔同笼、韩信点兵"等问题出发,学生在问题解决过程中达成课程标准的相关要求,促进学生核心素养的发展。

2. 教材程序结构

教材程序结构反映的是教材内容编排的体系,体现了教材内容的逻辑顺序与学生心理发展顺序相互制约的关系,其实质是作为客体的教材内容与作为主体的学生相互作用的关系,说明了学生在学习教材内容时采用什么方式,以怎样的活动开展学习。教材程序结构一方面受学习内容自身知识关系结构的影响,另一方面又影响教材形态结构,程序结构在一定程度上决定着学与教活动的双边进程,因而影响学生学科思维的形成及个性化发展水平。[①] 设计信息科技教材程序结构需要从宏观、中观、微观三个维度考虑。宏观层面指需要关注信息科技课程内容循序渐进和螺旋式发展的特征,考虑内容模块的系统性与层级性。例如,信息科技教材研制过程中,从1—6年级整体考虑学科六条逻辑主线的递进关系,梳理每一条逻辑主线在年级递进上的衔接点和进一步提升的要求。中观层面需了解课程内容单元的学科知识逻辑,从个体活动、群体项目等方面构建适合学生认知发展的活动结构。例如,为了更好地支持项目活动在教学中的实施,将单元项目活动解决问题的方法和学科知识逻辑融合为一体,引导学生在活动中学习知识,并将所学知识应用于解决实际问题中。微观层面,将教材内容编排具体到每一堂课,即根据内容特点和活动需求设计课时学习方式,以体验式、探究式、协作式等学习方式形成微观课时结构。例如,为引导学生以探究活动方式开展信息科技课程学习,采用"情境创设—问题思考—讨论交流—知识总结"的方式设计某一节的教材结构。

---

① 苏鸿.论中小学教材结构的建构[J].课程・教材・教法,2003(2):9—13.

3. 教材形态结构

教材形态结构是在教学活动需求下教材内容结构和教材程序结构所呈现出的多样的表现形式及其作用关系。经过优化设计的教材形态，能够使教材内容和教材程序所具有的育人功能得到最大限度的发挥。从教学角度来看，教材形态结构可分为课文系统和课文辅助系统两部分。[①] 近年来，信息科技教材的课文系统呈现出活动化和实践性的特点，通过问题思考或研讨交流方式引入课文内容，并通过实践活动来应用课文中学习的知识技能，引导学生在活动中思考和研讨学习内容，在问题解决中提高知识技能学习的实用性。例如，人教中图版高中信息技术必修模块"数据与计算"，教材中"描述算法"的这部分内容通过"红灯变绿灯"问题引入算法的自然语言、流程图和伪代码的知识内容，通过实践活动将所学习"描述算法"的知识应用于解决问题的实践中。这样的课文内容组织方式避免了知识的直接传递，将学"算法"知识与用"算法"知识进行了结合。随着信息科技的发展，信息科技教材的课文辅助系统也日趋多样化，例如，与教材课文配套网络平台的多媒体资源、移动应用终端、数字化实验环境等都加强了线上线下学习内容的融合，创新教材的媒介形态，丰富了教材的教法功能。此外，智能移动终端、互联网、人工智能等新技术的应用，进一步推动了信息科技数字教材的发展。

综上，中小学信息科技教材研制是一项系统的工程，其开发过程和方法要遵循教育教学规律。研制者需要在综合考虑信息科技学科逻辑、学生认知发展，以及教师教学需求基础上，进行教材内容选择、组织和结构设计，发挥信息科技在信息传播、组织和呈现上的优势，通过新技术、新工具的合理应用创新信息科技教材新形态。

---

① 郭晓明. 整体性课程结构观与优化课程结构的新思路[J]. 教育理论与实践, 2001(5): 38—42.

第三章
核心素养视角下的信息科技教材设计

　　新时代以核心素养为纲的课程改革,对教材建设提出了新要求和新挑战,这种要求和挑战不是简单的知识增减,也不是零星局部的调整与改变,而是在整体育人方式和人才培养体系上的创新和改革。当教材研制与教学实施从知识本位转向素养本位时,教材结构设计和内容选择上就要明确核心素养特征,探寻把知识转化为素养的机制和路径,从单元层面确定教材设计方案与策略,以结构化内容和综合实践活动促进学生核心素养发展。

面向核心素养的教育改革,是我国教育改革历程中对"双基"教学、"三维目标"教学的再次升级。信息科技学科核心素养的界定与实施,推动了信息科技教学从"知识传递"向"学科育人"的发展。为促进素养导向教学的实施,信息科技教材研制应摆脱"学工具""练工具"的内容限制,以学生核心素养发展的视角选择和组织教材内容、设计教材结构。

一、面向核心素养的信息科技课程发展

1. 面向 Literacy 的信息科技教育

20 世纪 90 年代初,因特网的普及使得社会信息总量得以迅速增长,它在满足人们的信息需求时,也因信息过载增加了人们心理与工作负担,出现了"信息孤岛""信息疲乏综合征"等社会问题。荷兰社会心理学家霍普斯特德(Gert. Hopstede)形象地描述了其中的原因:"我们创造了一条复杂的信息高速公路,但我们并没有教育高速公路行车人认识和利用其中的路标。"[①]针对信息社会的现实问题,加强信息常识教育、发展公民的信息素养(Information literacy),就成为信息技术教育的价值取向。2000 年,英国教育部将信息与交流技术(ICT)正式列入国家中小学课程,其教育目标界定为:了解和使用信息技术;学习利用信息技术开展各学科学习;培养学生利用信息技术解决问题的能力,以此增强学生应用信息技术进行信息处理的能力。此外,美国、日本、德国等国家也将发展学生信息素养作为学校教育的一个重要目标。

---

① 祝智庭.信息教育展望[M].上海:华东师范大学出版社,2002.

从英文原意来看,"Literacy"具有"能读、能写、有文化"之意,是一种常识性的文化素养。基于"Literacy"的信息科技教育,主要是指信息技术常识教育,它将"信息处理能力"与"读、写、算"作为同等重要的生存技能,强调了信息技术工具的掌握和信息处理方法。这种将信息处理的知识技能、过程与方法融入学生解决问题的真实情境之中,帮助学生养成良好信息技术应用习惯的常识教育,无疑为学生认识"信息高速公路的路标,掌握其中的规则"、在信息社会中健康成长创造了条件。当然,基于"Literacy"的信息科技教育,主要强调的还是信息技术工具的操作和一般解决问题过程中信息技术的应用,它并没有从信息系统的角度分析人、技术、社会之间的关系、淡化了技术工具应用中的潜在功能和方法特征。事实上,忽视学生对信息科技学科思维方法的理解,缺乏学生技术应用过程中批判性分析能力的培养,也就容易造成"当学生微笑地享受着信息环境中的娱乐,却不知为何而微笑时,当学生控制着'电游'操作杆,却被'电游'所控制时,其世界就已不再是美丽新世界"的问题。[①]

2. 面向 Competence 的信息科技教育

近十年来,移动通信、大数据、人工智能等新技术的发展,使得信息科技与社会各领域融合更加紧密。学生在日常生活和学习中获得了一些基本的信息科技操作技能,但也出现了"沉迷手机、网络上瘾",甚至导致"网络自闭症"的心理问题。针对学生在数字设备应用中的误区,信息科技教育就不应局限于一种信息技术应用常识的教育,而是需要培育学生的计算思维,引导他们像"信息科技学科专家"一样,从学科方法层面思考"人、技术、社会"的关系,合理应用信息科技处理信息问题,实现从"数字原住民"向合格的"数字化公民"发展,即发展学生的信息科技学科核心素养(Key Competence)。

从英文原意来看,Competence 具有"技能"(Skill)的一般含意,同时更突出利用技能解决问题的"综合力""胜任力"的特征,涉及学生内在品质和外在行为的发展。基于 Competence 的信息科技教育,注重"综合应用"和"问题解决"等高层次能力的发挥。其一,强调综合能力发挥。突出信息知识、技能、情感态度的综合发展,注重学科方法的掌握,而非割裂教育某一方面。其二,强调信息科技的情境性教育。突出在具体情境中开展信息科技教育,发挥学生利用学科方法解决问题的能力,而非简单的机械操作。由此可见,基于 Competence 的信息科技

---

① 尼尔·波兹曼. 娱乐至死[M]. 章艳,译. 桂林:广西师范大学出版社,2009.

教育,不仅要提高学生掌握基本的信息科技知识与技能,也关注学生在具体情境中利用信息科技解决问题的能力和学科特有的科学方法,强调学科核心素养培养,要求学生在信息活动过程中理解人、技术与社会的关系,希望学生能够像"信息科技专家"一样思考、理解信息社会的问题,引导新一代的"数字原住民"成长为合格的"数字公民"。

3. 信息科技教育的转向:面向学科核心素养

作为第一代在数字化环境中成长起来的"数字原住民",他们具有较强的数字技术接受能力,能自发地应用技术工具、较好地适应数字化环境特性。但是,在信息社会中,教育者也应注意到数字技术的广泛应用,不仅创设出丰富的技术应用环境,也潜移默化创生着新的核心概念、关键能力以及独特的技术应用行为规范。作为合格的"数字公民"就不应局限于技术应用与工具操作层面,而应该理解数字技术在社会应用中的核心概念、学科方法,以及具有学科特征的交流形式,合理应用学科方法解决现实问题,按照信息社会行为规范、负责任地开展信息活动,具备在信息社会适应、生存与发展的基本素养。

可见,从 Literacy 到 Competence 的信息科技教育是从"一般信息技术应用常识"到"学科核心素养"的发展。Literacy 关注的是信息技术的应用能力,是一般常识性的教育。Competence 强调的是信息科技特有的学科方法,以及应用学科方法解决问题的能力,是技术环境胜任力的培养。面向学科核心素养的信息技术教育,一方面可从"量"上减少专业知识的学习内容,减轻学生学习负担;另一方面可从"质"上强调学科方法学习,避免"学了一公里宽,只有一英寸厚"的问题。因此,从课程理论来看,面向学科核心素养的信息科技课程设计是在综合考虑学科内容、学习者特征和社会需求的基础上,将信息技术的"知识与技能""过程与方法"与"情感态度价值观"整体考虑和综合组织,为"数字原住民"向合格的"数字公民"发展创造条件。

二、信息科技学科核心素养凝练的过程与方法

信息科技在社会各领域的广泛应用,形成了不同价值取向的素养概念,例如ICT 素养、信息素养、媒介素养、数字素养等,不同的素养特征指向不同的教育内容。通过文本分析法聚合主要相关素养的实质内涵,抽象出信息科技教育的核心要点。

1. ICT 素养

20 世纪 70 年代微型计算机技术的发展,使得计算机逐步走出专业技术领域,成为人们日常生活、学习和工作中的重要工具,ICT 素养逐渐为人们所关注,并随着技术革新,其内涵也得以不断丰富。1981 年,计算机教育学家叶尔肖夫(A. P. Ershov)曾指出:"计算机文化反映在人们是否具有编排与执行自己工作的程序的能力,现代人除了传统的读、写、算的能力以外,还应该具有一种可以与之相比拟的程序设计能力。"[①]该观点把程序设计作为一种特别的文化,通过发挥社会成员的程序设计能力,更好地适应新的生活与学习方式。此后,信息技术工具多样化的发展和在社会各领域的广泛应用,进一步加强了信息技术工具性特征。1999 年,美国国家研究委员会(National Research Council, NRC)在对信息技术应用需求研究的基础上提出了"信息技术通晓"(Fluency with Information Technology)的能力要求,认为生活于信息社会的成员要能够在"技能上熟悉计算机的应用,概念上要知道信息技术的基础知识,能力上要在思维层面利用信息技术思考和解决问题"。近五年来,信息科技从"工具革新"转向"数据变革","数据"成为人们认识和理解事物的重要资源、解决问题方案制订的重要依据,ICT素养不只是单一的程序设计,甚至也不只是知识、技能和一般解决问题能力的发展,基于数据的计算能力成为其中重要组成部分。2006 年,卡耐基梅隆大学周以真教授(Jeannette M. Wing)提出数字化公民应具备计算思维的观点,认为计算思维是涵盖了计算机科学领域中所采用的最广泛的心理工具,是对问题解决、系统设计、人类行为理解等综合能力的反映。信息科技的学习就是希望能够生活在数字化环境中的人们像"计算机专家"那样去思考和解决生活中的信息科技问题。[②]

尽管 ICT 素养的内涵得以不断丰富,但其主要还是从"计算机和网络"为主体的信息系统范围来理解人与信息系统的关系。从素养内容来看,它从关注程序设计,到强调技术应用,再到计算思维,逐步聚焦于学科教育核心价值,希望从学科方法层面,帮助学生理解人与技术的关系,认识信息社会问题,增强学生利用信息科技学科方法解决问题的能力。

2. 信息素养

20 世纪 90 年代,网络技术的发展使得全球信息总量呈几何级数增长,有效

---

① 王吉庆. 信息素养论[M]. 上海:上海教育出版社,2001.

② Jeannette M. Wing. Computational Thinking [J]. Communications of the ACM, 2006(3):34 - 35.

获取和应用信息成为社会生存的一项重要能力。1992 年，美国学者多尔博士（Christina. S. Doyle）在《信息素养全美论坛的终结报告》提出，一个有信息素养的人要"能够认识到精确、完整的信息是做出合理决策的基础，确定对信息的需求，形成基于信息需求的问题，确定潜在的信息源，制定成功的检索方案，获取、评价和有效地使用信息"。该观点反映出信息意识、信息获取、加工与应用的特征。1998 年，美国图书馆协会（American Library Association, ALA）和教育传播与技术协会（Association for Educational Communications & Technology, AECT）从信息技能、独立学习和社会责任三方面联合发布了"K - 12 信息素养标准"，指出信息素养不仅包括信息获取、检索、表达、交流等技能，也包括学习态度与方法，能够将已获得的信息用于信息问题解决、进行创新性思维的综合信息能力。2008 年，联合国教科文组织发布的文件进一步加深了对信息素养的认识，指出具备信息素养的人要能够准确判定信息需求、定位，评价信息质量，储存和检索信息，也要高效、符合伦理地使用信息，运用信息创造和交流知识。① 突出了"信息获取与加工的目的是实现知识构建与交流"的观点。通过信息技术"有效获取和应用信息、在信息分析的基础上建构与共享知识"的能力成为信息素养的新发展。

信息素养是在一个较为宽泛的信息系统（例如图书馆、网络等）中来理解人与信息的关系。随着信息系统发展的复杂性和多样性，信息素养的内涵从"信息意识与信息处理技能""信息问题解决、独立学习与信息责任的综合""合理进行信息决策，实现知识建构的个人发展"等方面得以不断深化，其教育本质越来越关注人们利用信息工具和信息资源有效处理信息、实现知识建构等能力的发挥。

3. 媒介素养

媒介素养发轫于 20 世纪 30 年代的欧洲电影、电视等视听媒介发展与流行时期。近二十年来，互联网和移动通信技术丰富了媒介信息发布的多样性，人们从传统的媒介"受众"成长为媒介信息的"创造者和发布者"。创设良好的媒介环境，提升大众媒介素养是媒介教育的根本任务。1992 年，美国"媒体素养研究中心"（Centre for Media Literacy, CML）将媒介素养定义为"人们面对不同媒体中各种信息时所表现出的信息的选择能力、质疑能力、理解能力、评估能力、创造和生产能力以及思辨的反应能力"。该观点反映出人们对不同类型媒介信息的认知过程，强调媒介信息的功能性应用。当然，随着媒介载体的多样性和应用的广

---

① UNESCO. Towards Information Literacy Indicators [M]. Paris, 2008.

泛性,媒介素养被赋予了更多的含义。2003年,该"媒体素养研究中心"对媒介素养的内涵重新界定,指出21世纪公民媒介素养既要有媒介功能应用的能力,更要理解媒介对社会作用的重要性,认识到掌握媒介应用的根本技能和通过媒介进行自我表达的意义。媒介社会性的理解及其对个人发展影响的认识成为媒介素养的重要内容。英国伦敦大学教育学院的学者帕金翰(D. Buckingham)指出,"媒介素养并非只是一种功能性的素养,同时还必须是具有社会性、批判性的能力。其中的社会性代表着人与外界的互动关系,批判性则代表进行合理与有效沟通的必要条件"[①]。随着媒介传播工具的发展,大众媒介素养从一般的媒介应用能力发展到人们对"媒介、社会、个人发展"的综合理解与媒介创造。

媒介素养是针对不同类型媒介传播系统,对"人、媒介载体(或工具)和信息"内在关系的阐释。强调在不同的媒介系统中,人们对媒介信息的解释、建构和应用能力,以及媒介对社会、个人发展重要性的认识。当然,新型数字化媒介工具的应用也使得传播系统从单向信息传递发展为多元信息互动,媒介素养的内涵也从媒介消费到媒介生产,再到媒介批判,进而得以不断地丰富。

4. 数字素养

近十年来,信息科技的革新与普及,使得信息社会沿着以"计算机驱动"到以"互联网驱动"再到以"数据驱动"的路径得以持续发展。数字化环境在改变人们的日常行为方式时,也深刻影响着人们的认知结构和思维品质。如何培养数字公民,怎样帮助"数字原住民"向"数字公民"发展,就成为数字素养教育的新挑战。2007年,国际教育技术协会(International Society for Technology in Education, ISTE)在《面向学生的教育技术标准(修订版)》中明确提出数字公民的发展要求,指出具备数字素养的公民要能够理解人、技术文化与技术社会问题的关系,合法地使用技术,具备良好的技术道德行为。2012年,欧盟(European Communities, EC)教育研究组织认为数字素养是人们在工作、就业、学习、休闲以及社会参与中,自信、批判和创新性使用信息技术的能力,包括在检索、获取、存储、制作、展示和交换信息的基础上,进行网络交流与合作。表现为:信息获取与处理、信息交流、内容创建、信息安全意识和问题解决5个"素养域"以及21个子素养。[②] 国际教育

---

① David Buckingham Media Education Literacy, learning and contemporary culuture [M]. Polity Press UK, 2003.

② Kirsti Ala-Mutka, Yves Punie, Digital Competence for lifelong Learning, European Commission, http://ipts.jrc.ec.europa.eu/, [2014 - 11 - 14].

技术协会和欧盟教育研究组织,都从数字化环境的视角分析了人们需要具备的基本生存与个人发展能力。

数字素养是在"移动通信、大数据和云计算"为代表的全新数字化环境中,对"人、技术、社会"关系的理解。它针对"数字原住民"的发展需要,分析数字公民需要具备的信息应用能力、利用信息技术解决问题的能力、创造能力以及信息社会责任。集中表现在信息意识、数字化应用技能、解决问题能力与信息社会参与等层面,把培养合格的数字公民,增强终身发展力作为数字素养教育的根本指向。

概括上述几种与信息科技教育相关的素养特征,可以看出它们有共同之处,例如它们都强调了信息意识、信息社会责任和交流能力等。当然,受不同领域对信息科技需求程度的影响,也提出了不同的能力要求。ICT 素养从"计算机科学"的层面理解人与信息系统的关系,强调用计算思维理解和解决信息社会问题;信息素养从"信息学(或图书馆学)"层面分析人们利用信息解决问题的一般能力,强调基于信息的知识建构;媒介素养反映出"新闻传播学"特征,突出批判性地理解和应用媒介信息,有效进行沟通与交流;数字素养则从"计算机科学""教育技术学"等学科综合角度分析在新的数字化环境中"数字原住民"与技术环境的关系,提出"数字原住民"向"数字公民"发展的能力特征。当然,从学科视角来看,信息科技课程最主要关注的还是数字化学习环境,强调数字环境下的信息科技教育。综合上述几种素养的特征,明确数字化学习环境下信息科技学科核心素养的基本要点可概括为:信息意识、信息社会责任、信息交流、计算思维、数字环境下知识建构、数字媒介分析、数字化创新等方面。表 3-1-1 是对四种素养类型的比较与分析。

表 3-1-1　四种素养类型的比较与分析

素养类型	主要上位学科	指向环境	显著特征	共性特征
ICT 素养	计算机科学	数字化	计算思维	信息意识; 信息社会责任; 信息交流
信息素养	信息学(或图书馆学)	数字化+非数字化	知识建构	
媒介素养	新闻传播学	数字化+非数字化	数字媒介分析	
数字素养	计算机科学、教育技术学等	数字化	内容创新	

5. 信息科技学科核心素养界定:概念映射法

学生发展核心素养是指学生应具备的,能够适应终身发展和社会发展需要的必备品格和关键能力。2015年,北京师范大学林崇德教授领衔的研究团队根据学生成长规律和社会对人才的需求,以培养"全面发展的人"为核心,从文化基础、自主发展、社会参与三个维度建构了我国学生发展核心素养的系统性框架,为学生发展和课程建设提供指导。依据我国学生发展核心素养的特征,在信息科技学科核心素养要点分析的基础上,通过概念映射法(Conceptual Projection)界定信息科技学科核心素养。

学生发展核心素养落实于学科课程标准的前提是确立学科核心素养。信息科技学科核心素养要在学生发展核心素养的总体要求下,考虑学科独特的要求后确定。借鉴已有研究成果,我国学生发展核心素养包括了六大类别,分别是人文底蕴、科学精神、学会学习、健康生活、责任担当、实践创新。从宏观层面来看,学生发展核心素养六大类别对学科核心素养起着方向指引和要点整合的作用,反映的是学生通过各门学科学习的"整体效果"。从具体实现层面来看,学科核心素养是学生发展核心素养的具体化,是学科育人价值的具体体现。因此,信息科技学科核心素养的界定,就需要在学科核心素养要点分析的基础上对应学生发展核心素养,确保学科核心素养符合学生发展要求,与学生发展核心素养保持一致;依据学生核心素养映射学科核心素养,聚合信息科技学科核心素养的要点,萃取出信息科技学科核心素养的名称。

通过对照学生发展核心素养可以看出:信息科技教育基本要点(如表3-1-1分析得出)和学生发展核心素养关系主要表现为三种对应关系:一对多的关系,例如,信息科技教育基本要点中"信息意识"可以对应学生发展核心素养中人文底蕴、健康生活等;多对一的关系,例如信息科技教育基本要点中,信息交流、数字化环境下的知识建构、数字媒介批判分析,可以对应学生发展核心素养中的"学会学习";一对一的关系,例如信息科技教育基本要点中的"计算思维"对应学生发展核心素养中的"科学精神"。

针对上述对应关系,信息科技学科核心素养要素聚合过程中遵循的原则是:

(1)在"一对多"的关系中,保持信息科技教育基本要点中"一"的独立性,作为学科的核心素养要素之一,例如信息意识、信息社会责任。

(2)在"多对一"的关系中,依据学生发展核心素养中"一"的特征,将信息技术教育基本要点中的多项适当聚合;在保持信息技术学科特点时,突出学生发展核心素养中"一"的特色;例如,信息交流、数字化环境下的知识建构、数字媒介分析等要点均指向学生发展核心素养中的学会学习,整合信息技术教育基本要点中数字化环境特征，将该项素养要素界定为"数字化学习"。

（3）在一对一的关系，综合两个"一"名称的特征，形成既具有学科特点、又能体现出学生发展核心素养的名称，例如计算思维。

按照上述对应关系和聚合原则，对萃取出的素养要素做进一步整合后（例如数字化学习和数字化创新整合为数字化学习与创新），信息科技学科的核心素养可以界定为：信息意识、计算思维、数字化学习与创新、信息社会责任。

三、走向素养导向的信息科技教材设计

信息科技课程所培养的学生的核心素养，是对学生学习信息科技课程后所需发展的知识与技能、过程与方法、情感态度与价值观三维目标的整合，关注学生的整体发展和综合解决问题能力的提高。为促进学生核心素养发展，信息科技教材研制过程中就将核心素养的内涵与特征合理融入教材内容与活动设计之中，引导学生在学习过程中增强信息意识、发展计算思维、增强数字化学习与创新能力、践行信息社会责任。

信息意识是指个体对信息的敏感度和对信息价值的判断力，是在具体信息情境和信息活动中逐步养成的。信息科技教材研制过程中，要为学生创设信息情境，提供发现问题、自主解决问题的机会，引导学生主动将问题求解与信息科技进行关联。

计算思维作为一种思维方式，需要在解决问题的过程中不断经历分析思考、实践求证、反馈调适而逐步形成。因此，信息科技教材在活动设计过程中就需要为学生提供应用计算思维解决问题的过程与方法，将其作为学生项目学习的内在线索，引导学生在完成不同项目的情境中，经历应用计算思维解决问题的全过程。

数字化学习与创新强调了学生在数字化环境中学习与发展的新工具、新方法和新策略。信息科技教材内容可根据学生的学习基础，创设适合学生需要的数字化环境与活动，引导学生在运用计算思维完成项目的实践过程中，通过自主学习和协作学习，利用数字化资源与工具，创造性地解决问题或创作出有个性的数字化作品。

信息社会责任的形成需要学生直面问题，在思考、辨析、解决问题的过程中逐渐形成正向、理性的信息社会责任感。信息科技教材相关案例及情境设计时，

可结合学习过程中的生成性资源,引导学生挖掘、观察典型的信息事件,鼓励学生面对信息困境,通过求证、讨论和交流,做出正确的选择和行为。

基于核心素养的信息科技教材研制,既需要从学科独特育人价值层面(学科思维和学科方法)选择和组织学习内容,也需要为一个整体的"人"在信息社会生存与发展提供综合能力培养的机会,将学科知识逻辑与核心素养发展结合起来,既要避免"为学信息科技而学信息科技"的问题,也要避免"离开学科知识讲素养,缺少教学抓手"的问题。

第二节　素养导向的信息科技教材设计方法

素养导向的信息科技教材,从信息意识、计算思维、数字化学习与创新、信息社会责任四方面描绘出课程实施作用于学生的整体效应。面向核心素养的教材研制,就要打破传统的"课时主义"束缚,强调课程内容的结构化与学习活动的主题性,推动教材单元学习活动的设计与实施。以单元学习活动作为教材落实核心素养的"支点"[①]。

一、素养导向的信息科技教材设计:界定"关键问题"

为将信息科技学科核心素养渗透到教材内容中,在教材结构和学习活动设计过程中,就需要搭建从"学科核心素养"到"教材结构与内容设计"的"桥梁",通过"关键问题"把上位的教育理念要求转化为可操作的学习活动。

1. 确立核心素养的定位功能

学科核心素养是学科育人价值观的集中体现。信息科技课程所培养的学生核心素养是对信息科技知识与技能、过程与方法、情感态度与价值观的整合,指向的是人的核心素养,而不是学科知识本身,是对学科教学方向的规定,而不局限于具体的学科教学内容,体现出信息科技课程的育人价值所在。因此,面向核心素养信息科技教材研制,就要确立本学科培养学生核心素养的定位功能,为本

---

① 钟启泉. 单元设计:撬动课堂转型的一个支点[J]. 教育发展研究,2015,35(24):1—5.

学科培养学生的核心素养把好教材研制的"入口关",以此审视教材的立意是否指向数字时代合格中国公民的培养;以学科核心素养监控信息科技知识与技能的作用方向,以此判断教材内容选择与组织能否有助于全面提升学生的数字素养与技能;用学科所培养的学生核心素养作为教材质量评估的"结束关",确保学科核心素养的各项要求在教材中逐步得到落实。

2. 追问落实核心素养的关键问题

学科核心素养为学生经过本课程学习后提供了一个整体的"画像"。相对于课程标准中的学习内容,学科核心素养是上位发展要求。为避免上位发展要求与教材内容的"脱节",在教材研制过程中,就需要建立一种关联途径,思考将学科核心素养落实在教材中需要解决的关键问题上,通过"关键问题"把学科核心素养的发展要求"锚"定在教材内容中,实现"知识技能"与"学科核心素养"的融合。当然,这里所谓的"关键问题"并不是学科内容"对"与"错"的问题,而是通过教材中内容的学习要把"学生"培养成什么人的问题,是引发学生能力发挥、知识关联、子问题延伸的问题。从特征来看:

(1)关键问题要反映学生在课程学习中素养发展的变化,即学生接受信息科技教育后有怎样的发展。以素养培养为宗旨的教育,在于提升个体与当前或未来的各种环境良性互动的可能性[1],这种可能性就要求学科核心素养所转化的关键问题要体现出发展变化的特征。

例如:信息科技教材设计过程中,为体现"数字化学习与创新"的核心素养要求,关键问题可聚焦在"从非数字化环境到数字化环境的发展过程中,信息科技应用于我们学习和生活中产生了哪些新模式"。通过该问题,引导学生分析信息科技给我们学习和生活带来的变化,体验和探究数字设备应用中所产生的新模式。

(2)关键问题应体现信息科技学科知识技能的关联性,即学生学习哪些知识技能才能促进学科核心素养发展。学科核心素养的发展重在在学科育人功能的特殊性上下功夫,以学科内容为载体体现学科独特的育人价值和内涵[2]。

---

① 杨向东.基于核心素养的基础教育课程标准研制[J].全球教育展望,2017(10):34—48.
② 余文森.论学科核心素养的课程论意义[J].教育研究,2018,39(3):129—135.

例如：信息科技教材在落实关于计算思维"能运用基本算法设计解决问题的方案，能使用编程语言或其他数字化工具实现这一方案"的素养要求时，关键问题的设计应体现出支持计算思维发展的信息科技知识技能，可界定为"在数字化生活与学习过程中，人们需要掌握哪些信息科技知识与技能，才能有效地运用基本算法解决问题"。

（3）关键问题能够延伸出支持学生核心素养发展的子问题，即在解决关键问题过程中，还需要细化为一系列的子问题。学科核心素养发展过程中，关键问题作为一个"大问题"，要能细分为一系列的子问题，为有计划、有步骤地发展学生核心素养提供支架。

3. 形成面向学科核心素养的问题链

学科核心素养的发展要求融入信息科技教材中是一个多重转化的过程，它需要经历"整书架构—单元设计—分节融合"的逐步深入的过程。在此过程中，将学科核心素养转化为几个关键问题，再将关键问题逐步细化为子问题，梳理子问题间的相互关系，形成发展学生核心素养的"问题链"，支持教材内容选择与设计。

在《数据与计算》教材设计中，结合课程标准对本模块的学习要求，从全体高中学生发展的角度，学科核心素养可聚焦为以下几个关键问题：

"当从'非数字化生存环境'发展为'数字化生存环境'，人们会面临哪些生存挑战？"

"当计算机进入社会各个领域，人们需要具备怎样的能力，才能有效地与计算机交互？"

"当数据成为一种重要资源，人们需要具备怎样的能力，才能有效处理数据，获取信息？"

"当越来越多的智能工具进入人们的生活、学习和工作时，人们如何与智能工具打交道？"

上述关键问题，按照单元内容可细化为多个子问题，形成每个单元的"问题链"，渗透到各节的内容中，例如问题2再进一步可以细化为"如何编程与计算机交互""应用计算机解决问题的一般过程是什么""计算思维如何影响人们的日常行为"等，构成了落实核心素养的"问题链"。图3-2-1是依据核心素养设计的关键问题与问题链。

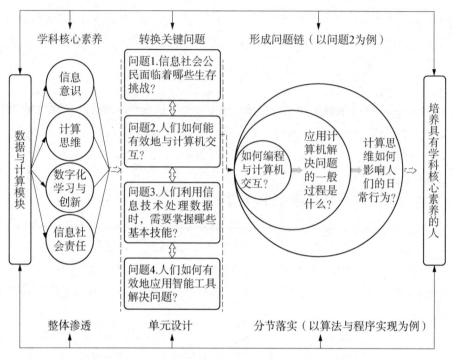

图3-2-1 依据核心素养设计的关键问题与问题链

二、素养导向的信息科技教材设计:形成"结构化内容"

　　学科大概念集中反映了学科的本质,具有相对稳定性、共识性和统领性。威金斯(Wiggins, G)等人在《追求理解的教学设计》一书中认为,大概念是由"学科知识的大概念"和"作为理解所构建的大概念"构成[1];哈伦(Harlen,W)等人在科学教育研究中也指出,科学大概念包括关于科学本身和科学在社会中所起作用的概念[2]。可见,学科大概念的涵义已超出学科知识逻辑范畴,也包括学科综合应用方法的内容。

---

① 格兰特·威金斯,杰伊·麦克泰格. 追求理解的教学设计(第二版)[M]. 闫寒冰,宋雪莲,赖平,译.上海:华东师范大学出版社,2017.
② 温·哈伦.科学教育的原则和大概念[M].韦钰,译.北京:科学普及出版社,2011.

1. 明确学科大概念的载体功能

在教材研制中,学科大概念如同"轮轴"一样把各种散落的、零碎的知识组织起来,作为学科内容载体促进学生学科核心素养发展。《高中信息技术课程标准》中提出了"数据、算法、信息系统、信息社会"学科大概念,它们为梳理中小学信息科技课程中的学科知识逻辑关系、搭建学习活动框架、促进学习内容迁移提供了支持。首先,通过学科大概念可以透视本学科的逻辑关系,在对大概念不断分化过程中建立教材的概念结构;其次,借助学科大概念搭建学习活动支架,关联信息社会中的事实、学生个人经验和具体问题,构建落实学科核心素养的活动情境和路径;最后,学科大概念还具有较强迁移价值,在对学科大概念的不断分化和综合贯通的过程中,可以将利用学科大概念解决问题的方法迁移至其他探究主题或问题上。

2. 梳理学科大概念的结构关系

从现代认知心理学角度来看,图式表征知识的方式主要有两类,一类是关于客体的图式,另一类是关于做事的图式,这既反映了"知识之知"(know-what)也反映了"能力之有"(know-how)。[①] 因此,大概念知识结构化的过程中既包括了学科知识(客体)的结构化,也包括了学科知识(做事)应用的结构化。

学科知识结构是一个分层组织的知识系统。奥苏贝尔认为,每门学科都有一个分层次的概念和命题结构,其顶端是一些包容性很大的抽象概念,包含了结构中处于低水平的较为具体的概念。例如,对于"算法"这个概念,从知识结构上可以细分为"算法特征""算法描述方法""算法控制结构"等;其中,算法描述方法又可分为"自然语言、流程图、伪代码";"算法控制结构",可细分为"顺序结构、分支结构、循环结构"。信息科技教材研制过程中,需要围绕大概念将学科领域知识结构化、体系化,把看起来零碎的学科知识和孤立的信息事件形成有意义的关联,用结构化的内容帮助学生将个人已有的认知结构与教科书中的知识结构进行对接,促进学生认知结构发展,为学科核心素养的形成提供知识支撑。

学科知识应用,是将所学知识运用在新的学习环境或情境中进行问题解决。[②] 学科大概念的意义与价值并非完全显性的,它需要学生通过深层次的理

---

① Wilson, S. M.. Theories of Learning and Teaching What Do They Mean for Educators? [DB/OL].2006:7 https://files.eric.ed.gov/fulltext/ED495823.pdf.2020-10-12.

② 张良.深度教学"深"在哪里?——从知识结构走向知识运用[J].课程·教材·教法,2019(7):34—39.

解、探究、实践和应用过程来完成意义的自我建构。学生学习过程中,如果缺少对所学知识的实践应用,只是记住或理解了知识,这还不足以化知识为素养。信息科技教材研制过程中,在理清学科知识结构时,要创设出学生亲历学科实践的过程结构,帮助学生在解决真实的信息科技问题时,能够像"学科专家那样去思考"问题,有效地应用学科知识去解决问题。例如:应用算法和编程解决问题的基本步骤是:提出问题,分析问题,设计算法,编程调试等。具体实施过程中,如果某个步骤出现了问题,则返回至上一步重新进行修订,然后再进行下一步操作,直至问题解决。因此,如果说学科知识结构化为学生发展学科核心素养提供了知识支撑,学科知识应用结构化则为学生学科核心素养的发展创建了路径。

3. 构建学科大概念的结构化内容

学科大概念作为发展学生学科核心素养的内容载体,是学生理解和运用学科知识的具体表现。信息科技教材研制过程中,需要将信息科技学科知识结构和知识运用一体化,通过知识的灵活运用、解决真实情境问题,释放出知识的生成与创造性,促进知识有效迁移和灵活运用,实现大概念的教育意义和价值。

在"算法与程序实现"单元设计中,依据课程标准的学习要求,构建与之相对应的"知识结构"和"知识应用"的过程结构,把两者结合起来形成本单元内容的结构,依托此内容结构设计与学生学习经验相符合的学习情境与案例,发展与之对应的学科核心素养(如图3-2-2所示)。

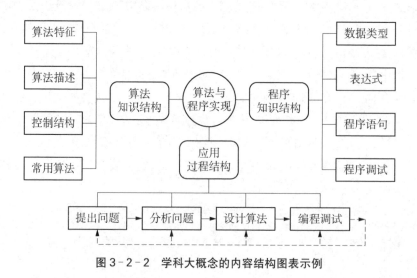

图3-2-2 学科大概念的内容结构图表示例

大概念作为"轮轴",不仅把零碎的知识联结在一起,也把两种结构化的内容联结在一起。教材通过这种联结,帮助"学生整合已有的结构化知识和技能,运用学科思维和观念开展严谨的探究活动,在灵活地、创造性地解决或应对各种复杂现实任务或情境时,就表现出高水平的素养"[①]。

三、素养导向的信息科技教材设计:规划学习单元

教材中的"单元"是基于一定的目标与主题构成的学习模块,它既是课程开发的基础单位,也是课时计划的背景条件。相对于课时内容,单元的整体性和系统化特征,克服了碎片化、孤立进行课时教学中"只见树木、不见森林"的局限[②],为落实学科核心素养提供了空间、支架和平台。

1."单元"为结构化内容建构提供了空间。面向核心素养的教学,是将学科整体结构和实践与学生的已有经验进行结合的教学。[③] 奥苏贝尔在学习心理研究中发现,学生的认知结构是从教学材料的知识结构中转化而来的,学生已有的概念结构为新知识和概念提供了固着点,新知识内容与已有的固着点相联结,促进学生有效学习与保持。信息科技教材研制过程中,为加强学生已有认知结构与新知识的顺应与同化,教材内容就不应局限于以知识点为单位的课时设计,通过单元总课时为结构化内容提供更宽泛的组织空间。"概念图"作为知识可视化呈现方式,可将零散的知识点有序地组织起来,形象地表达单元知识间的逻辑关系,为学生认知结构发展提供框架与生长点。主要表现为:(1)通过概念图可以呈现单元概念逐层分解的关系,明确概念分化的过程。例如,围绕"算法"大概念可以分化为算法特征、算法效率、算法描述方法、算法控制结构等;算法描述方法可再分化为自然语言、流程图和伪代码等。(2)通过概念图可以反映概念之间的相互联系,支持学生对知识内容的融汇贯通。例如,通过分析字符、声音、图像等媒体信息编码方法,认知到不同媒体信息编码的异同,理解编码在计算机处理信息中的重要作用。信息科技教材研制过程中,将结构化知识融入至单元学习活动,提高了单元活动整体性,也加强了课时内容连续性,为学科核心素养落实提

① 杨向东. 指向学科核心素养的考试命题[J]. 全球教育展望,2018,47(10):39—51.
② 熊梅,李洪修. 发展学科核心素养:单元学习的价值、特征和策略[J]. 课程·教材·教法,2018(12):88—94.
③ 杨向东. 基于核心素养的基础教育课程标准研制[J]. 全球教育展望,2017(10):34—48.

供了稳定而又连续的"结构化知识载体"。

2. "单元"为高通路迁移设计了活动支架。学科核心素养作为一种高度综合而复杂的能力,既与特定情境相联系,也在多样化情境中具有广泛迁移性。珀金斯(Perkins,D. N.)按照新任务和原有任务之间的相似性,将学习迁移分为"低通路迁移"(low-road transfer)和"高通路迁移"(high-road transfer)。[①] 低通路迁移是自动进行的,知识与技能的熟练程度和情境的相似性,是低通路迁移发生的两个关键条件。例如,在信息科技学习中学生熟练应用台式电脑键盘后,其技能可自动迁移至智能终端中图形化键盘上。高通路迁移,是指有意识地将知识与技能从一种情境中抽象出来以便应用于另一种情境,这两种情境可以在知觉特征上完全不同。例如,将算法和程序设计中的"递归方法"迁移到日常生活中的情境问题中。信息科技教材设计过程中,为增强学生解决复杂问题的能力,就要超越通过技能操练达成的低通路迁移,采用单元主题方式加强学科方法的高通路迁移。"活动支架"是用于支持学生解决问题的过程性结构框架。信息科技教材单元活动中,通过活动支架,(1)可提供探究活动的线路图,明确解决问题方向与过程。例如"智能控灯"单元主题中,通过提供"控灯需求分析—功能模块设计—编程实现功能—程序调试运行"活动支架,引导学生有计划、分步骤经历解决问题的全过程。(2)可提供探究活动中的技术支持,梳理解决问题的关键技能。例如,上述"编程实现功能"模块中,为学生提供解决问题时所用到"函数"功能的说明,实现所用即所学,学生将所学技能应用于问题解决中。信息科技教材内容以单元主题连接学生经验与学习内容,加强了情境问题与知识技能的关联;以活动支架支持问题探究,促进学生将学科方法应用于不同情境中,提高学生对所学内容的高通路迁移。

3. "单元"为数字化创新能力培养搭建了平台。面向核心素养教学不仅是期待学习者个体具有适应环境的能力,也期待他们具有创新性、自我导向并自我激励的能力。[②] 数字时代,智能技术工具已经渗透到社会各个领域,机械性、重复操作式的工作逐步为智能工具所取代,人们对信息科技的创新应用成为胜任于社会发展的重要能力。信息科技教材研制要有助于增强学生数字化学习与创新能力,帮助他们超越模仿式学习,通过"结构不良问题",促进学生在问题解决过程

---

① Perkins,D. N. & Salomon. G. Teaching for Transfer [J]. Educational Leadership, 1988(46): 22-32.

② 张华. 论核心素养的内涵[J]. 全球教育展望,2016(4):18—19.

中实现"动脑、动手和动心"的结合。① "结构不良问题"是问题的初始状态、目标状态及转换状态缺少明确界定的问题。信息科技教材单元活动中,将"结构不良问题"融入活动情境中,为学生学习(1)提供设计与建构的机会。例如,在"智能控灯"单元活动中,在需求分析基础上,设计各个功能模块,并根据执行情况进行优化和调整;(2)提供多条探究路径的选择机会。面对结构不良问题,可从多个维度思考解决问题的方法,选择最优实施路径。信息科技教材活动设计时,通过蕴含结构不良问题的单元活动,为学生创新活动搭建平台,学生在设计解决问题方案、确定最优方法和选择技术工具的过程中增强数字化学习与创新能力。

第三节　素养导向的信息科技教材项目设计

《普通高中信息技术课程标准》倡导项目学习,指出"要在项目实践中渗透学科核心素养,整合知识与技能"。《义务教育信息科技课程标准》也要求"创新教学方式,以真实问题或项目驱动,引导学生经历原理运用过程、计算思维过程和数字化工具应用过程,建构知识,提升问题解决的能力"。信息科技教材研制过程中,通过项目活动把学科核心素养与学科大概念(或六条逻辑主线)结合起来,引导和鼓励学生自主探究解决项目中的问题,促进学生数字素养与技能的提升。

一、突出项目活动的实践功能

项目学习(Project-based Learning)是旨在以真实性任务为基础,要求学生运用多种方法技能,通过设计、实施、评价等方式完成项目任务、达成学习目标的一种学习方式。项目作为一种学习活动的任务,具有课程导向、问题驱动、建构性探究和真实情境等特征,为学生自主探究、合作创新、知识建构提供了机会。②

在学习方法上,项目学习改变着学生获取知识的方式,项目中驱动性问题的

---

① Singleton J. Head, heart and hands model for transformative learning: Place as context for changing sustainability values [J]. Journal of Sustainability Education, 2015,9(3):171-187.

② Thomas, J. W. A Review of Research on Project-based Learning [DB/OL]. http://www.bobpearlman.org/BestPractices/PBL_Research.pdf. 2020-01-13.

真实性与挑战性,从开始贯穿到最终,要求学生进行全局性的、复杂的、策略性的思考,改变了原来学科学习主要在低阶(了解、记忆层面)认知层面徘徊的特点。在学习过程中,项目学习是双线并行开展的活动,一方面学生要思考和完成项目任务的具体过程和方法,另一方面又指向学生在完成任务中需要掌握的知识与技能,项目任务就像是"粘合剂"一样把学科知识结构和知识运用的过程结构统合为一个整体,学生在开展项目的过程中潜移默化地掌握着知识与技能、发展学科核心素养。

素养导向的信息科技教材研制过程中,其组织架构方面可以采用两条线索的组织策略,一是"知识学习"的学科内容逻辑线索。依据课程标准确定信息科技学科的知识与技能要点,形成比较完整的知识与技能体系,保证学习内容的完整性。二是"学生活动"的项目学习线索。设计符合学生生活与经验的项目活动,将知识与技能内容渗透其中,学生在项目活动实施中理解知识,掌握技能,发挥利用信息技术解决问题的能力。例如,在高中信息技术教材"交通数据利抉择"项目活动中,通过交通大数据案例,引导学生学习如何利用数据分析共享单车管理中的问题,提出相应的解决问题的建议,在学习大数据过程中发展学生的计算思维,增强学生的信息意识。将"知识学习"和"学生活动"相互交织的教材设计方法与策略,促进学生"做中学"和"创中学",便于学生将知识与技能更好地应用于生活实践中,发展学生信息科技学科核心素养。

二、设计与开发项目学习活动

项目学习以提高学生学习质量为最终目的。将"项目"引入信息科技教材中,并不是要求学生开发出多么精妙的"应用产品",而是为学生创设能够学习高阶知识的机会。因此,在教材中设计项目活动时,需要借鉴项目实施的方法与过程,还需要依据学习理论进行整体的设计与开发,以提高学生的学习质量。

项目学习设计专家埃尔多安(Erdogan, N.)按照项目学习的实施过程,提出了项目设计的四个要素[1],即:(1)投入,学生项目学习的目标和过程;(2)管理,学习项目学习的方法和策略;(3)产生,学生项目学习的方案和结果;(4)评估,对学

---

[1] 阿尔帕斯兰·沙欣. 基于实践的 STEM 教学模式[M]. 侯奕杰,朱玉冰,译. 上海:上海科技教育出版社,2016.

习方法和学习结果的评价。跨学科整合专家莱莉(Riley, S.)以项目案例研究提出了学习项目的主要结构,包括:明确项目主题、梳理核心问题、说明关键技能、设计活动进程、提供相关的活动支持、组织活动评价等内容。[①] 这些研究,从实施过程和项目案例等方面分析了项目的结构,强调了项目目标、过程、结果与评价等基本组成。借鉴项目学习的研究成果,在信息科技教材研制中,一个适合学生学习的项目主要具有:项目主题、项目目标、活动过程、活动资源和项目学习评价等内容。其设计过程主要为:

明确项目主题,描述活动情境。分析学生学习基础与现实经验,按照学科核心素养的发展要求,确定适合学生开展的项目主题,激发学生对项目的探究欲望。例如,在"算法与程序实现"单元中,通过"编程控灯利出行"项目,引导学生探讨智能交通环境下交通信号灯的控制策略和编程模拟实现方式,通过编程和开源硬件进行模拟实现,以此发展学生的计算思维。

界定项目目标,聚焦关键问题。依据课程标准的学习要求,确定项目活动后学生应知、应会、应用的学习结果,融入达成核心素养所对应的问题链。在高中信息技术教材"编程控灯利出行"项目中,学生要围绕项目问题,进行需求分析和功能分解,设计问题求解方案;能编程实现问题的求解;掌握用计算机解决问题的基本方法,并能迁移至其他问题解决中。这些项目目标把学生对问题的思考,解决问题的学科知识与技能,以及解决问题过程能力结合在一起,指向学科核心素养中的计算思维的发展。

设计项目过程,搭建学习支架。描述项目活动的关键步骤,将学习支架置于项目活动过程中,引导学生经历高水平的思维过程,发挥学生利用信息科技解决问题的能力。在"编程控灯利出行"项目中,根据问题情境的逐步深入,将"设计方案——描述算法——编程程序——调试运行"的活动框架渗透到项目活动中,为学生项目实施、活动开展和知识建构搭建支架。

提供项目资源,支持活动实施。按照项目活动需要,提供解决问题可能需要的学习资源。在"编程控灯利出行"项目中,提供编程所需语言环境的支持、物化过程中开源硬件以及所需的计算机和网络环境等。

开发评价工具,确定评价方式。按照项目活动结果,开发针对活动作品的评

---

① Susan Riley. STEAM Point: A Guide to integrating Science, Technology, Engineering the Arts and Mathematics through Common Core [M]. Education Closet, 2012.

价工具。例如,编程项目过程中,提供小组活动评价标准、作品评价量表等,用以对学生活动过程和结果给出一个准确判断,促进学生更好地反思和改进。

三、实现项目活动与学习内容的统合

为实现信息科技教材中项目活动与学科内容的融合,避免应用过程中出现项目活动与学习内容"两张皮"或"项目活动流于形式、内容过于肤浅"的问题,教材研制过程中需要按照学科核心素养的要求和学科大概念结构框架,界定项目活动与学习内容两者的融合点,分析两者的衔接关系,依据学生认知发展规律设计项目活动、组织教材内容,确保学生在项目活动过程中学习和应用到相关的知识与技能。其实施步骤与组织方式如图3-3-1所示。

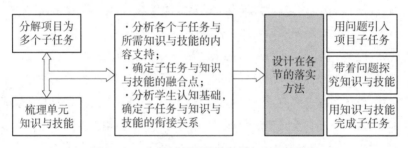

图3-3-1　教材项目活动与学习内容的统合

其一,分解项目为多个子任务,明确各子任务完成时所需知识与技能支持以及子任务完成后的成果。例如,在"编程控灯利出行"项目中,三个子任务分别是:"设计项目问题求解的算法,用流程图对算法进行描述""编程实现所设计的算法,实现红绿灯按计时自动转换功能""调试和完善程序,使其正常运行"。

其二,梳理本单元中的知识与技能,形成本单元的知识与技能逻辑关系,判断学生对知识与技能的学习基础。例如,在"算法与程序实现"中相关的基本知识技能有:"算法的特征、算法的描述、算法的控制结构、常用的基本算法""程序设计语言中数据类型、表达式、语句、函数调用、程序调试运行等基本知识"。

其三,界定本单元知识与技能支持该项目实施可能出现的逻辑关系,确定项目活动与知识与技能的融合点和衔接方式。例如,"编程控灯利出行"项目中子任务与"算法与程序实现"的基本知识技能进行对应,设计融合方法,如表3-3-1所示。

表 3-3-1　项目任务与知识与技能的统合设计

分解项目任务	梳理知识与技能	设计统合方法
设计"红绿灯按计时变化自动转换"问题求解的算法，用流程图对算法进行描述	算法的特征；算法的描述；算法的控制结构；常用的基本算法	在项目问题的算法设计与描述过程中，探究算法的基本知识，并用这些基本知识解决项目问题
编程实现算法，完成"红绿灯按计时变化自动转换"的功能	程序设计语言中数据类型；表达式；语句；函数调用等	在编程实现红绿灯按计时变化自动转换功能的过程中，探究用程序设计语言的基本知识，并用相关知识完成功能实现
调试和完善程序，使其正常运行	程序调试、运行基本知识	在所完成的程序调试过程中，探究程序调试的方法，并完成程序调试

最后，通过问题驱动、活动探究、知识学习、项目实践等方式，将项目任务与知识内容统合为一体。例如，教材通过"如何进行绿灯时长最优设置"的问题情境，引入学生思考绿灯设置时长优化的问题；由于建模的知识对高一学生具有一定难度，教材将这些知识的学习融入正文中，引导学生带着问题思考与学习建模知识，教材对建模的过程和方法以案例方式进行分析和讲解；然后，组织学生利用建模知识与程序设计知识解决"绿灯时长最优设置"的问题，完成子任务，总结所学习的知识和解决问题的方法。

四、将项目活动嵌入学习单元中

从项目导向信息科技教材体例架构来看，教材设计过程中需要采用项目活动与单元学习内容相结合的架构体系，以项目引领学生对信息问题的思考，提供探究学习机会，围绕学科大概念组织学习内容，帮助学生学习基本知识与技能，支持项目任务的完成。

教材"单元"结构设计。单元结构主要包括有"单元首语与学习目标""知识结构图""项目情境与任务""本章分节内容"四项。它们之间相互关联，将学生预期达成的学习目标与项目主题探究过程进行融合。

"单元首语与学习目标"是对本章学习情境、学习内容、学习要求的一个简要说明，用以帮助学生了解学习本单元内容主题设计理念和学习方法，明确学生学习本单元内容后所需要达成的预期学习结果。

"知识结构图"是对本单元所学习知识与技能的概览性的梳理。在学习过程中结构图能够帮助学生了解本章的知识与技能结构,明确核心概念之间的关系,逐步构建起本单元的知识与技能体系。

"项目情境与任务"是根据课程标准的学习要求和学生学习特点进行设计的一个综合性学习活动,介绍了本单元的项目主题、背景与任务。其中,每单元可以用一个项目活动来贯穿本单元的学习。

"分节内容"是按照项目实施进度,将项目分为若干个子任务,在每节中完成项目的阶段任务。每节可通过一些栏目支持学生开展活动,达成学习目标,例如,可包括体验思考、探究活动、项目实践、技术支持、作业练习和知识延伸等栏目。

图3-3-2是信息科技教材"单元—节"结构中的项目活动融入示例。

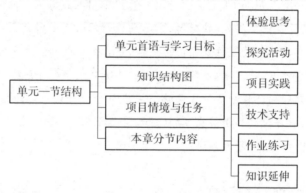

图3-3-2 "单元—节"结构中的项目融入示例

教材"节"中栏目设计。依据学习原理,从明确学习目标、激发学习兴趣、组织学习实施、检查目标达成、提供进一步学习机会等方面设计节的内容结构,将"知识技能""应用能力""工具应用"融合为一体。例如,通过"体验思考""探究活动""项目实践""技术支持"等栏目引导学生带着问题开始学习,在解决问题的过程中,将"做中学""用中学"与"创中学"渗透到学习活动过程中,发展学生的创新能力。

"体验思考":按照学生的学习与生活经验,创设本节学习情境,引发学生对相关知识与技能学习的思考,支持学生在学习活动过程中将"思""学"和"用"融合为一体。

"探究活动":在知识与技能学习的基础上,利用信息科技的工具与方法,进行探究实践,体现学生"动手、动脑、创新"的结合。例如,完成"制作项目活动中的数据可视化图""基于平台开发一个智能工具"等。

"项目实践":通过项目活动与学科知识融合,组织学习内容,为学生提供"做中学"和"创中学"的学习机会。

"技术支持":学生在学习过程中可能要使用到一些信息技术工具,通过此栏目可以进行介绍和说明,为学生顺利完成项目活动提供支持。

"作业练习":在本节学习与活动基础上巩固学生学习的知识与技能,设计检查学习目标达成度的习题或活动。

"知识延伸":选择对本节学习要点拓展性的学习内容,为学有余力的学生提供学习支持。此外,也可围绕着单元学习主题介绍一些学科历史发展事件、科学家创新事迹、科技发展影响等内容,激发学生学习兴趣。

教材各单元(或节)在编写过程中并非都要用到上述的栏目,而是根据实际情况选择合适的栏目内容融入教材内容中,也可以根据教材内容需要添加所需要的栏目,实现知识与技能、项目活动、工具应用的有机融合。

信息科技教材中的单元知识内容组织与项目活动设计,是落实学科核心素养的两个关键环节。学科知识内容是落实学科核心素养的载体,通过对学科知识内容的学习才有可能形成学科核心素养;项目活动是落实学科核心素养的一种路径,为学生对学科内容的加工、消化、吸收,以及在此基础上的内化、转化、升华创造了条件,两者合理地融合在一起,才能更好地促进学生学科核心素养的发展。

第四节　素养导向的信息科技教材设计：案例分析

2020年,华东师范大学出版社依据《高中信息技术课程标准》,研制完成一套十本普通高中信息技术教材。教材坚持立德树人课程价值观,引导学生学习信息科技基础知识与技能、增强信息意识、发展计算思维、提高数字化学习与创新能力、树立正确的信息社会价值观和责任感,培养学生在信息科技学习过程中逐步形成适应终身发展和社会发展需要的正确价值观、必备品格和关键能力。下面以该版本教材为例,从教材研制指导思想、整体构想、体例与活动栏目等方面,分析核心素养在信息科技教材中的落实方法和策略。

一、教材设计的指导思想

高中信息技术教材研制须坚持立德树人的课程价值观，充分挖掘信息技术学科中的思想、文化内涵和育人因素，引导学生健康的技术价值追求，增强学生在信息社会中生存、发展与创新的能力。

1. 坚持立德树人的课程价值观，发展学生数字素养

高中信息技术教材研制坚持立德树人课程价值观，面对网络和数字化工具不断普及的现实，依据数字中国、网络强国、智慧社会发展需要，培养学生对信息技术发展的敏感度和适应性，帮助学生学会有效利用信息社会中的海量信息、丰富媒体和多样化技术工具，优化自己的学习和生活，增强服务社会的能力。教材内容引导学生理解信息技术应用过程中的个人与社会关系，思考信息技术为人类社会带来的机遇和挑战，履行个人在信息社会中的责任和义务，帮助学生成长为有效的技术使用者、创新的技术设计者和理性的技术反思者，发展学生数字素养。

2. 依据课程标准建立体系化教材，促进学生个性化发展

信息技术教材研制遵循学生认知特征与个性化学习需要，体现信息科技课程的层次性、多样性和选择性。教材必修模块内容，致力于构建高中阶段全体学生核心素养的共同基础，关注系统性、实践性和迁移性；教材选择性必修和选修部分，致力于拓展学生的学习兴趣，提升课程内容的广度、深度和问题情境的复杂度，为学科兴趣浓厚、学科专长明显的学生提供具有挑战性的学习机会。必修、选择性必修和选修成体系教材建设为学生打下良好信息科技学习基础和开展个性化学习创造条件。

3. 注重教材内容时代性和社会需求，支撑学生数字素养的培养

信息技术教材紧扣数据、算法、信息系统和信息社会等学科大概念，结合信息技术变革的前沿知识与国际信息技术教育的发展趋势，引导学生学习信息技术的基础知识与技术，感悟信息技术学科方法与学科思想；结合学生已有的学习经验和将要经历的社会生活，在教材中嵌入与信息技术有关的社会现实问题和相关情境；结合数据加工、问题解决和信息系统操作的真实过程，发展学生的计算思维，增强他们的信息社会责任意识，实现信息科技知识与技能、过程与方法、情感态度与价值观的统一。

4. 强调学生学习体验过程,在问题解决过程中提升数字素养

《信息技术》教材考虑到不同背景和知识基础的学生,教材组织和设计采用多元学习策略;激发学生开放、合作、协商和注重证据的行动意识,使其积极参与到信息技术支持的交互性、真实性的学习活动中;鼓励学生在不同的问题情境中,运用计算思维来形成问题解决的方案,体验信息技术行业实践者真实的工作模式和思考方式;创造机会使学生感受信息技术所引发的价值冲突,思考个体的信息行为对自然环境与人文环境带来的影响。

二、教材设计的整体构想

《高中信息技术课程标准》围绕学科核心素养,精炼学科大概念,吸纳学科领域的前沿成果,构建具有时代特征的学习内容,针对学生发展需要设计了必修、选择性必修和选修课程模块,描述了各模块的内容要求、教学提示和学业要求,为教材研制提供了指导框架。

1. 用学科核心素养统领高中信息技术教材建设

高中信息技术教材研制,依据课程标准的目标要求,渗透信息意识、计算思维、数字化学习与创新、信息社会责任学科核心素养。教材中所选用的平台工具、信息系统案例或项目活动主题体现国际前沿、中国特色和时代发展需要,融入知识产权与自主创新的信息技术内容。例如,在物联网学习中选用洋山深水港案例,分析人工智能在工业生产中的作用以及引发的生产模式变革,在大数据学习中选择我国智慧城市的建设成果等。在借鉴国内外信息技术发展成果的基础上,客观、科学地表达多元文化观和国际视野,增强学生爱国主义情感,彰显教材育人价值。

2. 按照学科大概念精选高中信息技术教材内容

在教材内容选择上,突出数字化环境下新技术、新工具的融入,强调创新活动的实施。例如,教材中适当融入大数据、人工智能的应用案例,分析相关内容的学习方法。教材内容的设计与编排注重基础性、科学性和时代性。以信息技术学科核心素养与核心概念为切入点,通过学生生活和身边的一个个具体案例(例如,智慧医疗中的网络预约、借助智能工具检测道路桥梁质量等),循序渐进地发展具有普适性、可迁移性的学科思想、方法、知识与技能,使学生能够融会贯通、逐步领悟,将信息技术应用于实践创新中。

3. 依托项目学习设计信息技术教材结构

在教材组织架构方面,采用两条线索的组织策略,一是"知识学习"的学科内容逻辑线索。依据课程标准确定信息技术学科的知识与技能要点,形成比较完整的知识与技能体系,保证学习内容的完整性。二是"项目引领"的活动学习线索,设计符合学生生活与经验的项目活动,将知识与技能内容渗透其中,学生在项目活动实施中理解知识,掌握技能,发挥利用信息技术解决问题的能力。例如:在"智慧出行"项目活动中,通过交通大数据案例,引导学生在实验活动中体验数据如何改变人们的思维和行动方式,增强学生的信息意识。这两种策略互相交织,促进学生"做中学"和"创中学",便于学生将知识与技能更好地应用于生活实践中。

4. 加强学科融合,发展学生数字化学习与创新

信息技术已经渗透到社会的各个领域,学习信息技术不仅要学习学科的基本知识与技能,更要将信息技术应用于其他领域,形成解决具体问题的方法与过程。与其他学科课程相比,信息技术课程在内容上既有系统的内在逻辑,又具有较强的综合性,不仅涉及并依赖众多基础学科和前沿领域,也为促进信息技术与其他学科的融合提供了最佳途径,为增强学生的创新能力发挥更大价值。例如,在智慧购物项目中,将信息技术与通用技术、工程设计等知识进行整合。因此,教材设计以学科融合为依托,实现"学信息科技"与"用信息科技"的结合,增强学生数字化创新能力。

5. 体现科学人文精神,渗透信息道德和责任意识

科学技术的发展在带来高度物质文明的同时,也引发了科学与生活、文化的冲突。《高中信息技术课程标准》明确要求帮助学生"理解信息技术对人类社会的影响,提高社会参与的责任感与行为能力"。为使科学与人文有机融合,要让学生在学习自然科学知识的同时,也能受到良好的人文主义和传统文化的精神熏陶,增强学生信息道德和责任意识。本套高中信息技术教材编写时,在引导学生学习信息技术原理和操作、体验信息技术工具的实践与便捷的同时,也力图展现出利用信息技术对中华优秀文化的学习与创新,增强学生信息技术实践能力与信息社会责任意识。例如,"三维设计与创意"模块中的学习项目——"中国古代建筑",是对中国古代建筑文化通过数字化工具进行探究和学习的挑战,引导学生欣赏、体验信息技术及其活动中的艺术感和文化性,弘扬中华优秀传统文化,让学生意识到信息技术对中华优秀传统文化的保护和弘扬作用。

三、教材体例及活动栏目

为保持高中成套教材的统一风格和一致的内容结构,高中信息技术教材研制过程中设计有统一的栏目架构,同时也照顾到不同分册学习内容的特征,给分册灵活设计留有空间。从统一结构来看,教材设计采用项目活动与知识学习相结合的架构体系,以项目引领学生对信息问题的思考,提供探究学习机会,围绕学科大概念组织学习内容,帮助学生学习基本知识与技能,支持项目活动实施。此外,每分册也可根据分册内容的特点增加、修改相应的活动栏目或结构。

其中,高中信息技术必修模块是全面提升高中学生数字素养的基础,强调信息技术学科核心素养的培养,渗透学科基础知识与技能,是每位高中学生必须修习的课程。必修模块的教材每章分为"项目引领""节活动内容""总结评价"三部分内容。每章的项目根据课程标准的学习要求和学生学习特点进行设计,每章用一个项目活动来贯穿本章的学习内容,按照项目实施进度,将项目分为若干过程,在每节中完成项目的一项子过程任务。在每章安排一个"总结评价"的知识结构图,由学生对知识与技能的学习进行总结,填写该知识结构图,建构学生个人的知识与技能体系。表3-4-1是必修模块以章为例的体例结构表。

表3-4-1　必修模块"章"体例结构表

	项目引领	介绍本章项目主题和项目学习要求 明确具体的目标、任务及成果 说明应用的知识、技能与工具		
第 × 章	节活动内容	项目实施	情境创设	创设本节学习任务情境
			活动实施	知识链接,技术支持,拓展学习
			学习小结	对本节活动进行小结,梳理知识与技能
			提升与迁移	在本节活动基础上进行知识与技能巩固
	总结评价	完善本章知识结构图 填写自我评价表		

高中信息技术选择性必修模块是根据学生升学、个性化发展需要而设计的,分为升学考试类课程和个性化发展类课程。为了突出信息技术课程的特色,选择性必修和选修教材在强调"学习目标、活动设计、正文内容和作业练习"的基本

结构时,也允许各个模块根据自己的内容特点设计相应的栏目,体现教材结构的多样性和实用性。

从评价与教学结合来看,在教材设计中体现多元评价方式,将评价贯穿于知识与项目活动两条主线之中。在知识主线的评价中,以"思考与练习"形式出现,其中既有检测知识与技能的习题设计,也设计有贴近学生生活的开放性问题思考。在项目主线评价中,通过项目活动表记录项目学习过程,保证项目顺利完成。在项目总结环节,提出项目交流与评价的具体要求,要求学生结合项目实践建立知识与概念之间的联系,完成单元概念导图。每章结尾以学业质量标准为导向,列出相关的学习内容评价表,学生自评完成章学习评价。

四、教材内容和结构框架

高中信息技术教材依据课程标准,按照高中生学习经验和学习特点进行教材内容选择,从"核心概念掌握、学科方法习得和学科工具应用"三个维度组织和设计学习内容。其结构方式如图3-4-1所示。

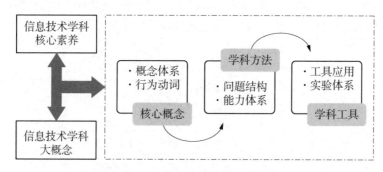

图3-4-1 教材内容选择三维度分析

梳理核心概念,搭建教材内容结构。依据课程标准中每模块的学习要求梳理核心概念,设计每册书的概念与技能体系,明确学生需要掌握相关知识的程度。

明晰学科方法,建立问题解决能力体系。针对信息技术学科核心素养,建立学科能力体系,按照学生经验和社会化需求设计学习情境,将发展学生解决问题能力的要求渗透至问题解决情境中。

选用恰当数字设备，设计课程活动的实验体系。针对学科概念和学生利用信息技术解决问题能力发挥的需要，按照学科内容的学习要求选择恰当的数字设备，将数字设备应用与解决问题结合起来，设计相应的探究性实验，贯穿教材活动设计中。

图3-4-2是按照课程标准的学习要求，通过项目活动方式设计的"数据与计算"模块教材的结构框架。

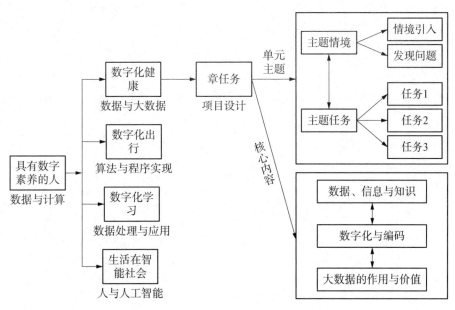

图3-4-2　项目活动与学习内容的结合

此外，本套教材的容量和难度还充分考虑了高中学生身心特点、水平差异，在关注学科知识与技能逻辑的同时，也通过项目活动和问题探讨的方式激发学生学习兴趣，强调学生在学习过程中的自主意识，提倡通过课程内容的合理延伸和拓展，充分挖掘学生的学习潜力，促进个性化发展。由于学生发展需求不同，教师水平、学生基础等差异较大，教材在保证满足基本学习要求的同时，也具有一定的弹性，通过知识拓展、配套网络平台等方式为学有余力的学生提供多样的学习资源。依据项目活动的指引，教师可结合本校设备、学生的实际情况，对教学内容以及学习活动进行适当调整，满足教师和学生对多样化教材的需求，通过数字化平台和资源为学生提供更多的探究学习机会。

第四章
基于标准的信息科技教材内容选择与组织

　　课程标准体现了国家对各学科教学的统一要求,是编写教材和教师教学的直接依据,也是衡量教学质量的重要标准。素养导向的信息科技课程标准围绕本学科核心素养的落实,精选、重组课程内容,明确内容要求,指导教学设计,提出了考试评价和教材编写的建议。基于标准的教材内容选择和组织是在分析课程标准内容要求的基础上,依据学生学习基础界定学习目标,选择和组织教材内容,通过学习活动促进学习目标的达成。

第一节　解析课程标准：内容要求与教材内容一致性分析

新修订的《高中信息技术课程标准》和《义务教育信息科技课程标准》凝练了学科核心素养，围绕大概念或逻辑主线设计有课程模块及各模块的内容要求。解析课程标准的过程一定程度上是对课程标准中各模块内容要求进行"解压缩"的过程。这种解析过程不是简单罗列课程标准中的内容要求，而是要像"课程标准专家"一样整体地思考和理解课程标准。思考学生学习后"要达到怎样的学习结果""如何达到这样的学习结果""怎样能证明学生达到了结果"等问题。2001年安德森(L. W. Anderson)等人合作完成对布卢姆教育目标分类学认知领域的修订工作，修订版的教育目标分类学将认知领域的教育目标按"知识"与"认知过程"两个维度进行分类，每一维度的类目都分布于一个连续统一体中。其中，知识维度划分为事实性知识、概念性知识、程序性知识和反省认知知识四种类型；在认知过程维度，将认知过程按照认知的复杂程度分为记忆、理解、运用、分析、评价和创造六种水平，知识维度和认知过程维度的二维组合构成 24 个目标单元，形成二维学习目标分类表(如表 4-1-1 所示)，用以帮助教育工作者针对性

表 4-1-1　安德森"二维学习目标"分类表

知识维度	认知过程维度					
	1. 记忆	2. 理解	3. 运用	4. 分析	5. 评价	6. 创造
A. 事实性知识						
B. 概念性知识						
C. 程序性知识						
D. 反省认知知识						

地解析和理解课程标准的内容要求。解析课程标准的内容要求主要包括：选择内容要求、分析内容要求的关键动词、分析内容要求中的学习内容、在二维分析框架中确定内容要求的学习结果等。

一、选择模块中的内容要求

课程标准中的内容要求是发展学生核心素养、促进课程目标实现的具体化学习要求。分析《高中信息技术课程标准》或《义务教育信息科技课程标准》的模块内容，可发现模块中的内容要求描述了学生学习后的预期学习结果，但并没有规定具体的学习内容及它们的学习顺序。那么，在教材研制过程中，编写者就需要在教材整体设计的基础上，建立单元活动和内容要求的对应关系，分步骤地将内容要求落实于教材的内容和活动中。课程标准中的内容要求不仅指出了学生要"学什么"，也明确了"学到什么程度"和"如何学"。例如，在《高中信息技术课程标准》"数据与计算"模块的内容要求"通过典型的应用实例，了解数据采集、分析和可视化表达的基本方法；根据任务需求，选用恰当的软件工具或平台处理数据，完成分析报告，理解对数据进行保护的意义"中，"数据采集、分析和可视化表达的基本方法""数据进行保护的意义"指向了学生学什么，"了解""理解"确定了学生的认知程度，"通过典型的应用实例"等表述反映了怎么学及学习情境。为能全面、准确地落实课程标准的内容要求，教材内容选择与组织就需要与课程标准中的内容要求建立对应关系。一方面确保课程标准中模块的内容要求全部落实于教材内容或学习活动中；另一方面，依据模块内容要求建立教材单元中的衔接关系，既要避免同一册教材中单元内容割裂，也要避免相关内容要求在教材各单元学习内容中的过度重复。图 4-1-1 是"数据与计算"模块内容要求与"数据与大数据"单元的对应关系示例。

二、分析内容要求中的"行为动词"

安德森等人在对目标的结构及其具体呈现方式研究中指出，"一个目标的陈述通常包含一个动词和一个名词，动词一般描述意欲实现的认知过程，名词一般

> · 单元名称：数据与大数据
> · 项目主题：体质数据促健康
> · 单元对应的"数据与计算"模块的内容要求：
> 1.1 在具体感知数据与信息的基础上，描述数据与信息的特征，知道数据编码的基本方式。
> 1.2 在运用数字化工具的学习活动中，理解数据、信息与知识的相互关系，认识数据对人们日常生活的影响。
> 1.3 针对具体学习任务，体验数字化学习过程，感受利用数字化工具和资源的优势。
> · 依托项目达成内容要求的设计意图：
> 本单元围绕"体质健康"开展项目学习，从"个人健康评估、运动习惯养成、体质改善措施"等方面讨论和思考，理解体质数据反映的信息，领会数据、信息与知识三者的关系；以多媒体作品方式呈现项目成果，理解数字化的作用和数据编码的方法；结合大数据特征，提出增强体质，促进健康的新方法。将1.1、1.2、1.3的内容要求合理融入学习活动中。

图4-1-1 内容要求与教材单元对应关系示例

描述预期学生要学习或建构的知识"[①]。当前，从我国已颁布的信息科技课程标准来看，其内容要求的结构，主要采用的是学生认知行为和知识内容组合成学习结果的方式。例如，《义务教育信息科技课程标准》中"互联网学习与创新"模块中的"初步了解互联网协议，知道网络中数据的编码、传输和呈现的原理"，"物联网实践与探索"中的"通过实例感受万物互联的场景，知道物联网与互联网的异同，认识到物联网的普及对学习和生活的影响"；《高中信息技术课程标准》"信息系统与社会"中"通过分析典型的信息系统，知道信息系统的组成与功能，理解计算机、移动终端在信息系统中的作用，描述计算机和移动终端的基本工作原理"等，都体现出这样的结构描述方式。其中的"行为动词"表述了学生学习的认知过程。因此，在分析内容要求中的学生预期学习结果时，就需要确认内容要求中出现的相关"行为动词"，掌握它在目标分类学中的具体含义。

1. 找出表述学习结果的"行为动词"

一般来说，找出表述学习结果的"行为动词"并不是一件很困难的事，但是有时课程标准研制者为了使内容要求陈述清晰，可能会在语句顺序上做一些调整，这样就有可能会影响教师对"行为动词"的选择。分析"行为动词"时需要注意如下几点。(1)避免多选。有些内容要求增加了学习行为产生的条件和具体表现

---

① 安德森,等. 学习、教学和评估的分类学(布卢姆教育目标分类学修订版)[M]. 皮连生,等,译. 上海:华东师范大学出版社,2008.

程度的内容,这些内容中的动词可能会影响教师对"行为动词"的判定,例如"通过在线活动,分析互联网应用的特征,认识到互联网对社会发展的创新价值和潜力"。其中的"在线活动"只是学习活动开展的条件,却不是表示预期学习结果的"行为动词",在上述内容要求中表示学习结果的动词只是"分析、认识"。(2)避免漏选。有些内容要求同时表达了多个学习结果(虽然这种方式不规范,但有些学习结果是连续的,这样叙述起来会更连贯),这时教师要将多个学习结果的行为动词都找出,如上述例子中的"分析、认识"。(3)避免误选。有些内容要求为了使语句陈述通顺,可能会以一些与学科学习活动相对应的活动术语进行表述,这样可能会使得教师误认为不是行为动词。例如,"在线学习与生活"模块中的"根据学习、生活中的任务情境使用恰当的在线平台获取文本、图片、音频与视频等资源,设计、创作简单作品"。其中的"使用、获取、设计、创作",在认知目标过程维度中可能没有完全一样的词语,但它们和认知目标过程维度有着对应关系,这就需要进行合理的转化,确定相适应的认知层次。此外,内容要求的其他陈述方式也会影响教师对"行为动词"的选择,教师需要根据自己的教学经验和实际情况做出合适的判断。

2. 理解"行为动词"的含义

学习结果中的动词,表示的是学习结束后学生"能够做什么"[①]。为了能够理解动词所表达的教育含义,教师就有必要从教育心理学的角度来解释这些动词的教育意义。例如分析"理解数据、信息与知识的相互关系"内容要求,就要明确"理解"这个动词表达的是怎样的教育心理学含义、哪些具体的学习行为可以表示出学生是"理解"了。近些年来,教育目标研究者对教育目标按层次进行了划分,教育目标分类学的层级结构对教师理解内容要求中的"行为动词"有很大的帮助。依据教育目标分类学理论解释内容标准中的"行为动词",可采用相应的分析策略。(1)确定关键动词与教育目标分类理论中相符合的层次,依据目标分类学理论解释内容标准中关键动词的含义;(2)通过目标分类学理论,确定比"行为动词"学习复杂程度低一水平的目标层次和高一水平的目标层次,通过比较的方式来理解"行为动词"的含义;(3)利用"二维"目标分类表格确定"行为动词"和相应"知识内容"的交汇单元格,通过知识内容来理解关键动词的含义。图4-1-

---

① Ainsworth L. "Unwrapping" the Standards: A Simple Process to Make Standards Manageable [M]. Lead+Learn Press, 2003.

2 是对内容标准"理解数据、信息与知识的相互关系"中"理解"的分析示例。

内容标准：理解数据、信息与知识的相互关系
学习结果的关键动词：理解
学习领域：认识领域
动词的具体含义：理解是指从口头、书面和图画传播的教学信息中建构意义，表现在行为上可分为"解释、举例、分类、比较、推论"等。
复杂程度高一级的认知表现：运用，在给定的情境中执行或使用某程序。
复杂程度低一级的认知表现：记忆，从长时记忆系统中提取有关信息。
与动词对应的知识内容：数据、信息与知识的相互关系。
该动词在内容标准中的解释：如果学生能够通过"解释、举例、分类、比较、推论"等方式来说明基础知识，则说明学生达成了预期的学习结果。

图 4-1-2　内容要求中"行为动词"分析示例

三、分析内容要求中的"学习内容"

1. 判断内容要求中的"学习内容"

内容要求中除了要求学生达成学习结果的行为表现，还指明了学习过程中所涉及的宽泛学习内容，通常这些内容是以"名词（或名词词组）"方式表现的。例如，"数据与计算"模块中"描述数据与信息的特征，知道数据编码的基本方式"中的"数据与信息的特征""数据编码的基本方式"。有时为了使内容要求陈述清晰，学习内容也可能会以"非名词"的形式出现，例如"在线学习与生活"模块中的"学会在不同设备间复制文件的方法，并遵守数字设备的使用规范进一步加深对资源共享的理解"中的"资源共享"是"理解"指向的学习内容。合理地判断出内容标准中的"学习内容"，教师就可以有针对性地制定课堂学习目标，安排教学内容。

2. 理解"学习内容"的含义

内容要求中的学习内容会涉及多个学习领域（如认知领域、情感领域等），学习领域的内容要求有着一定的联系，也存在着一定的差异。此外，内容要求中的学习内容并没有具体罗列其中的学习要点，而是一种宽泛的表述。这样，按照各学习领域的分类特征来分析内容要求的"学习内容"，就能比较好地理解内容要求所要求的内容特征和学习意义。

学习领域内的内容分类是将每一领域的内容作为一个连续体进行划分的，它为理解内容标准中"学习内容"的本质特征提供了指导依据。分析内容标准中

的"学习内容",可采用相应的策略。(1)依据教育目标分类学理论确定该"学习内容"的知识分类类别,分析"学习内容"的特征;(2)分析与之相关的其他知识内容的特征,从整体上考虑该"学习内容"与其他知识内容的关系;(3)分析内容要求中与该学习内容相对应的"动词",确定该学习内容的学习特征,为安排具体的学习要点提供依据。图4-1-3是对内容标准"理解数据、信息与知识的相互关系"中"学习内容"分析的示例。

内容标准:理解数据、信息与知识的相互关系
学习内容:数据、信息与知识的相互关系
学习内容的"知识分类":概念性知识
内容标准中的关键动词:理解
对该学习内容的具体解释:
　"数据、信息与知识的相互关系",主要是指一些"复杂的、有组织"的概念性的知识。例如,数据的概念与特征、信息的概念与特征;数据、信息与知识的相互关系等。一定程度上,这些内容的学习为进一步学习数据处理(如"数据的获取、分析、可视化")打下了基础。从教育心理学理论来看,这些知识的学习可以通过"图式""心理模型"等方式进行指导,帮助学生理解概念原理之间的关系,形成自己的知识结构。

图4-1-3　内容要求中"学习内容"分析示例

四、在"二维"框架中解析课程标准

上面分别介绍了分析内容要求中"认知过程维度"和"知识维度"的方法和策略,这有助于我们分别了解内容要求各组成成分的特征。但是内容要求中的"认知过程"和"知识内容"并不是分离的,它们相互影响、相互作用、共同形成学习结果。利用"二维"结构框架分析"认知过程维度"和"知识维度",可以同时从"两个维度"理解内容要求中"认知维度"和"知识维度"的关系,比较全面地理解内容要求中预期学习结果的含意。通过"二维"框架分析内容要求的步骤可分为:(1)找出内容要求中的"关键动词"和"相关名词(或名词词组)";(2)确定"动词"在"二维"框架中表示的学习复杂程度,理解"动词"的教育心理学含义;确定"相关名词(或名词词组)"在二维框架中表示的知识类型,理解"名词"表示的学习内容含义;(3)找到动词和名词交汇单元格,理解学习结果的含义;(4)分析达到该学习结果,学生所需要的学习基础以及相应的扩展学习要求。图4-1-4是利用二维

框架分析"理解数据、信息与知识的相互关系"内容标准的示例。

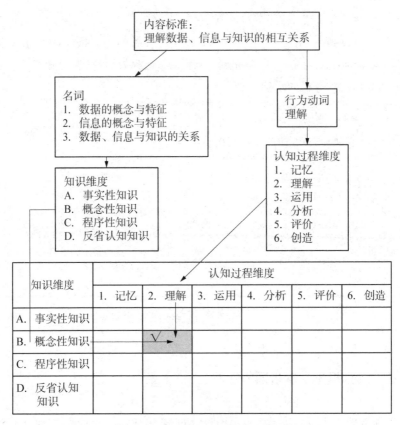

图 4-1-4　应用二维框架分析内容标准的示例

五、建立与核心素养的一致性关系

面向学科核心素养的教学从"为了知识的教学"转向"基于知识的教学",知识从教育的目的转化成培养学生核心素养的途径。[①] 对课程标准中模块内容要求的解析,不仅仅是要弄清楚学生要"学什么""学到什么程度"和"怎么学",还需要

---

① 余文森. 从"双基"到三维目标再到核心素养——改革开放 40 年我国课程教学改革的三个阶段
[J]. 课程·教材·教法,2019,39(9):40—47.

明确学习这些内容所要发展的学生的核心素养是什么，从对逐个知识点"了解""识记""理解"等目标的认识向"对知识点从理解到应用、重视知识点之间的关联及其运用"的深化。因此，在对内容要求解析的基础上，还需要从素养层面整体理解内容要求学习所指向的核心素养及其表现特征。例如，在对"数据与计算"模块内容要求 1.1、1.2、1.3 分析后，其中"理解数据、信息与知识的相互关系，认识数据对人们日常生活的影响"对应了信息意识的发展要求，在素养水平划分方面与"针对特定的信息问题，自觉、主动地比较不同的信息源，能描述数据与信息的关系，确定合适的信息获取策略"相一致；"针对具体学习任务，体验数字化学习过程，感受利用数字化工具和资源的优势"的内容要求对应了数字化学习与创新的发展要求，在素养水平划分方面与"在学习过程中，能够评估常用的数字化工具与资源，根据需要合理选择"相一致。当然，在与核心素养对应过程中，并不是一定要将四项核心素养完全对应上，而是根据内容要求的实际情况确定相关内容学习后所要发展的学生的核心素养，促进学生在学习过程中从"学知识"向"化知识为素养"发展。

第二节　信息科技教材单元设计：从内容要求到单元模块

教材中的"单元"作为一个相对完整、系统的学习过程，其组织逻辑很大程度上体现出课程的组织逻辑。在课程标准解析与学情分析的基础上，信息科技教材研制就要围绕学科核心素养、立足学科大概念界定单元学习目标、设计单元主题、组织单元活动，为师生教与学的开展提供支持。

一、以核心大概念为"锚点"，界定单元学习目标

学科大概念体现了学科的特质和思想方法，具有相对稳定性、共识性和统领性的特征，包括有学科知识逻辑范畴和学科综合应用方法。[1] 信息科技教材中的单元设计，依托大概念系统地组织学科零散的知识，以结构化方式"锚定"单元知

---

① 邵朝友，崔允漷. 指向核心素养的教学方案设计：大观念的视角[J]. 全球教育展望，2017，46(6)：11—19.

识框架,结合学科核心素养的表现性特征界定单元学习目标。实施步骤包括:
(1)明确学科核心素养与单元大概念的对应关系。大概念作为学科核心素养的内容载体,它们之间具有相互映射关系,明确学科核心素养与大概念的内容对应,确立单元教学中落实学科核心素养的"锚点"。(2)分解大概念,形成概念群。大概念如同"车辖"一样把零散的知识组织起来,用以支持学生理解知识的相互关系及相互作用。单元设计中,借助概念图逐层分解大概念,形成"概念群",为落实学科核心素养提供"抓手"。(3)结合素养表现与概念群,形成一致性的单元目标体系。结合学科核心素养表现,分析学生理解和应用大概念中所需要思考的问题,确定单元学习完成后应该达成的"所知(Knowing)、所能(Doing)和所成(Being)",形成单元目标体系。图4-2-1以"数据分析与处理"单元为例,立足"数据"大概念,通过"学科核心素养——标准内容要求——大概念——概念群——单元目标"分步呈现单元目标界定的过程。

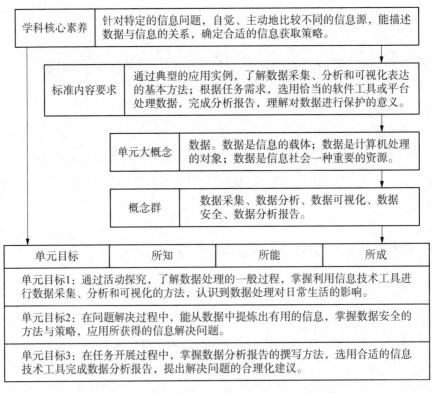

图4-2-1 "数据分析与处理"单元目标界定示例

二、以信息化活动为"载体",确定单元活动主题

单元活动主题是依据学习目标组织起来的,体现学科知识发展、学科思想与方法深化,激发学生深度参与学习活动,促进学生学科核心素养发展的一种学习组织方式。① 活动情境与任务是单元活动主题的两项关键内容。情境是根据学生的发展需求创设的真实(或模拟真实)的活动场景,为学生主题探究提供了思考空间。任务是从情境中选出与学习主题密切相关的真实事情或问题,要学生去解决,学生在学习过程中每解决一个真实问题、完成一项任务,也就是一个意义建构的过程。在信息科技单元活动主题设计中,其一,要针对学生经验创设信息化活动情境。移动通信、大数据、人工智能等新技术的发展催生出现实与虚拟相互融合的环境,拓展了人们生存时空,改变着人们思维与行为方式。信息科技单元主题情境要依据学习目标,反映出学生身边信息化环境的发展与应用。例如,在"共享单车助出行"主题活动中,通过描述"共享单车"在"解决人们从地铁站到居所最后一公里"过程中的应用情境,将用户应用共享单车中所经历的现实空间活动与虚拟空间活动结合起来,将用户行为数据与"数字画像"结合起来,将智能化数据处理与"精准决策"结合起来,为学生探究数字化、网络化、智能化的课程内容提供机会。其二,要依据学科核心素养设计挑战性任务。挑战性任务是受复合因素作用,具有多样化实施路径的任务。② 信息科技学习活动中,通过挑战性任务,学生可经历应用信息科技解决问题的过程,反映学科核心素养的表现。例如,在"共享单车助出行"主题活动中,结合"数据采集、分析、可视化、安全和数据分析报告"等概念群,设计"不同区域共享单车应用数据的采集与分析""依据数据分析结果提出区域共享单车管理建议""完成区域共享单车效能分析报告"等活动任务。信息科技教材单元主题设计要充分应用学生现实生活中体验过的案例资源,创设活动情境,设计挑战性任务,引导学生通过主题活动将学科核心素养内化于思维中,表现于行动中。

---

① 刘月霞,郭华.深度学习:走向核心素养(理论普及读本)[M].北京:教育科学出版社,2018.
② Russo, J., et al. Teaching with challenging tasks in the first years of school: What are the obstacles and how can teachers overcome them? [DB/OL] https://www. researchgate. net/ publication/332139139, 2020 - 12 - 29.

三、以问题链为"导向",组织单元活动

学科核心素养的培育并不是通过学科知识技能的传递来达成的,而是在真实情境中借助问题探索逐步养成的。"问题"作为引发学生认知冲突、连接既有认知结构与新知识技能的"节点",为学生提供了探究、协作与创新活动的机会。明确信息科技教材中单元目标和活动主题后,单元活动要聚焦需要解决的关键问题,以此安排活动过程、学习资源与活动课时,主要环节包括:(1)依据单元目标,建立问题链。依据单元目标,针对主题活动任务梳理出主题活动过程中学生需要解决的关键问题,明确问题解决的前后顺序与依附关系,建立活动过程中需要解决的"问题链"。例如:如何使用信息科技工具获取相关区域共享单车的数据? 如何判断在一天中,哪些时段该区域共享单车数量最多,最拥挤? 哪些时段该区域共享单车数量最少,需求量最大? 用什么方法解决共享单车拥挤和紧缺问题? 如何提醒用户找到更适当的停车点与车辆? ……(2)针对活动问题,搭建学习支架。梳理单元活动问题解决的先后顺序,围绕学生所要学习的内容,设计单元主题中的概念框架,将该框架置于学生"最近发展区"内,支持学生开展探索活动,解决活动问题。例如:数据处理过程中,根据解决问题需要,将数据排序、查找、删除、分类汇总、数值计算等方法与技能嵌入到活动过程中。(3)按照活动需要,提供学习资源。信息科技单元主题活动与信息化环境有着紧密的联系,按照活动需要,提供配套的学习资源,支持学生开展单元主题活动。例如:单元活动中用到的共享单车数据、编程语言、爬虫软件、数据处理平台等。(4)遵循认知规律,安排单元课时。信息科技单元主题是教材编写者整体思考单元内容和学习活动后设计的,主题活动像"链锁"一样加强了课时与课时之间的关联,针对问题链与各项任务的关系,按照学生认知规律,合理安排单元课时,把"解决每一个问题,完成每一项任务"落实到课时中。表 4-2-1 是"共享单车助出行"从问题导向方面提供的一个示例。

表4-2-1 "共享单车助出行"单元主题活动组织示例

主题	问题链	活动任务	学习支架	资源支持	课时
共享单车助出行	• 需要获取哪些类型的共享单车数据？ • 如何获取这些数据？ • 如何分析共享单车应用数据？	任务1：采集与分析不同区域共享单车应用数据的情况	网络平台数据采集的过程与方法；数据分析的"查重、筛选、计算"等过程与方法	爬虫工具编程语言	3
	• 数据分析后获得怎样的结果？ • 如何呈现数据分析结果？	任务2：提出区域共享单车管理建议	数据可视化的四种表示案例	编程语言	2
	• 如何依据数据分析结果提出建议，完成报告	任务3：完成区域共享单车效能分析报告	数据分析报告模板	文字处理软件	2

四、以素养表现为"证据"，设计单元评价

当单元活动设计从关注零散的知识点转向强调学科核心素养时，学习评价就要关注学生学科核心素养的真实表现，实现从追求"量"的提升向寻求"质"的改革的发展。[1] 信息科技教材单元活动设计中，表现性评价作为促进学生学科核心素养发展的一种手段，通过"学习—评价"相互交织的方式伴随学生学习过程，反映出"评价即学习"的理念。[2] 设计内容主要为：(1)设计表现性评价任务。表现性评价任务可通过分析单元学习主题中的活动内容，将其中的问题显性化，以此来确定评价任务。例如，在共享单车数据采集和分析中，可将学生"能否选用合适工具采集和分析网络中共享单车的数据，是否正确解释采集和分析的数据"作为评价任务。也可对单元学习主题进行拓展，通过调整活动情境、补充活动任务，来评价学生的知识迁移能力。例如，让学生根据个人学习需要，自主创设一个采集网络数据的活动，并尝试完成这项活动等。(2)确定表现性评价依据。表

---

[1] 杨向东."真实性评价"之辨[J]. 全球教育展望，2015，44(5)：36—49.

[2] Torrance H. Assessment as learning? How the use of explicit learning objectives, assessment criteria and feedback in post-secondary education and training can come to dominate learning [J]. Assessment in Education, 2007,14(3):281-294.

现性评价关注的是学生学习过程与结果建构反映,确定表现性评价任务后,也要给出能反映学生素养表现的评价依据。通过评价依据,在活动初期,学生可以明确活动的任务、方向和要求;活动过程和结束后,学生可以像"照镜子"一样判断学科核心素养的表现情况,调整学习过程与方法。从呈现形式来看,评价依据可以是对任务作品的评价量表,通过量表,师生比较清楚地知道需要达成的结果;也可以是具体的实际案例和说明,案例可以形象地展示每一类指标的实际表现程度。

面向核心素养的信息科技教材研制,从传统的"单一课时设计"进一步发展为"单元设计",是课程意识的发展,也是教学理念的革新。教材中单元设计是在理解学科核心素养的基础上,结合课程标准和学情分析,用课程的视角来审视教学,将核心素养贯通在整个单元教学过程中,促进课堂教学从"知识传递"向"学科育人"发展。

第三节 信息科技教材课时设计:从单元模块到课时内容

单元设计下的课时教学活动不同于传统的以知识传授为主的师生互动关系,强调将教学内容置于单元整体内容中去把控,更多地关注教学内容的本质及其蕴含的学科思想与方法。信息科技教材的课时设计,是在单元设计基础上对单元学习目标和学习活动的进一步细化,是围绕单元学习目标,结合单元主题活动和知识技能,在分析学生学习基础和学习兴趣的基础上设计的一系列相互关联性较强的课时内容。

一、细化单元学习目标,确定课时学习目标

"单元—课时"教材内容结构设计,有助于学生从中观层面对单元学习内容进行理解与掌握,单元构成了一个相对完整的知识系统和逻辑关系,加强了单元内课时之间的关系。单元下的课时设计确保了课时内容间的关联,支持学生分步骤、有序地开展学习。单元学习目标指向学生完成单元学习后的学习结果,单元规划过程中也需要将单元学习目标拆解为课时目标,支持师生将单元学习内

容落实到课堂学习中。将单元目标细化为课时目标时,可依据单元知识结构,分析单元核心概念,围绕单元核心概念的逻辑关系和主题活动的过程,构建学生从"应然水平"到"实然水平"的素养进阶过程。设计教材课时教学任务,就要在细化单元目标基础上,进一步思考并明确一系列问题——要落实的课时学习目标是什么?学习内容是什么?设计学习活动是为了达成哪一项学习目标?从而保持活动任务和单元学习目标的一致性,确保学习任务设计的针对性和有效性。

例如:人教中图版的《普通高中教科书信息技术必修1-数据与计算》通过"用水分析助决策"项目主题活动进行"数据处理与应用"单元学习活动设计,其中一则单元学习目标为:

目标1　通过主题活动开展,了解我国区域水资源分布现状,掌握数据采集、分析和可视化表达的基本方法。能够利用软件工具或平台对调研数据进行整理、组织、计算与呈现。

结合项目活动和学生学习基础,单元学习目标1进一步分解为两个课时中的学习目标。

第1课时"数据采集与整理"的学习目标可以细化为:

目标1　通过专用平台区域性水资源数据的收集,了解数据采集的基本方法。

目标2　通过水资源数据的分析与处理,掌握数据处理的基本过程、方法和常用工具。

第2课时"数据分析和可视化"的学习目标可以细化为:

目标1　通过具体问题的分析,掌握不同类型数据图表的适用范围和制作方法。

目标2　通过区域水资源分布情况的图表制作,感受数据可视化表达的意义。

信息科技教材研制过程中,依托学科大概念,将学科大概念作为发展学生学科核心素养的资源与载体,通过主题活动将单元学习目标逐步分解为课时教学目标,加强课时之间的相互关联,知识从学习的目的和归宿转化为教学的工具和资源,体现学科育人的独特价值。在组织方式上,以项目活动为路径,借助项目活动把"学习信息科技、应用信息科技、利用信息科技创造性解决问题"融为一体,指向学生学科核心素养的发展。

二、设计挑战性学习任务，聚焦任务中的关键问题

挑战性学习任务通常表现为要求学生解决真实情境中的复杂问题，学生需要按照一定的步骤，在实践性的活动中对学科知识内容进行检索、加工、综合应用，最终取得某种成果，例如完成问题解决或产生活动作品。其中的"挑战性"，是指学习任务相对于学生现有水平，具有一定的难度要求，学生依靠现有的知识经验或思想方法难以完成，必须吸收新的知识、建立新的联系，或者转变思路、调整方法等。"任务"凸显实践活动的整体性、关联性和结果导向，强调学生完成实践活动的责任。教材设计过程中，每项学习任务与学习目标有明确的对应关系，由学习情境、驱动性问题、任务流程、学习内容及其操作要求等组成。通过挑战性学习任务，教材内容可以把知识设计成能激发学生兴趣，聚焦教学重点和难点，引起和激励探究性学习活动，有助于学生的自我参与、自主建构、合作交流、自主反思，使学习变得有趣，让思想感悟深刻，让学习走向对话，让思维走向审辨，培养学生信息科技学科核心素养的有效路径。

信息科技教材课时内容中设计挑战性活动任务的一个关键的策略是"围绕关键问题"进行设计。[①] "问题"是课堂教学的引发点，在学习任务设计中重视学习内容呈现的问题化、真实情境化、问题设计序列化，即通过问题的设置引导学生学习，以问题引发思考和探究，促进深度学习的开展。明确课时学习中的关键问题，可以减少教学活动设计的随意性，引导学生从精选的活动中受到教育。因此，围绕有价值的问题组织单元活动任务，可以克服以灌输为中心的死记硬背式的学习方式，也可以避免那种"为任务而任务"，流于表面形式，没有实质意义的"假任务"。

例如，在"用水分析助决策"项目主题单元"采集并整理南水北调相关数据"挑战性学习任务的过程中，聚焦核心问题"南水北调相关数据如何采集和整理"，并进一步分解核心问题，将其细化为三个子问题，保证每个子问题可以通过相应的活动任务来实现。

子问题1:在"分析数据类别"任务中，我国水资源分布情况需要获取哪些方

---

① 威金斯,麦克泰.理解力培养与课程设计:一种教学和评价的新实践[M].么加利,译.北京:中国轻工业出版社,2003.

面的数据,这些数据如何影响南水北调工程的决策?

子问题2:在"采集水资源数据"任务中,如何通过网络平台合理采集我国不同地区水资源数据,怎样判断所获得水资源数据的可靠性?

子问题3:在"整理水资源的数据"任务中,如何应用数字化工具发现所采集数据中的异常情况,通过怎样的方法和策略对所获取的数据进行整理?

三、创设活动情境,激发学生学习动机

确定挑战性学习任务和核心问题后,就需要根据学生的学习经验和任务要求对活动情境进行描述,引导学生进入活动实施中。所谓活动情境,是指活动任务的物理环境和其中的概念结构。乔伊和汉纳芬(J. Choi & M. Hannafin)指出,情境具有两大极其重要的作用:一是构建学习任务与学习者经验,使其产生有意义的联系;二是促进知识、技能和经验之间产生连接。在信息科技教学中,"真实情境"能满足"做中学"的条件,给学习者提供真实存在的学习环境,包括学习过程中需要用到的软硬件、数字化学习环境。通过创设真实情境,能让学生发现问题,产生解决问题的动机,在解决问题的过程中理解概念,提升信息科技学科核心素养。情境主要包含人物、时间、地点、工具、规则这五个部分,其中的活动是动态开展的,每一个活动的形成是以前一个活动的效应为根据。

例如,"采集并整理南水北调相关数据"任务活动中,通过描述我国水资源分布与社会发展矛盾的事实情境,引导学生开展分析南水北调工程决策依据的探究活动。在情境描述中设计"思考研究我国水资源分布情况需要获取哪些方面数据"的问题,帮助学生认识到分析各地区水资源总量、人均水资源量等水资源数据是掌握我国水资源分布情况的必不可少的研究之一,并用思维导图工具呈现所需要采集的数据类别。在活动情境创设过程中,为更好地促进学生核心素养的发展,活动情境还应具有一定的开放性、实用性,支持学生从不同维度对所需解决的问题进行深度探讨与思考。

四、设计探究性学习方式,支持学生深度学习

学生是学习活动中的主体。学生通过利用多样化的学习材料参与探索、发现,经历知识形成的过程;开展有目的、有方向的自主合作和探究等主动学习活

动,形成学习成果。在课时教材内容选择与组织中,要体现出支持学生学习这些内容的学习方法和策略,设计适合深度学习理念的方式支持学生学习。《义务教育信息科技课程标准》在教学建议中也强调,在教学中,教师应该淡化知识的单一讲解,鼓励学生通过自主探究解决项目中的问题,在解决问题的过程中整合知识学习,促进思维发展,在"尝试→验证→修正"的"试错"过程中,发展学生的计算思维,引导学生从自主寻求项目实施所需知识和技能的过程中形成数字化学习与创新能力;在项目成果的推介交流中,提升信息社会责任。例如,在"采集并整理南水北调相关数据"挑战性学习任务中,通过基于南水北调工程需求的真实情境、区域性水资源数据采集与分析问题解决、数字化环境资源支撑的学生自主学习,引导学生在分析任务、界定问题、设计方案、选用数字化工具和创新作品的过程中,达成数据采集、整理、分析和应用等方面知识与技能的学习,领悟应用数据解决问题的学科方法,提升数字化学习与创新等学科核心素养,达成课时学习目标。

五、创设数字化环境,增强学生数字化学习能力

学生成为学习主体的重要标志,是能够自主操作特定的学习对象(客体),并能从中获得发展。教师的作用,就是为学生提供这种既能自主操作又能帮助学生获得发展的教学材料和环境。[1] 信息科技学习活动与数字化环境有着紧密的联系,按照活动需要,提供配套的学习资源,支持学生开展单元主题活动,例如挑战性任务活动中用到的区域水资源数据、编程语言、爬虫软件、数据处理平台等。因此,为支持学生挑战性任务的实施,教材就需要依据任务要求,创设有利于学生开展学习的数字化环境、资源和条件,引导学生在数字化学习过程中,领悟数字化环境对社会发展的影响,养成自主、合作和探究学习的习惯,帮助学生利用数字化资源与工具开展自主学习和协作学习,创造性地解决问题或创作出有个性的数字化作品。

例如,"采集并整理南水北调相关数据"任务开展过程中,为了支持学生完成"分析所需水资源数据类别""采集水资源数据""分析水资源数据",信息科技教材通过配套平台提供能通过"网络爬虫"采集的区域水资源数据,帮助学生体验

① 刘月霞,郭华. 深度学习:走向核心素养(理论普及读本)[M]. 北京:教育科学出版社,2018.

应用"网络爬虫"获取平台数据的过程,通过这些方式为学生创建线上线下结合的开放式学习环境。学生利用教材配套的网络平台,还可以创建个人学习空间、保存阶段性学习数据、分享学习作品等。教材研制过程中,提供配套的数字化学习资源和网络平台,可以更好地支持学生开展线上线下融合学习活动,引导学生在自主寻求任务实施所需知识和技能的过程中,增强数字化学习与创新能力。教师应用配套网络平台记录学生学习过程,了解学生学习需要,指导学生开展个性化学习。

通过教材项目活动设计与实施,信息科技教材"单元—课时"内容结构设计加强了单元内课时与课时之间的关联,对应问题链与各项任务的关系,合理安排单元内的课时,避免了知识点间割裂的问题。教材通过"解决问题、完成任务"的方式将课程标准中的学习要求落实到相互关联的课时中,提供相应学习内容的数字资源支持,营造良好的数字化环境,引导学生在"学知识"与"用知识"过程中发展核心素养。

第四节　基于标准信息科技教材内容选择与组织：案例分析

国家课程标准是教材研制的依据。教材研制过程中,将课程标准逐步落实到单元和课时内容中主要包括了:(1)选择与分析课程标准的内容要求。依据教学时间、学生情况等因素选择内容要求,通过关键动词和学习内容分析课程标准中的内容要求,为单元目标和内容的确定提供依据。(2)设计单元知识结构,锚定本单元学习要点。(3)界定单元学习目标,确定项目活动主题。(4)分解单元活动,细化课时任务。依托"单元—课时"活动的推进和学生知识内容的学习两条线索,设计系列挑战性学习任务,落实单元学习目标,安排课时学习内容,针对学习任务设计活动过程并提供相适应的学习资源。

一、选择与分析课程标准的内容要求

浙江教育出版社《义务教育教科书·信息科技　五年级下》(以下简称《信息科技(五下)》)是面向义务教育阶段"过程与控制"模块编写的教材。"过程与控

制"模块包括"系统与模块""反馈与优化""逻辑与运算"三部分内容。"系统与模块"部分主要围绕生活中广泛存在的"输入—计算—输出"的系统模型,以及身边真实的过程与控制系统案例等内容展开,帮助学生理解系统实现过程与控制的原理和典型环节,是后续学习"反馈与优化"和"逻辑与运算"的基础;"反馈与优化"是过程与控制中的重要和典型环节,教材编写应注重引导学生分析具体案例,找到其中存在的反馈与环路,发现反馈作用于输出的计算方式,理解系统达到稳态的过程;"逻辑与运算"部分聚焦过程与控制中的"计算"环节,通过计算机编程设计简单的处理环节,实现对控制器的过程控制,理解计算机实现过程与控制的优势。下文以《信息科技(五下)》为例进行分析。

《信息科技(五下)》侧重于"系统与模块"部分,课程标准中对应的内容要求如下。

(1)通过体验和认识身边的过程与控制,了解过程与控制可以抽象为包含输入、计算和输出三个典型环节的系统。

(2)通过观察身边的真实案例,了解一个大的系统可以分解为几个小的系统,一个系统也可以划分出功能相对独立的多个模块。

教材编写中渗透了对核心素养的培养,以《信息科技(五下)》"系统与模块"部分为例,具体表现如下。

1. 信息意识

学生能够认识到过程与控制系统普遍存在于日常生活中。教材编写从生活场景和案例出发,使学生感受并认识到过程与控制普遍存在,对生活的影响是广泛而深远的。例如,教材编写从水龙头、电灯、楼道灯、微波炉、空调等多种生活中常见的电气设备引入,帮助学生抽象出控制系统的概念,并进一步探讨控制系统对生产生活的影响。

2. 计算思维

学生能发现并分析生活中的过程与控制系统,从系统构成角度,能够将大系统分解为子系统和多个功能模块,从运行环节角度,能够识别系统中的输入、计算和输出环节。在此基础上,能够设计运算实现简单控制环节。例如,从学校系统的组织结构、计算机系统的构成分析入手,理解系统和模块的概念,体会从系统到子系统、从整体到模块的思想。在此基础上,聚焦生活中的控制系统,抽象出控制系统的三个环节,并对控制的核心环节"计算"进行深入学习。例如,分析校区车闸控制系统的控制过程,明确输入、计算和输出环节,能够通过系统计算的方式实现车辆进出的控制。

3. 数字化学习与创新

根据真实问题解决的需要设计过程与控制中的逻辑运算,在实验系统中通过编程等手段加以验证。例如,在生产或科学实验中,经常需要恒温或温度稳定的环境,教材以此为背景设计了恒温槽实验,学生先经历"观察环境温度—改变槽内温度—观察温度变化—实现恒温控制"四个步骤认识恒温槽的基本功能,然后进行创意改进设计,使恒温槽变得更智能,满足实际需求。

4. 信息社会责任

通过对生活中具体案例的分析,从中发现信息科技在过程与控制中的作用,理解计算机实现过程与控制的优势,感受信息科技对生活各方面的影响。例如,教材编写从生活中的控制系统引入,引导学生探究自来水、楼道感应灯、小区车闸系统等控制系统的实现方式,比较人工控制、电路控制、计算机控制等不同控制方式的区别,体会并理解计算机控制的优势。

二、设计和组织单元内容结构

在综合分析学生的认知能力和学科内容特征的基础上,《信息科技(五下)》按照"系统中的模块—身边的控制系统—探究控制系统"的思路组织教材内容。从以下几个方面设计"系统与模块"部分对应的基本知识技能和关键能力。(如图 4-4-1 所示)

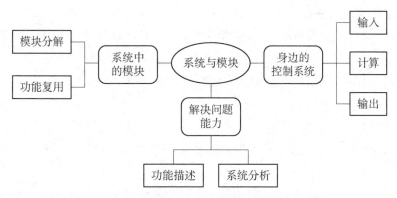

图 4-4-1 "系统与模块"中的知识与技能和关键能力

1. 基本知识和关键技能

对于静态的组成结构和动态的持续执行的理解，是"过程与控制"模块的核心。[①]《信息科技(五下)》作为"过程与控制"模块的第一部分内容，侧重于对于系统静态组成结构的学习，包括系统中模块的分解和系统运行环节的抽象。

(1) 系统中的模块

学生在学习本部分内容后，应知道一个大的系统可以由若干个小的子系统组成，一个系统可以划分出功能相对独立的多个模块。系统并非仅存在于工程领域，生活中处处有系统的存在，例如生物医学系统、社会经济系统等。设计本部分内容时，可以从分析生活中的系统入手，包括网络系统、照明系统、消防系统、学校系统、计算机硬件系统等，帮助学生理解系统的概念、构成和模块，在此基础上，引导学生通过"系统"的观念来认识过程与控制，识别控制系统的组成模块。

(2) 身边的控制系统

能列举和识别身边的过程与控制系统，并识别典型环节是"系统与模块"部分的重点。这部分内容可以先结合生活案例，引导学生了解控制系统的概念，识别并列举身边的控制系统，感知控制系统给生活带来的影响，接着从与学生生活学习相关的案例中归纳总结这些控制系统的一般特征和环节，最后让学生识别和区分控制系统的典型环节。在引导学生整体学习"输入—计算—输出"三个典型环节关系后，再通过案例具体深入地分析每个环节的特征，了解丰富的输入、输出方式，学习并比较常见的计算方式，在这个过程中，了解计算机在控制系统中的作用。

2. 关键能力分析

在分析身边的系统和模块时，可根据学生已有经验，通过挖掘常见的案例，组织学生开展对过程与控制的环节和原理的学习，建立典型环节的模型，从分析系统内部构成将系统拆分成模块，了解系统和子系统的关系。[②]

(1) 功能描述

在分析系统时，要了解其典型环节，就需要分解系统。可以根据功能的不同将系统分解为不同的模块，使学生了解大的系统可以划分出功能相对独立的多

---

① 黄荣怀,熊璋. 义务教育信息科技课程标准(2022 年版)解读[M]. 北京:北京师范大学出版社,2022.

② 李锋. 新版课程标准解析与教学指导——小学信息科技[M]. 北京:北京师范大学出版社,2022.

个模块。在问题解决过程中,将大问题分解,通过逐一解决每个小问题,最终解决大问题。

(2)系统分析

在分析过程与控制的环节和原理时,学生需要对系统有一个整体的认识。例如,该系统有哪些关键环节?每一个环节是如何逐步运转的?有哪些相关因素?学生在学习过程中,需要抽取系统的关键特征和环节,最终进行模型的构建,建立起"输入—计算—输出"的模型,以清晰直观地理解过程与控制的环节和原理。

三、界定单元学习目标和项目主题

浙江教育出版社《信息科技(五下)》按照"系统中的模块—身边的控制系统—探究控制系统"的思路,将"系统与模块"部分的内容分解到三个单元中去,分别为:生活中的系统、控制系统、系统中的计算。

以第二单元"控制系统"为例,这一单元以"控制系统"为核心概念,分解出"控制、控制系统、输入、计算、输出"概念群,以核心概念的理解和概念群内部关系的分析为内容载体,帮助学生认识到过程与控制系统在生活中普遍存在,感知控制系统对生活的影响,理解系统实现过程与控制的原理,抽象出系统运作的典型环节,在此基础上为生活中的控制系统设计改进方案。结合核心素养表现,分析学生在项目活动中所需要解决的问题,明确本单元学习目标。

单元目标1:能够列举身边的控制系统,识别和区分控制系统的输入、计算和输出环节,了解各环节的主要作用。

单元目标2:知道一个大的控制系统可以由多个小的系统组成,不同的系统中存在相似的组成部分。

单元目标3:意识到控制系统普遍存在于日常生活中,了解控制系统对人们生活的价值。

依据单元学习目标,本单元以系列案例体验与分析活动组织单元学习内容,通过分析生活中真实存在的过程与控制系统,理解控制系统的模块构成和典型环节。例如,在"分析微波炉系统"活动中,学生分析微波炉从时间、火候等设置参数到最终完成食物加热,共经历了哪几个主要的环节和过程,从而抽象出控制系统的三个关键环节。单元活动设计,围绕"控制、控制系统、输入、计算、输出"

概念群逐步推进，设计"分析微波炉系统""分析烤箱控制系统中的'输入'环节""分析空调控制系统中的'输出'环节""恒温槽实验""创意设计恒温槽"等活动任务，引导认识控制系统，抽象出三个共性典型环节，再逐步学习输入、输出、计算三个环节的多种实现方式，学会分析身边的控制系统并根据需求设计改进方案。

针对学习活动，梳理出完成任务中学生需要解决的关键问题，第二单元建立起一条"问题链"：用开关控制小灯，需要由哪几个环节（模块）组成？它们是怎样联系在一起的？生活中的控制系统，改变了你的哪些生活习惯？控制系统有哪些共同的环节？生活中常见控制系统中的输入环节是什么，输入了什么信号？这些系统的输出环节是什么，输出了什么信号？在恒温槽实验中，输入、计算、输出分别是什么？恒温槽保持恒温的原理是什么？如何改进恒温槽设计，让它变得更智能？以问题创设探究、协作、迁移、创新的机会，引导学生逐步完成学习任务。在活动过程中，教材设计按照学生解决问题的需要搭建学习支架并提供学习资源。例如，学生在系统的功能模块、输入信号、输出信号学习时，教材提供了填写的内容表格和分析样例；在设计恒温槽实验时，教材给出了"观察环境温度—改变槽内温度—观察温度变化—实现恒温控制"的步骤示范，并在实验后设置思考题，引导学生观察实验现象，分析过程与控制原理，在此基础上引导学生设计创意恒温槽，请学生列出所需器材并绘制设计图。

教材中评价的设计交织在单元学习的过程中，体现出"评价即学习"的理念。浙江教育出版社《信息科技（五下）》教材在单元的每课时后都设计有练习题和自主评价内容，评价学生的知识迁移能力，便于教师依据学生的学习表现对学生进行个性化指导，以及对下一课时的学习活动进行调整和优化。练习内容主要分为两个类型，一类通过改变问题情境评价学生的知识应用迁移能力，例如，"选择生活中你了解的一个控制系统，说一说它的输入环节是怎样的，输入了什么信号"；另一类通过深化问题情境评价学生的纵向解决问题能力，例如，"针对生活中的需要改进恒温槽设计，让它变得更智能"。

四、分解单元活动，细化课时任务

浙江教育出版社《信息科技（五下）》教材第二单元"控制系统"设计有 5 课，具体为"第 1 课　生活中的控制系统""第 2 课　控制系统的三个环节""第 3 课　控制系统的输入""第 4 课　控制系统的输出""第 5 课　体验控制系统"。课时目标与单元目标的对应关系如表 4-4-1 所示。课时 1 中从丰富的生活实例导入，帮助学生理解控制系统的概念；课时 2 通过对控制系统的工作流程分析，抽象出"输入—计算—输出"三个典型环节；课时 3、课时 4 分别进一步对输入和输出环节进行分析，讨论丰富的输入和输出形式；课时 5 设计了模拟实验，让学生在实践体验中深入理解控制系统的三个典型环节，这是对第二单元前 4 课时内容的实践探索，同时通过探究恒温系统的原理初步感知"计算"过程，以衔接第三单元"系统中的计算"。在课时目标指引下，教材将单元项目活动融入课时内容之中，通过项目活动中各子任务的开展帮助学生达成学习目标。

表 4-4-1 "单元—课时"学习目标对应关系

单元目标	课 时 目 标	课时
目标 1	能列举身边的控制系统，识别和区分控制系统的输入、计算和输出环节，认识到控制系统的重要作用； 通过体验虚拟软件和数字化学习环境，理解过程与控制的典型环节，并能结合案例分析其控制过程。	课时 1、2
目标 2	知道一个大的控制系统可以由多个小的部分组成，体验控制系统的输入和输出； 了解控制系统对人类生活的价值，意识到控制系统普遍存在于日常生活中。	课时 3、4
目标 3	结合开源硬件设备和实践活动，了解计算机可用于过程与控制中； 通过编程控制开源硬件设备，探究简单控制系统实现的过程与方法。	课时 5

《信息科技（五下）》第二单元"控制系统"的编写主要运用了以下三点策略，将本单元所培养学生的核心素养逐步落实于课时活动中。

1. 围绕真实生活案例创设活动情境。基于学情分析可以发现，五、六年级学生经常在生活中接触到不同类别的控制系统，但并不了解控制系统的概念、原理和工作过程。因此，教材以"探究—建构—练习"的模式组织课时内容，每个环节都围绕身边的控制系统组织学习活动。在"探究"环节，学生通过讨论家用电器的工作过程，初步感知控制系统的典型环节；在"建构"环节，师生共同对"微波炉""人脸识别闸机""空调"等典型案例进行分析，帮助学生建构对控制系统的识别和分析能力；"练习"环节则设计了拓展任务，由学生自主选择并分析生活中的控制系统。在"识别"和"分析"身边的控制系统的过程中,培养学生的信息意识、计算思维和信息社会责任。

2. 通过实验活动探究控制系统的原理。信息科技课程具有基础性、实践性和综合性的特征,实验课是信息科技课程的重要组成部分。过程与控制部分原理知识较为抽象,在探究实验过程中,通过"观察现象—动手操作—分析数据—实现控制"可以帮助学生在实践中理解抽象概念。第二单元在最后一课时设计了恒温槽实验,帮助学生初步理解计算的过程,感知数据在系统运行中的重要作用,在完成实验任务的基础上进行智能功能设计和动手实践验证,培养学生的计算思维和数字化学习与创新。

3. 以"总—分—总"的结构组织课时设计。从单元设计走向课时设计,第二单元采用了"整体过程感知—单个环节探究—整体过程体验"的组织结构,在总体感知控制系统工作环节的基础上,分课时进一步探究控制系统的各个环节,最后在实验中体验各个环节的工作原理与过程,以"总—分—总"的结构将课时设计合理地组织起来,支持学生对所学的知识进行融会贯通和整体建构,落实课程标准中的内容要求。

第五章

信息科技教材跨学科主题设计与实现

  跨学科主题学习，是指为培养跨学科素养而整合两种及以上学科内容开展学习的主题教学活动安排，具有综合性、实践性、探究性、开放性、操作性等特点。① 其实施目的是打破学科之间界限，加强学科间的内在关联，突出课程内容结构化，以主题、项目、任务等实践活动方式增强学生综合运用知识解决问题的能力。通过跨学科主题学习，可以帮助学生更好地理解现实世界中的复杂问题，提升批判性思维和解决问题的综合实践能力。教育部发布《义务教育课程方案（2022年版）》，要求各门课程用不少于10％的课时设计跨学科主题学习，带动课程综合化实施，强化课程协同育人功能。那么，如何支持和指导师生跨学科主题学习的开展，就成为信息科技教材研制过程中亟需解决的问题。

---

① 吴刚平.跨学科主题学习的意义与设计思路[J].课程·教材·教法，2022，42(9)：53—55.

第一节　教材中融入跨学科主题的意义与原则

　　跨学科主题为落实素养导向的教学提供了新路径，把"学信息科技"与"用信息科技"结合起来，以综合实践的方式发展学生核心素养，增强学生跨学科知识综合应用能力。为更好地增强学生应用信息科技解决问题的能力，信息科技教材就需要依据课程标准的内容要求，按照学生学习和生活经验合理安排跨学科主题活动，加强知识间的内在关联，促进学生结构化知识的建构。

一、跨学科主题学习及其特点

　　跨学科主题学习主要是以某一研究问题为核心，以某一学科课程内容为主干，运用并整合其他学科的相关知识和方法，开展综合学习活动的过程。[①] 通过学科内容的整合和情境创设，培养学生具备跨学科学习的意识，增强他们综合运用多学科知识创造性解决问题的能力。

　　跨学科主题学习是聚焦一个源自现实世界的有意义问题，将问题转化为探究主题，运用两种或两种以上学科的观念和知识对主题持续探究，形成观念物化的产品，由此发展跨学科理解及核心素养的课程。[②] 依据学科整合的程度和探究过程中的特点，可以将跨学科学习分为三类，即在保留学科界限的同时用多个学科的视角、观念和方法探究一个问题或主题的"多学科学习"，模糊学科界限融合多种学科探究问题或主题的"跨学科学习"，和将所有学科在围绕共同的超学科主题的探究过程中融合起来的"超学科学习"。跨学科学习的宗旨是在坚持学科

---

① 孟璨.跨学科主题学习的何为与可为[J].基础教育课程，2022(11)：4—9.
② 张华.跨学科学习的本质内涵与实施路径[J].教育家，2022(24)：8—10.

立场上实现两种及两种以上的学科融合,让学生学会用多学科的知识、思维方法和手段解决单一学科难以解决的问题。从跨学科学习的特征可以看出,突出了主题活动的重要性。学习过程中的探究主题由现实世界的有意义问题转化而来,引导学生进行真实情境下的问题解决。跨学科学习和实施中的"主题"并不是组织无逻辑、无系统的活动,而是需要围绕着所需完成的核心任务展开,从而使多学科的方法运用到真实具体的主题和问题中去。主题活动的统筹功能,意味着跨学科学习并不是去了解分散无序的知识概念,而是要通过对主题或问题的探究培养学生跨学科素养和综合素质。

跨学科主题学习通常是在各门课程中开展的,而不是专门设立的独立于学科课程之外的活动,基于分科课程又超越了单一的分科课程。开展跨学科主题学习活动,不意味着要脱离学科本身或忽略单一学科内容,而是建立在单一学科基础之上的多学科内容的综合。有了学科的扎实基础,才能综合运用多学科的概念方法。只有充分掌握了分科课程的知识概念和思维方法,在跨学科主题学习中面对真实问题和主题时才能有基础、有能力、有手段。此外,跨学科主题学习又体现着学科的综合化,跳出了原本单一学科的内容结构,进行学科间知识观念、思维方法、技能手段的整合。综合化不能简单地理解为要将不同学科的知识机械盲目地拼凑在一起,而是要寻求学科间的逻辑,从探究主题和解决问题出发和落实,在实践中有效融合和运用多学科的知识。

跨学科主题学习强调围绕真实情境下的主题开展活动。学习过程中的各个环节,包括教学目标、内容、资源、评价等都是从主题出发,以主题活动进行统筹。主题由有意义的问题转化而来,关注现实的社会情境和真实的生活经验,与学生的周围生活和学习息息相关。真实情境下的问题一般都是要分析多种影响因素下复杂性的问题,而且是仅仅依靠单一学科的知识无法解决的问题,而学生经常遇到的问题往往又是此类问题。因此,学习不能局限于书本和机械地做试题,要着眼于身边实际生活场景和社会领域的有意义问题,尝试利用多学科的知识手段解决真实问题。这种解决真实问题的经验或思维从何而来,关键就要抓住跨学科学习中的主题。

学生是跨学科主题学习的主体,真实有效学习的发生最终要落实于学生的活动,跨学科主题学习的实施就是为了增强学生综合运用知识技能解决问题的能力。通过跨学科主题学习活动,学生能够从与社会生活真实情境相关的主题中激发动机和兴趣,面对复杂的实际问题,主动利用学科思维进行思考并综合运用多学科知识解决问题,从而体会到跨学科的综合性和学科之间的关联性,体验利用所学知识技能解决真实问题的步骤,提升获得感,进而得到跨学科素养和综合素质的发展。

二、教材中融入跨学科主题的意义

近年来,科学技术的发展呈现出高度综合化的趋势,使得学科与学科之间的边界不断模糊和淡化,学科间彼此渗入的现象逐渐凸显。[①] 而现实问题也越来越复杂多样,社会各领域关键问题的解决,更需要跨越学科界限的知识以构建合理的问题解决机制。可以说,跨学科主题学习已成为教育发展的方向和趋势。在教材中融入跨学科主题学习活动,有助于加强学科间相互关联,强化实践性要求,同时强化课程的协同育人功能。具体来说,教材中设计跨学科主题的意义体现在加强学科知识整合、培养学生综合素质、带动课程综合化实施三个方面。

教材中融入跨学科主题有利于打破学科壁垒,加强学科知识整合。受现代学校运行模式的影响,分学科的教学模式在短时期内难以改变。分科的课程设置能够帮助学生系统性地掌握学科的基本知识和基本技能,构建学科知识的认知结构和逻辑体系,为知识的运用打下基础。然而,学科间的界限也容易造成知识的割裂和重复,导致知识与真实问题和现实世界之间的隔阂,单一的学科知识难以解决真实情境下的复杂问题。因此,需要综合性、实践化的跨学科主题学习活动来解决分科教学过程中的困境。教材中跨学科主题设计强调整合两种或两种以上的学科知识和方法开展主题学习,从而加强学科之间的融合,引导学生将不同学科的知识和方法综合运用于解决真实问题中,增强学生解决问题的综合能力。知识整合的方式能够在一定程度上减轻因学科之间的隔阂给学生带来的困惑,增加学生的学习兴趣和学习参与度,达到更优的教学效果。

教材中融入跨学科主题有利于回归学生学习与生活中的真实问题,培养学生综合素质。通常文本中的学科知识是静态的,是从真实情境抽象出的概念或原理。但是现实世界却是复杂多变的。如果教师仅仅机械地、灌输式地将知识教给学生,学生仅仅学习了相关的知识内容,而不会用学科的知识和思维方法解决问题、认识世界,脱离了真实生活和现实世界,就不是真正地掌握了知识。教

---

① 董艳,孙巍,徐唱. 信息技术融合下的跨学科学习研究[J]. 电化教育研究,2019,40(11):70—77.

材研制过程中,通过跨学科主题活动强调真实问题解决,鼓励学生利用多学科的知识和"学科内容,尤其是学科核心知识和思想方法为主干,运用和整合其他学科的相关知识和方法,围绕一个中心主题、任务、项目或问题,开展综合性学习活动"①,从而发展学生的跨学科素养和综合素质,培养全面发展的人。跨学科主题学习与学生的现实社会生活场景和实际生活经验结合,引导学生解决生活中的问题,从而主动获取解决现实问题的学科知识和方法技能,为解决问题而学习知识,将所学学科知识与技能应用于生活中,增强获得感和成就感,提升综合素质。例如,教材中"在线数字气象站"跨学科主题活动,学生需要应用传感设备采集气象数据、物联网传输处理数据等信息科技学科知识,也需要应用温度、湿度、降水、选址和外观设计等地理、物理学科的知识,通过跨学科知识的应用完成搭建在线数字气象站的探究任务,将跨学科知识与社会情境结合,解决真实生活问题。

教材内容中融入跨学科主题学习可带动课程综合化实施,助力于学生数字素养与技能的提升。《义务教育课程方案(2022年版)》要求各门课程用不少于10%的课时设计跨学科主题学习②,这就要求各个学科在实际教学中都需要考虑与其他学科之间的知识关联,综合考虑本学科在整体课程体系中的角色和价值,在实践教学中体现与其他学科知识的整合,推动课程综合化实施。教材设计通过跨学科主题活动加强了学生学习过程的实践性与综合性,强调课程内容与学生经验、社会生活的联系,在实践活动中运用的知识不再受限于单一的学科知识,而是需要多学科知识的综合应用,从而培养学生综合运用知识解决问题的能力,助力学生数字素养与技能的提升,强化课程的协同育人功能。

三、教材内设计跨学科主题的原则

开展跨学科主题学习是落实义务教育课程方案、发展学生综合素质的重要手段,但是如何依据课程标准和学生学习生活经验在教材中合理设计跨学科主题学习活动,仍是值得探索的问题。遵循跨学科主题学习的特点及其实践意义,在教材中设计跨学科主题活动需要遵循以下几项基本原则。

---

① 吴刚平.跨学科主题学习的意义与设计思路[J].课程·教材·教法,2022,42(9):53—55.
② 中华人民共和国教育部.义务教育课程方案(2022年版)[M].北京:北京师范大学出版社,2022.

1. 注重学科本质,加强学科知识融合。跨学科主题学习要求突破学科界限,加强知识整合,培养运用综合知识解决问题的能力,这就要求活动内容超越学科,但并不是要放弃单一学科的知识内容。各个学科的内容是跨学科主题学习的基础,要重视各个学科在跨学科主题学习中的地位和价值,认识到学科知识技能和思维方法的独特性和关联性,具体实施中要立足学科基础,开展跨学科主题学习活动。教材研制过程中,跨学科主题学习和分科课程的学习不是矛盾的和相互否定的,而是相辅相成和相互渗透的。脱离了各个学科的内容基础,教材中的跨学科主题将成为空中楼阁,沦为浮于表面的拼盘活动,无法开展深层次的综合实践。《义务教育信息科技课程标准》明确提出了数据、算法、网络、信息处理、信息安全、人工智能六条逻辑主线,跨学科主题学习活动的开展依赖于学科的六条逻辑主线,打破各学科知识的隔阂,加强学科间的关联,同时在活动情境和问题解决中推动学生掌握各学科知识、技能和方法,进而提升学生的综合素质。例如在"人工智能预测出行"活动中,就需要学生采用多种手段收集不同类别的影响因素数据,建构多维度的数据集,并运用人工智能的方式对同伴出行的交通工具进行预测,体现出信息科技学科知识与数学、物理等学科知识的综合应用。因此,教材跨学科主题研制过程中,在依赖各学科知识概念开展跨学科主题学习活动时,要注意各学科的课程标准和教学内容,警惕过于专业化和过于娱乐化的两极误区。

2. 聚焦主题引领,强调在活动中学习。主题活动是跨学科学习的载体,主题活动的设计是跨学科主题学习的关键。跨学科主题学习活动突破了分科教学的学科界限,需要中心主题来引领活动过程中的教学目标、教学内容、教学资源、教学方式和教学评价等环节。教师在实践中要以课程核心概念为基础,提取若干大概念和主题,并以大概念为核心,实现不同学科内容的结构化,从而完成跨学科主题学习活动的设计。① 因此,教材中跨学科主题设计就需要聚焦学科核心素养,关注各学科间知识的联系,结合学校和地域的实际情况,依托真实生活情境中的现实问题,确定符合学生认知能力和引起学生兴趣的主题活动。例如,《义务教育信息科技课程标准》中的"向世界介绍我的学校""在线数字气象站""无人机互联表演""未来智能场景畅想"等学习主题活动,可以为教师设计学习主题提供一定的参考和指导。

---

① 任学宝,王小平.背景·意义·策略:把握跨学科主题学习活动的重要维度——关于义务教育课程标准(2022年版)中跨学科主题学习活动的解读[J].福建教育,2022(27):29—32.

3. 凸显综合实践,注重动手动脑相结合。跨学科主题学习强调综合运用多学科知识解决真实问题,课程内容要与学生经验、社会生活加强联系,课程与生产劳动、社会实践相结合,充分发挥实践的独特育人功能。跨学科主题就要落实在实践中,引导学生在真实情境中学会解决问题的知识,掌握解决问题的方法技能,发展跨学科核心素养。在教学实践中基于主题或任务设计开展活动,让学生亲身参与、动手实践,动脑思考,注重动手动脑相结合,而不是采用传统讲授法进行单向的知识传递。因此,教材中跨学科主题设计要从现实生活中的真实情境出发开展实践活动,培养学生综合运用多学科知识技能和思维方法解决现实情境中复杂问题的能力。例如,在开展"人工智能预测出行"跨学科主题学习活动中,引导学生发现生活出行中的多样化问题,从学生感兴趣的问题出发设计活动,综合运用信息科技、数学、物理等学科知识解决生活中真实的问题,贴近学生的实际生活。

4. 指向核心素养,凸显课程育人价值。学校教育就是要使学生成长为有理想、有本领、有担当,德智体美劳全面发展的人。跨学科主题学习活动重视培养学生各学科的核心素养,发展学生的综合素质。在真实情境中开展跨学科主题活动,可以参照各学科的课程标准,以核心素养为导向明确教学目标。在活动中通过主题或任务设计引导学生发现问题、提出问题,综合利用多学科的知识和思维方法分析问题,学习、理解相应学科知识和原理,尝试用所掌握的原理解释相关现象,解决相关问题,在真实情境中发展学生核心素养。因此,教材中跨学科主题设计与实施,就要指向相关学科所要发展的学生核心素养,以主题活动、自主探究、小组合作等方式实现课程的育人价值。

第二节　信息科技的跨学科主题设计

信息科技跨学科主题学习强调以学生核心素养发展为导向,通过真实问题、真实任务引导学生运用多学科思维、方法和工具解决问题、完成任务,实现学科与生活情境的融合、不同学科知识的融合,体现学校课程回归学生数字化生活和学习的意义,其本身就反映出主题式、大概念、体验性和综合化的特征。[①] 因此,

---

① 熊璋. 义务教育信息科技课程建设的思考[J]. 中国信息技术教育,2022(11):5—6.

信息科技教材中跨学科主题设计就要建立在与学生生活、学习经验相关的数字化场景问题中，围绕着跨学科学习问题链和跨学科内容结构着手建构，其设计过程主要包括跨学科主题选择、主题活动分析、主题活动的组织和跨学科主题活动的呈现等环节。

一、信息科技跨学科主题选择

信息科技跨学科主题学习需要使教学活动聚焦学科学习的关键技能，整合跨学科资源，多科集中发力，使学生经历真实的解决问题体验，加深对知识的理解。[①] 遴选并确定一个好的主题，是开展和落实跨学科主题教学活动的前提和基础，学生在主题活动过程中，对问题进行抽象建模、方案设计、实践应用以及迭代完善等步骤的深度参与，理解和应用学科知识和学科思想方法，促进核心素养发展。[②] 信息科技教材中跨学科主题设计就需要综合考虑学生认知经验、社会环境以及课程标准等维度，总结遴选作为载体的跨学科主题，其选取方式需要结合以下几方面。

（1）贴近学生的学习与生活实际。跨学科主题教学活动强调与学生实际生活相联系，真实性情境能激活学生已有的学习与生活经验[③]，不同群体的学生的认知经验有所不同，在信息科技课程标准中，根据学生提供了不同年龄段的跨学科主题活动案例，一、二年级的跨学科主题注重数字设备体验，越到高年级其跨学科主题学习案例越综合，所以针对不同的学生群体应选用与之相适应的主题活动。在开展跨学科主题教学前，教师需要对学生进行学习基础分析，了解学生相关知识储备、认知发展规律等。例如，针对九年级学生，依据他们对互联网、物联网以及人工智能的认知，可以围绕信息科技课程标准开展"在线数字气象站"跨学科主题教学活动，而针对刚接触互联网、对互联网的使用还不够熟悉的七年级学生，可以围绕《义务教育信息科技课程标准》第四学段"互联网应用与创新"模块，开设"我是家乡宣传大使"跨学科主题教学活动。

（2）结合学校与地方特色。跨学科主题教学强调与社会生活紧密联系，不同

---

① 周素娟. 跨学科主题学习的逻辑理路与教学实践[J]. 基础教育课程，2022(22)：4—11.
② 刘月霞，郭华. 深度学习：走向核心素养（理论普及读本）[M]. 北京：教育科学出版社，2018.
③ 李锋，兰希馨，李正福，李素琛. 单元视角下的信息科技跨学科主题学习设计与实践[J]. 中国电化教育，2023(3)：90—95,119.

地区的经济发展与文化习俗不同,不同学校之间的教学特色也有所不同,因此,在开展跨学科主题教学时可以结合学校与地方特色。教师在开展主题活动前可以依据不同地区的特色进行调研,可以结合文化习俗、地理环境或者是学校的办学特色等方面开展跨学科主题学习。例如,结合学校特色,在"向世界介绍我的学校"跨学科主题案例中,从学校生态环境、特色活动等方面入手,制作数字作品,向世界介绍自己的学校。

（3）立足课程标准选取跨学科主题。课程标注是课程教学的立足点,它不仅给出了每个课程模块的学习要求,也给出了相应的教学建议和支持。教师通过解析和理解信息科技学科与其他学科课程标准,可以更有针对性地寻找学科内容交叉点,例如"数据"作为信息科技课程标准中的一条逻辑主线,依据课程标准的学习要求可以细化为"数据收集""数据分析""数据呈现",数学学科中细分为"数据分类""数据收集""整理与表达"。通过数据处理的技能、方法和工具等内容,寻找跨学科内容之间的交叉点,进而确定应用数据处理解决其他学科学习问题的跨学科主题。此外,也可参考课程标准中提供的跨学科主题,选择与教材设计相适应的主题并将此融入教材研制中。例如,《义务教育信息科技课程标准》以核心素养为导向按照课程逻辑主线设计了"数字设备体验""数据编码探秘""小型系统模拟"和"互联智能设计"[①]等主题。

二、信息科技跨学科主题活动分析

学科大概念体现学科的特质和思想方法,具有相对稳定性、共识性和统领性的特征,包括学科知识逻辑范畴和学科综合应用方法。[②] 在课程内容组织方面,大概念是衔接学科内知识和学科间知识联系的桥梁。在信息科技跨学科主题教学活动中,为增强学生综合运用多学科知识解决问题的能力,可以依托大概念系统地组织学科零散的知识,以结构化方式"锚定"主题教学的知识框架[③],具体表

---

① 中华人民共和国教育部. 义务教育信息科技课程标准（2022 年版）[M]. 北京:北京师范大学出版社,2022.

② 邵朝友,崔允漷. 指向核心素养的教学方案设计:大观念的视角[J]. 全球教育展望,2017,46(6):11—19.

③ 李锋,程亮,王吉庆. 面向学科核心素养的信息技术单元设计与实现[J]. 课程·教材·教法,2021(10):114—119.

现为以下三个阶段。

（1）依据学生认知规律划分概念。《义务教育信息科技课程标准》依据学生的认知规律，科学安排各学段教学内容。小学低年级注重生活体验；小学中高年级初步学习基本概念和基本原理，并体验其应用；初中阶段深化原理认识，探索利用信息科技手段解决问题的过程和方法。[①]《义务教育信息科技课程标准》围绕核心素养，结合学生认知发展规律梳理出六条逻辑主线。跨学科学习主题设计过程中，可针对六条逻辑主线分析与之相适的其他学科的学习概念，明确主题活动中的核心概念，建立概念之间的联系。例如，在"我是家乡宣传大使"跨学科主题案例中，依据主题与课程标准，结合认知发展规律，在信息科技学科课程"网络"与地理学科课程"地理环境"等大概念之间建立联系。

（2）依据知识逻辑构建学科概念体系。学科大概念是在学科知识基础上进行提炼形成的具有统摄性的核心概念。以大概念为统摄，构建具有逻辑内聚力的知识层级结构[②]，细分为更加具体的重要概念，概念之间的相互支撑构成稳定的知识结构。跨学科概念结构化层次关系把信息科技与其他学科知识组织起来，建立稳定的知识层次结构，为学生在跨学科主题活动中不断完善与丰富个人认知结构提供支持。例如，在"我是家乡宣传大使"跨学科主题案例中，信息科技课程中"网络"这一概念可细化为"网络搜索""网页及其创作""数字化成果展示""万物互联的途径"等知识结构，其中"网络搜索"又可进一步细化为"网络搜索方法""网络搜索工具"等下位知识内容，地理学科中的"地理环境"这一大概念可以细分为"地形""气候"等下位概念。

（3）依据学习需求组织跨学科结构化内容。信息科技课程跨学科主题学习活动，是以信息科技课程内容为核心，针对主题活动需要将其他学科整合和融入跨学科主题活动中。因此，在跨学科主题学习活动设计中，需要依据学生活动需求合理融入其他学科知识和技能。相较于学科学习，跨学科主题学习对教师的课程内容整合提出更高的要求，需要教师依据教学目标与主题梳理信息科技概念与其他学科概念之间的关系，形成基于大概念的跨学科结构化内容，结合学生学习需求及时丰富和完善跨学科结构化内容（如图 5 - 2 - 1 所示）。例如，在"我是家乡宣传大使"跨学科主题案例中，依据课程标准、学生学情分析和主题活动

---

① 李锋. 义务教育信息科技课程"新"在哪[J].中国信息技术教育，2022(11)：9—10.
② 胡玉华. 基于核心素养的学科大概念及其教学策略[J].基础教育课程，2021(12)：13—21.

的需要,形成主题活动各学科核心概念,并将核心概念细化为下位知识内容,分析信息科技、地理等跨学科知识内容之间的关系,形成结构化学习内容,并将其融入跨学科主题学习活动过程中。

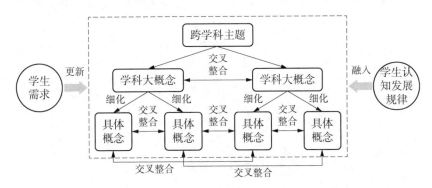

图 5 - 2 - 1 基于核心概念的跨学科结构化内容

三、信息科技跨学科主题活动的组织

学生核心素养是学生在任务探索过程中逐步养成的。[①] 跨学科主题学习是引导学生参与到问题解决中,经历发现问题、解决问题、建构知识、运用知识的过程,体会应用信息科技及其他学科方法综合解决问题的策略,以此加强信息科技学科与其他学科知识的综合应用。[②] 此外,《义务教育信息科技课程标准》强调发展学生计算思维,引导学生在学习活动过程中逐步具备抽象分析问题、设计算法、形成方案、迭代尝试的能力。因此,信息科技教材中的跨学科主题活动的设计要注重实践,结合学生认知经验与实际生活,凸显学生学习的主体地位,为学生开展跨学科主题学习提供支架。

(1) 以"问题链"引导学生深入跨学科主题活动。学生核心素养是在真实情境中借助问题解决和通过学生对问题产生的认知冲突得以不断提升的。"问题"是课堂教学的引发点,明确主题教学活动中的关键问题可以教学活动设计的随

---

① 李锋,兰希馨,李正福,李素琛. 单元视角下的信息科技跨学科主题学习设计与实践[J]. 中国电化教育,2023(3):90—95,119.

② 中华人民共和国教育部. 义务教育课程方案(2022 年版)[M]. 北京:北京师范大学出版社,2022.

意性。信息科技跨学科主题教学的核心问题是围绕信息科技学科大概念,结合学生认知规律与社会生活问题而生成的(如图5-2-2所示),根据核心问题进一步细化为具体问题,分析核心问题解决的前后顺序与具体问题之间的依附关系,建立跨学科主题教学中需要解决的"问题链",确定主题活动过程的基本框架。

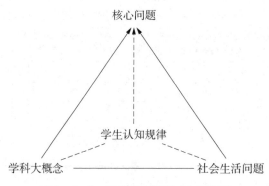

图5-2-2　跨学科主题活动问题设计

例如,在"我是家乡宣传大使"跨学科主题案例中,从信息科技课程标准设计的"互联网应用与创新"模块出发,通过课前调查了解学生认知发展规律和学习基础,围绕大概念确定"如何向世界介绍我的家乡"核心问题,并形成"从'我'的视角看家乡是怎样的""主题活动者想要跟大家分享家乡的哪方面内容""如何制作具有创意的家乡宣传数字作品"等问题链。

(2)以"任务群"激发学生参与主题活动的内驱力。"任务"具有真实性、综合性以及关联性等特征。活动任务的开展是为了更好地解决真实问题,需要综合运用多种知识、能力和经验,每个环节有机关联,共同指向一个学习目标。[1] 问题链为主题活动的开展搭建了基本框架,但要具体落实到学生学习,还需要明确每个环节中学生需要完成的任务。在明确所需要解决关键问题的基础上,针对每一个问题细化为任务群,引导学生以完成任务的方式综合运用跨学科知识和技能增强解决问题的能力(如图5-2-3所示)。在活动任务设置时,既要关注学生的认知规律和学习基础,从简单任务到复杂任务逐步进阶,同时也要注重任务间的关联,从子任务到整体任务逐步进行整合。

---

① 郑桂华.寻找课程建设引领与现实问题解决的结合点——《义务教育语文课程标准(2022年版)》课程理念浅谈[J].语文建设,2022(9):4—8.

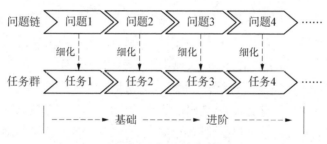

图 5-2-3　跨学科主题任务群的安排过程

　　例如,学生在"在线数字气象站"主题学习过程中,针对关键问题需要完成的任务可进一步细化为:查找气象站的相关资料,了解在线气象数据来源;分析在线气象站的工作原理;搭建在线校园数字气象站;尝试使用气象站收集数据;根据数据改进气象站;发布气象站数据分析结果,并进行交流。学生在学习过程中,通过分析气象站的数据来源及原理,初步搭建校园气象站,并尝试迭代和优化,最终形成作品。引导学生在开展这些任务的过程中,使得计算思维、数字化学习与创新以及应用跨学科知识综合解决问题的水平可以提升。

　　(3) 创造数字化学习环境。学生成为跨学科主题学习主体的重要标志是能够自主操作特定的对象,并能从中获得发展[①],教师为学生提供既能自主探究,又能展开协作交流的教学材料。信息科技课程学科特征决定其跨学科主题活动与数字化环境紧密联系,在跨学科主题学习活动中依据学生活动需求提供数字化资源与工具,使得学生能高效地完成主题活动任务。例如,在"我是家乡宣传大使"跨学科主题案例中,可为学生提供在线博物馆、家乡旅游网站、政府数据平台等数字化资源,安排数据加工和处理的网络教室、配备移动应用设备,引导学生应用数字化设备和跨学科知识获取、分析和加工数据,按照任务需求创建和发布作品,推动"做中学""用中学"和"创中学"的开展。

四、信息科技跨学科主题活动的呈现

　　将跨学科主题活动融入信息科技教材中,加强了信息科技与其他学科知识之间的相互关联,促进了学生整体性学习,有助于发挥学生应用所学知识解决问

---

① 刘月霞,郭华.深度学习:走向核心素养(理论普及读本)[M].北京:教育科学出版社,2018.

题的综合能力。从内容结构来看,信息科技教材研制中,设计跨学科学习主题方案主要包括跨学科主题说明、跨学科主题学习目标、跨学科主题活动过程、跨学科主题学习评价、跨学科主题活动实施建议与跨学科主题学习资源准备等内容。

1. 跨学科主题说明。跨学科主题说明是对该跨学科主题和活动开展的简洁描述。主要从跨学科核心素养、结构化学习内容、学生学习基础和认知经验等方面阐释跨学科单元主题设计的理据和实施意义,描述跨学科主题活动情境,明确跨学科主题学习过程与方法,提出跨学科主题学习过程中需要解决的问题和完成的任务。

2. 跨学科主题学习目标。跨学科主题学习目标既是对多学科核心素养的进一步细化和综合,也是课时学习目标的上位指导。信息科技跨学科主题学习目标的界定,一方面要依据信息科技学科培养学生的核心素养的要求,将跨学科主题学习后学生对信息科技"所知、所能和所成"的内容融合为一体化进行表述,例如,"在线数字气象站"单元目标的"通过搜集气象站获取测量数据手段的资料,了解数字气象站中常用的数字设备(所知),搭建小型数字气象站数据采集装置,动态积累数据并进行数据分析和预测(所能),领悟数字设备在气象观察中的优势(所成)"。另一方面,也要将主题任务活动中所需学习和应用的其他学科知识与技能、过程与方法、情感态度价值观融入主题活动中。

3. 跨学科主题活动过程。跨学科主题活动是实现跨学科学习目标的实现过程与路径,直接指向跨学科主题活动中"如何实现跨学科主题学习目标"的问题,为每课时的开展提供了活动任务和学习要求。主要表现在跨学科学习任务的安排和学习过程的设计。在跨学科主题学习任务上,依跨学科主题学习目标确定主题学习中的关键问题,分析问题间的逻辑关系并形成"问题链",针对"问题链"细化为子任务,建立"任务群",明确学生在开展各项任务时所需完成的"方案设计、记录文档、数据可视化"等过程性作品,形成活动作品集;在跨学科主题学习过程中,将任务群纳入学习环节和活动流程,在规定时间范围内依序推进,通过概念图、活动支架、内容表格等方式建立课时之间的联系,形成跨学科主题活动的课时地图,帮助学生理解跨学科主题活动过程中课时之间的衔接顺序,明确跨学科主题活动过程。

4. 跨学科主题学习评价。跨学科主题学习评价,是以多课时作为评价时段,对学生学习进展和发展水平进行的伴随式评价,它不只是评测学生学习结果,也关注学生学习过程,评价是促进学生跨学科主题学习的一项策略。信息科技教材跨学科主题设计时，将评价任务嵌入学习过程中，以表现性评价诊断学生学习目标的达成度。评价内容针对不同主题任务要求，可设计形式多样的表现性评价任务，既可包括电子作品创作、跨学科仿真实验、数字化系统搭建等实践类作品，也可包括跨学科数据分析、现象解释、实验报告等学科方法综合应用研究成果。评价实施可利用信息科技实时跟踪、快速存储的技术优势，通过电子档案袋、学习系统等平台记录学生过程性学习数据，以此收集和记录学生在跨学科主题学习中真实表现的数据，根据对学生学习表现和个体差异分析反馈评价结果，引导学生针对学习问题改进学习方法，调整与优化学习过程。

5. 跨学科主题活动实施建议与学习资源准备。从活动任务及实现过程来看，跨学科主题学习活动是一种情境性的任务实施过程，它需要有"活动预案"，但不可能是"按图索骥"，为促进信息科技教材中跨学科主题的实施，设计方案中还需要根据主题活动情境和关键问题给出主题活动建议和活动中的注意事项，给出跨学科主题活动开展所需学习资源的列表和获取方式，指导和支持学生开展跨学科主题活动，达成预期学习目标。

第三节 信息科技教材中跨学科主题实现：案例分析

《义务教育信息科技课程标准》七至九年级跨学科主题学习内容强调：通过跨学科主题活动"学生可以综合运用不同媒介和社交媒体的表现方式，研究与对比不同数字化表现方式的功能和价值，通过编写学校互联网百科词条、创作学校相册、拍摄学校创意短视频、创建运维学校社交媒体、发布学校网页等多种方式介绍自己的学校；也可以结合时代发展分享对学校的未来规划与设计"[①]。按照课程标准的跨学科主题学习要求，结合七年级学生学习基础，信息科技教材选定"我是家乡宣传大使"作为跨学科学习主题，以设计制作家乡宣传数字作品为主线，引导学生综合运用信息科技、地理、历史以及语文等学科知识完成任务，增强解决问题的能力。

---

① 中华人民共和国教育部. 义务教育信息科技课程标准（2022 年版）[M]. 北京：北京师范大学出版社，2022.

一、跨学科主题学习目标界定

分析《义务教育课程方案(2022年版)》和《义务教育地理课程标准(2022年版)》可看出,七年级是学生学习地理课程的起始年级。通过地理课程学习,学生可以了解到不同地方的气候环境、经济状况、风土人情、地方文化等。随着社会经济发展,人们开始注重精神世界的建设,旅游成为很多人放松的主要方式之一,制作旅行攻略成为旅行前的一项重要工作,由于不同地方的地理环境、地方风俗不同,最佳的旅游时间也不同,游客在安排旅游行程时往往会花费大量时间和精力搜集资料。为吸引游客,帮助游客了解景点,不少旅游景区在社交媒体上发布地方特色宣传片,向游客展示地方特色魅力。作为本地人,家乡是自己日常生活的地方,通过该主题引导学生通过互联网寻找自己家乡的资料,通过创作和发布数字作品让世界了解自己的家乡,也向其他外来游客介绍自己的家乡,吸引游客旅游观光,促进当地旅游产业发展。

1. 解析课程标准

在"我是家乡宣传大使"跨学科主题案例中,以信息科技课程为主导,融入地理、历史与语文等学科,从跨学科核心素养、学科综合目标,以及学业质量等部分对所有学科课程标准进行解析,整理出信息科技和其他学科课程标准与该主题相关的内容要求(如表5-3-1所示)。该主题综合了信息科技、地理、历史和语文四个学科的内容要求,要求学生综合四个学科的知识与技能,灵活运用所掌握的知识,完成跨学科任务。

表5-3-1 课程标准解析

学科	课 程 标 准
信息科技	能够根据学习和交流的需要,使用互联网搜索、遴选、管理并贡献有价值的数据和资源,能够创建具有特色的作品; 了解常用互联网应用中数据的构成,能够使用适当的数字化工具对网页进行编辑和发布; 在"互联网+"情境中,体验在线学习、生活和交流的新模式,合理应用互联网提高学习与生活质量。
地理	能够运用电子地图及其他地理工具,从不同媒体及生活体验中获取并运用有关家乡地理的信息资料,描述与说明家乡基本的地理面貌,表达对家乡的热爱。

学科	课　程　标　准
历史	在探寻身边历史的过程中,能够尝试运用教学活动中查找的史料对重要史事进行说明,有理有据地表达自己的看法,表现出正确的价值判断与人文情怀。
语文	学习跨媒介阅读与运用,体会不同媒介的表达特点,根据需要选用合适的媒介呈现探究结果。

2. 学生学习基础分析

　　学情分析后发现,七年级学生对互联网并不陌生,已经具有初步的网络应用基础知识和上网经验,对互联网上的信息资源能够主动进行分析和判断,同时能够根据需求选择使用搜索引擎检索和获取信息,但是学生对信息的筛选能力还有所欠缺。由此推断学生能够在网络中独立地搜索与自己家乡有关的信息,但信息的筛选与多媒体作品的制作对他们来说还是一个挑战。七年级学生对互联网的了解主要还停留在操作应用的层次,部分学生的兴趣局限于网络交流或网络娱乐,因此,通过主题活动引导学生根据需求分析问题,鼓励学生主动发现互联网中信息的价值与特点,根据自身学习需求,主动选择恰当的平台或工具,完成数字作品的创作与发布。

3. 跨学科主题学习内容分析

　　分析跨学科主题教学案例"我是家乡宣传大使"的活动内容,整体活动设计总共计6课时,该主题活动主要是让学生通过在宣传家乡主题活动过程中,通过互联网认识家乡的地理环境特点与家乡的传统文化、红色文化,最重要的是会选择网络工具与技术宣传家乡。在教学内容方面主要包括信息科技、地理、历史以及语文等学科知识。信息科技教材中"我是家乡宣传大使"的跨学科的内容结构如图5-3-1所示:

4. 跨学科学习目标界定

　　信息科技课程跨学科主题教学目标既要关注学生对信息科技课程知识的掌握,同时需要整合其他学科知识内容。通过对信息科技课程标准以及其他学科课程标准进行分析,依据信息科技"互联网应用与创新"模块与其余学科核心素养、学业质量与教学内容要求,结合学生认知发展规律进行目标界定。教材中"我是家乡宣传大使"跨学科主题学习目标,综合考虑相关学科的学科核心素养、知识与技能,参考信息科技与其他学科课程标准中的内容要求,将跨学科主题学

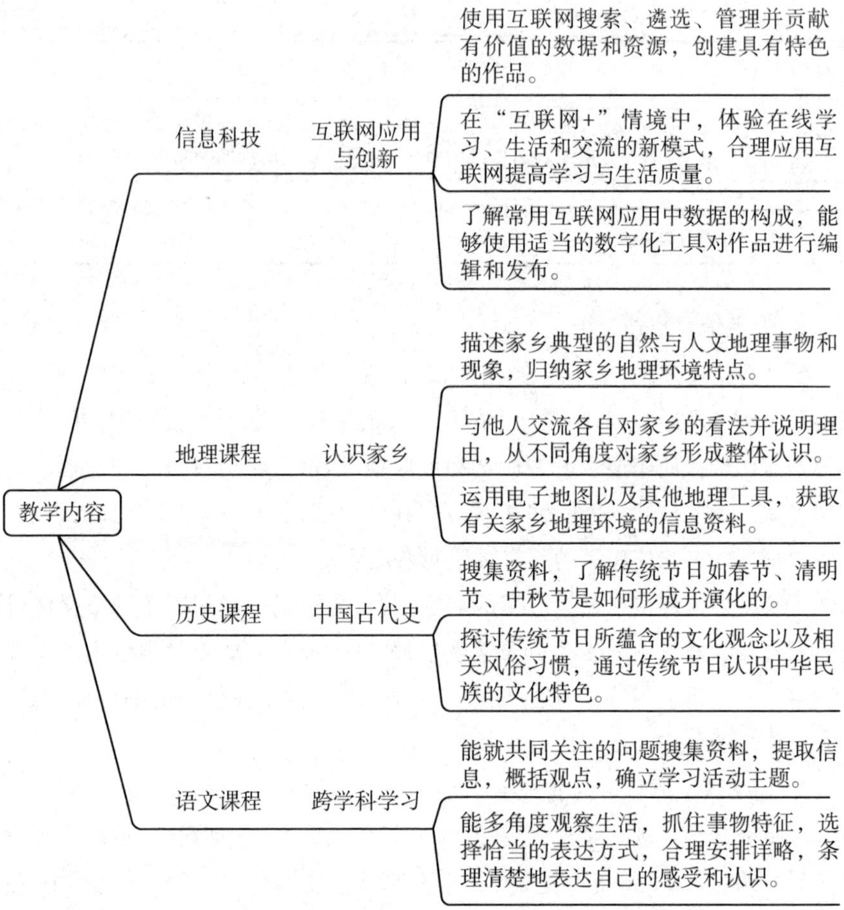

图 5-3-1 "我是家乡宣传大使"跨学科主题内容结构

习目标界定为：

能够根据主题活动任务，设计任务活动方案和步骤，将文档编辑软件的应用方法迁移到在线协同写作编辑软件应用中，结合所学的地理与历史等学科知识对家乡的传统文化、气候等地理环境数据进行筛选与整理，形成对主题活动有价值的素材包，加深对家乡的认识与喜爱之情。（计算思维、区域认知、家国情怀）

综合运用信息科技与其他学科知识，实施活动方案，创建具有特色的作品。能根据个人学习和交流需要，学会利用互联网工具或平台开展协作学习，在作品的合理规划与创作过程中增强合作交流、数字化创作、赏析评价的能力。（数字化学习与创新、审美创造）

通过项目成果发布与分享活动,能根据成果推广的需要,选择合适的互联网平台或工具发布作品。在交流过程中,能归纳概括自己的发现,清晰地分析问题解决的过程,呈现学习成果,进行口头或书面表达。(数字化学习与创新、文化自信)

二、跨学科主题活动设计

在"我是家乡宣传大使"跨学科主题学习目标的引导下,以"向世界介绍我的家乡"为核心问题,形成"从'我'的视角看家乡是怎样的""我想要跟大家分享家乡的哪方面""如何制作家乡宣传数字作品"问题链,依据问题链进一步细化成小任务,形成任务群,跨学科主题学习活动主要围绕选题与规划、素材搜集、作品创作、总结交流四个环节展开,在这四个环节中,学生通过对主题问题进行抽象、分解,设计宣传方案,根据方案利用网络进行信息采集、信息处理等操作,最终形成数字作品,并且在主题活动过程中持续进行反思评价。(如表5-3-2所示)

表5-3-2 "我是家乡宣传大使"跨学科主题学习活动设计

学习环节	任务序列	活动过程	活动成果	课时
确定主题制订方案	任务1	情境引入,学生分析情境中事件及要素,思考情境中问题。	理解主题活动的意图 明确小组分工	课时1
	任务2	讨论交流:你的家乡在哪里?你的家乡有什么?		
	任务3	利用平台与工具,将相同兴趣的人组成一个小组;小组成员共同制订一份包含时间和项目进度及小组成员分工的规划方案。		
需求分析素材采集	任务1	查找资料,了解旅行攻略的相关内容。	确定数字作品制作工具 掌握信息采集与加工、管理的方法	课时2—3
	任务2	讨论交流:介绍家乡哪些方面?需要什么素材?准备采取什么工具或平台制作与发布作品?		
	任务3	学生通过在线搜索,进一步了解关于自己家乡的相关资料;借助在线文档协同整理收集的资料,对资料进行分类管理与保存。		

学习环节	任务序列	活动过程	活动成果	课时
选取工具创造作品	任务1	讨论交流,分析作品所需展示的艺术表现形式,提出作品创意构想,并灵活变通,实现设计稿的创作。	依据作品需求完成数字作品的初步创作	课时4—5
	任务2	学习制作作品的软件或平台使用方法,了解作品制作的流程与要点。		
	任务3	使用软件或平台开发数字作品。		
发布作品交流评价	任务1	研讨交流:通过邀请同学、信息科技与其他学科教师进行项目成果点评分析,根据各方意见修订项目成果。	通过不同途径在互联网上发布作品,完成初创作品点评意见记录表	课时6
	任务2	通过线上线下多种途径发布、传播、推广项目成果,如百度百科词条平台、视频发布平台、社交媒体发布平台等。		
	任务3	作品评价:通过互联网工具或平台进行展示交流,填写成果评价表,完成评价与总结。		

三、跨学科主题课时内容安排

基于跨学科主题活动规划,教材在"我是家乡宣传大使"跨学科主题活动中设计了四个活动环节,其中"确定主题,制订方案"为1课时,"需求分析,素材采集"为2课时,"选取工具,创造作品"为2课时,"发布作品,交流评价"为1课时,根据环节设计六个课时活动内容,以下是教材在第1课时的活动设计——"认识我的家乡"案例。

第1课时　认识我的家乡

本课时是"我是家乡宣传大使"跨学科主题学习的第1课时,学生掌握了本地机上的文字编辑软件的使用方法,但在线协作编辑软件使用的还较少,教材在本课时活动设计中主要引导学生认识主题,引导学生利用在线协作编辑软件展开对家乡的描述,组织学生形成合作学习小组,以小组为单位展开主题活动规划与分工。

活动目标:围绕旅行攻略确定作品主题,开展小组讨论交流,开展作品的需求分析,制定一份包含时间和资源使用情况及小组成员分工的规划。

活动过程:

根据"我是家乡宣传大使"跨学科主题活动规划,教材的活动内容是在 1 课时内完成的,主要起到主题情境导入的作用,吸引学生兴趣,按照任务的形式展开教学,包括三个子任务,根据任务要求引导学生展开主题活动,完成活动任务(如表 5-3-3 所示)。

表 5-3-3 活动任务实施过程

任务 1:理解活动情境,思考情境中的问题		
实践意图	学生活动	教材内容组织
通过情境创设,吸引学生注意力。	1. 向学生呈现主题活动情境; 2. 描述情境中所反映的活动问题?	情境描述:描述与"我是家乡宣传大使"跨学科主题相关的情境,设计应用跨学科知识所需解决的问题。
任务 2:围绕家乡话题展开讨论交流		
实践意图	学生活动	教材内容组织
从生活实际出发,提出问题,引发学生思考,培养学生关注生活的热情,激发学生解决问题的积极性。	1. 学习在线协作编辑软件的使用; 2. 使用在线协作编辑软件回答问题。	研讨交流:你来自哪个城市?你还记得家乡有哪些让你印象深刻、感到骄傲的风景名胜、地方美食、文化习俗…… 总结学生提到比较多的关于家乡的内容。
任务 3:利用平台与工具,组建学习小组;各组制订一份包含时间和项目进度及小组成员分工的规划方案		
实践意图	学生活动	教材内容组织
组建合作学习小组,进行成员分工; 培养学生制订计划的能力; 增强学生按计划执行和专注做事的能力; 增强学生的时间管理能力。	1. 通过软件交流区寻找兴趣相同的小伙伴; 2. 成员之间相互了解; 3. 讨论确定项目目标、组内分工、完成时间、最终成果等相关内容; 4. 确定小组成员具体分工,制定团队规则。	合作学习:引导学生完成小组组建,指导小组同学分析活动主题; 提供项目进度制定的方法和工具,给出相应的建议和支持。

四、跨学科主题案例分析与建议

在"我是家乡宣传大使"跨学科主题案例中,教材中主题活动设计遵循学生认知发展规律,融入信息科技、地理、历史以及语文等学科知识与技能。在跨学科任务开展过程中,各个学科之间关系不是简单的杂糅和拼盘,而是在不同的活动环节中承担不同的作用,体现出跨学科综合的育人价值。因此,教材中跨学科主题设计就需要体现出实践性、整体性和综合性的特征。

其一,教材中跨学科主题设计要将实践学习理念贯穿各环节。首先,在主题选择过程中,主题任务情境的设置为各个学科实践性应用留下空间,支持学生利用跨学科知识解决实际问题。宣传家乡这一活动具有较高的开放性和创造性,为不同学科知识的实践应用预留了可能,也赋予学生发挥创意的空间。其次,主题要支持学生个性化表达,同学们的家乡是一个可以进行个性化表达的题目,引发学生的真情实感,产生情感态度与价值观层面的共鸣,为学生创造性开展活动提供了支持。此外,在这一个核心主题之下,活动过程设置了一系列任务链,引导学生深入思考,并选择恰当的学科知识和呈现方式来展示自己的家乡,帮助学生在主题活动过程中"学知识"和"用知识"。

其二,教材中跨学科主题设计要将整体性学习融入活动各阶段。首先,要注重学科间的整体设计①,找到各个学科之间相互支持和交叉互融的内容,从而研究并设定出一个活动主题。在此框架上设计相关的教学活动,找到学科之间的结合方式。其次,要引发学生经历解决问题的全过程。在"我是家乡宣传大使"跨学科主题活动过程中,学生要经历"分析主题—确定任务,制订方案—设计过程,收集信息—选取工具,创作作品—发布作品,交流评价",应用跨学科知识技能解决问题的全过程。在此过程中,学生不仅是把各学科知识技能融合在一起,更重要的是把各学科解决问题的方法融合在一起,促进学生跨学科核心素养的发展。此外,在主题实施过程中,要避免跨学科主题活动要求学生一步一步跟随式操作或重复练习的误区,应为学生提供设计解决问题方案整体规划和方案验证的机会,促进学生"创中学"的开展。

其三,教材跨学科主题设计要将综合学习融入活动任务中。首先,主题活动

---

① 杨俊杰.跨学科融合式教学:思维广场课程的深化发展[J].教育学术月刊,2022(4):87—92,112.

任务具有较强的综合性。开展主题任务过程中需要用到多学科的知识，引导学生解决真实任务时体验到知识的融会贯通和综合应用。其次，主题活动方法的综合性。主题活动要体现出解决问题方法的综合性，帮助学生有效运用不同的学科方法去解决问题。例如，"我是家乡宣传大使"跨学科主题活动中，将信息科技学科的信息搜索方法、语文学科的文稿写作方法、历史学科的史料整理方法、地理学科的区域比较方法综合起来创作和发布家乡宣传作品。再次，主题活动也要注重与学生经验和社会生活的联系，体现开展活动任务、解决问题所需学科核心素养的综合性。例如，"我是家乡宣传大使"跨学科主题学习目标中，要求学生能够根据主题活动任务，设计任务活动方案和步骤；将文档编辑软件的应用经验迁移到在线协同写作编辑软件应用中，结合所学的地理与历史等学科知识与技能，对家乡的传统文化、气候等地理环境数据和历史材料进行有效的筛选与整理，形成对主题活动有价值的数据素材包，在这个过程中，加深学生对家乡的认识与热爱之情，将信息科技、历史、地理和语文课程中的知识进行了综合。

综上所述，信息科技教材中，跨学科主题设计需要充分考虑学生学习基础与实际情况，依据课程标准中的学习要求，结合学生学习和生活经验确定活动主题，体现出跨学科主题的实践性、整体性和综合性，合理融入自主探究、合作交流等学习活动方式，增强学生应用跨学科知识与技能解决综合问题的能力。

第六章
线上线下融合环境的信息科技教材新形态

　　现代信息科技在教育教学中的广泛应用深刻改变着师生传播和获取教育信息的渠道,创新了教师的"教"和学生的"学"的新模式。依托互联网,学生可以时时、处处开展学习,通过大数据可以精准推送学习资源,借助智能工具可以进行个性化学习指导。因此,在信息科技教材研制过程中,要充分发挥信息科技为教材建设提供的多媒体学习资源、个性化学习内容推送、学习跟踪与学习数据分析等多方面的技术支持,针对学生学习需要将新技术、新工具合理融入教材的内容组织与活动设计中,创生出在线教材、多媒体教材、数字活页教材等教材新形态。

第一节　线上线下融合环境解析与教材研制启示

　　计算机和互联网技术的发展,推动了"现实空间与虚拟空间"的深度融合,形成了线上线下相互交织的数字化学习环境,丰富了学校教育教学方法,为教师的个别化学习指导和学生的自主选择学习提供了技术支持。为满足新时代学生学习需要,"依托网络平台,开发线上线下融合内容,研制新形态教材,实施融合教学",就成为教育教学改革的新特征。

一、两个学习空间的深度融合

　　信息科技的快速发展与应用,创生出一个全新的数字化生存环境,它在改变人们社会行为特征的同时,也转变着人们的认知方式,延伸了人们的活动空间。"互联网＋"教育把以"教室、实验室、图书馆等为代表的真实学习空间"与以"互联网为载体的虚拟学习空间"进行深度融合,形成全新的数字化学习空间。现实与虚拟学习空间的融合,影响着教育要素关系的变化,重构出混合式学习系统。主要表现如下。

　　其一,拓展学习时空。计算机与互联网技术使社会组织的"物理界限"变得更加模糊,促进事物关系的扁平化发展。网络学习平台使得学生突破学习时空限制,为时时可学、处处能学创造了条件。通过网络课堂,学生可以跨班级、跨学校,甚至跨地域开展学习。学生可以根据个人学习需要,设计个性化学习计划,利用网络平台开展远程合作学习。

　　其二,丰富学习资源。传感设备、虚拟现实/增强现实(VR/AR)等技术工具将"传递式学习资源"发展为"体验式学习资源",促进探究式学习开展。在数字化实验室中,学生利用数字化实验设备可以采集实验数据,分析实验数据,感知事物发展规律,在探究活动中学习知识;通过 VR/AR 技术创设出模拟现实的互动学习情境,学生可以体验到日常学习过程中难以进入的活动场景,自主学习与建构知识。[①]

其三,再造学习流程。现实与虚拟学习空间的融合,加速了学生在两个空间的行为转换,推动课堂教学模式的变革,促进混合式教学的开展。例如:教师通过"翻转课堂"方式改变学习者"信息接收"和"吸收内化"过程,引导学生课前以网络微课程方式自主学习,发现学习问题。课堂上教师利用面授学习时间,根据学生网络学习过程中产生的问题进行针对性辅导,促进学生对知识吸与收内化,提高学习质量。[②]

2007 年,萨尔曼·可汗(Salman Khan)成立了非营利性的"可汗学院"网站,他用微视频讲解学科课程内容,解答网友提出的问题。除了视频授课,"可汗学院"还提供网络练习、自我评估及进度跟踪等学习工具。2013 年,"可汗学院"发布了西班牙语版本,随后发布葡萄牙语、法语、土耳其语版本。2015 年,"可汗学院"推出了移动端多终端平台的升级版本。据统计,全世界已有一千万学生在"可汗学院"的网站中学习。正如比尔·盖茨所说,可汗是互联网教育的一个先锋,他借助技术手段,帮助大众获取知识、认清自己的位置,他引领了一场教育革命。

互联网为"可汗学院"的成功奠定了基础。"可汗学院"正是借着互联网对人们生存时空的拓展激起了教育行业革命的浪潮,成为网络教育的生力军。在"可汗学院"教育模式的引领下,一系列"类可汗学院"的网络学校如雨后春笋般在世界各地建立起来,催生出多样的教育模式,推动着学校教育的变革。目前,我们足不出户就可以学到国内外优秀的课程,和国际一流的专家进行沟通交流,网络拓展了我们的学习时空。可见,数字设备和网络技术在教材研制中的应用拓展了教材空间,丰富了教材资源,创新了学习方式,推动传统纸质教材向线上线下融合新形态教材发展。

二、真实学习者与数字学习者的相互塑造

数字化学习环境为学生提供了多样的学习资源,也为实时收集学生网络学

① 刘勉,等.虚拟现实视域下的未来课堂教学模式研究[J].中国电化教育,2018(5):30—37.
② Sara Arnold Garza. The Flipped Classroom Teaching Model and Its Use for Information Literacy Instruction [J]. Communication in Information Literacy, 2014,8(1):7-21.

习数据,客观反映学生学习状况创造了条件。通过学习数据,可以将每位学生同时塑造成一个"数字学习者",即每有一位真实学习者,依据他们网络学习数据就可以塑造出一个"数字学习者"。通过描绘"数字学习者"特征,为真实学习者提供个性化指导,适当调整教学内容。信息技术对两种学习者的相互塑造,为教师的教学设计提供了真实性的依据,促进了教师从"基于经验"教学到"基于数据"教学的转向。其特征主要表现为:

其一,基于网络行为数据进行学习画像。学习者的学习画像是参考学生的个人身份信息、网络交流内容、网络学习行为,以及学习结果评价等方面反映出的学习数据,构建出具有"标识特征"的学生学习模型。通过这些数据,可以描绘出学生个体和学习群体的学习信息全貌,也可根据学习数据的变化实时调整和完善学生学习画像。学习画像作为学习者的"虚拟代表",可以帮助教师和学生准确了解学习状况,聚焦学习问题,分析产生学习问题的原因,将"学生学习为中心"的教育理念落实于教学实践中。

其二,依据学习分析结果设计个性化教学。通过个体数据追踪分析或群体数据比较分析,可以发现学生学习过程中潜在的问题、预测学生学习进展,做出教学决策,为个性化教学设计提供客观、多样的学习证据。例如,网络教学指导过程中,教师依据学习分析的结果,确定学生学习特征和发展需求,制订个性化教学计划,设计或推荐学习资源,帮助学生以适合自己能力水平的学习进度开展学习。

其三,按照学习需求动态调整网络教学。从学生的学习基础与学习风格来看,同学之间总会存在着这样或那样的学习差异,这也就导致了不同学生有不同的学习需求。[①] 学习画像和学习分析技术,较客观地反映出了学习者的这些不同,网络指导教师按照学习需求动态调整网络教学。这些调整主要包括:学习资源调整,根据学生对学习资源掌握程度的数据或进一步补充学习资源或替换不适合的学习资源;指导策略与方法调整,教师针对全体学生学习情况或个别学生学习结果调整网络指导策略,采用不同的教学方法进行补充教学。

大数据技术发展,使得每一位学生一旦登录到网络学习空间,网络教育平台就可以刻画这个学生的学习过程与学习行为,发现学生学习结果与教学目标的差异,预测哪些地方还需要弥补,哪些资源适合这位学生学习,在基于大数据分

---

① Thomas Lehmann. Influence of Student Learning Styles on the Effectiveness of Instructions [DB/OL]. https://files.eric.ed.gov/fulltext/ED542718.pdf, 2019 - 03 - 02.

析的基础上,就可以把学生学习发展成一种精准式的学习,使学习更加智能化。大数据技术应用于教材研制中,加强了教材对学生学习过程追踪、记录、分析的功能,通过学生学习画像,可以向学生推荐与之相适应的学习资源,在共性学习内容的基础上,合理融入个性化学习内容,让每位学生都能根据自己的学习需要获取相应的学习资源,促进个性化学习的开展。

三、真实教师与智能教师协同工作

人工智能作为新一轮社会发展的核心驱动力,赋能社会各领域。从网络教育来看,如果说移动通信将真实学习空间与"虚拟学习空间"结合起来,大数据把真实学习者与"虚拟学习者"结合起来,那么人工智能则把真实教育工作者与"虚拟教育工作者"进行结合,也就是说,当一位学习者面临一位真实教师辅导时,也可能会存在一位"虚拟教师"为学习者提供相应的辅助支持。在教学管理方面,有一位真实的教育管理者,也可能有一位"虚拟教育管理者"。"人工智能 + 教育"改变的已不仅是学习环境与方法,更引发整个教育生态的变革,推动智能化教育的开展。其特征主要表现为:

其一,"双师"教学。在人工智能支持下,真实教师和"虚拟教师"共同支持学生学习。"虚拟教师"在数据收集、学习分析、资源推荐等方面具有优势,可以完成教育工作中重复、单调、规则性事件。真实教师在已有数据分析基础上,集中时间与精力关注学生学习策略和学习方法的设计,促进每一位学生的发展。[①] 在教学过程中,"虚拟教师"可以实时分析每一位学生的学习状况,自动生成学习报告,给出初步教学建议。真实教师在理解教学建议基础上,调整教学计划,提供个性化学习支持。

其二,"双师"评测。利用智能测评工具,真实测评者和"虚拟测评者"可以协同开展网络测评工作。"虚拟测评者"能够自动采集测评数据,依据测评标准客观、准确、高效地开展测评,并能根据学习需要进行个性化反馈。真实测评者根据测评结果进行分析,依据测评证据判断学生的学习问题,给出相应学习建议。例如,在信息科技教材设计的实验评价中,利用图像识别技术,"虚拟测评者"可快速地采集学生的实验操作数据,对实验操作数据进行比对与判断,确定学生实

①　袁振国.人工智能助推教育回归本源[N].文汇报,2018 - 11 - 25(5).

践操作的正确性,给出评判结果。真实测评者可依据测评证据进行综合分析,有针对性地给出实验活动开展的学习建议。

其三,"双师"管理。通过智能化管理技术,真实教育管理者和"虚拟教育管理者"相互协同,形成人机协同的决策模式,分析和判断教育系统运行过程中的潜在问题与发展趋势,优化资源配置,提升教育质量并促进教育公平。在教育资源分配过程中,"虚拟教育管理者"可以持续收集不同学校的教育数据和发展情况,描述出不同学校教学资源应用的差异与相关因素,生成管理报告。真实教育管理者依据"虚拟教育管理者"提供的证据,有针对性地进行教育规划,优化教育资源配置,促进教育公平。

2018年,一家公司生产的超仿真机器人索菲亚(Sophia)在电视节目上与人类自由交流,成为"网红"机器人。随后,有公司聘请索菲亚担任人工智能(AI)教学老师。在网络教学环境中,索菲亚以3D形象与网络学员进行互动,基于数据存储和计算能力,针对特定知识点为学员进行答疑、讲解,扮演人类老师的助教角色。可见,人工智能技术在教材研制中的应用使得教材变得更加智能,在教材中合理嵌入"人工智能教师",不仅创新教材内容传播和互动方式,也加强了教材的教育指导功能,推动智能化教材的发展。

数字化、网络化和智能化的技术,赋予了教材研制与应用的新特征和新方法。数字化使得教材学习资源的存储简易、传输可靠。网络化支持教材学习资源的共享,突破教材时空限制,创设出生动有趣的学习情境。智能化加强了对学习者个性化指导,能及时发现学习者学习过程中的不足,使得教材有针对性地为学生提供学习支持。现实与虚拟两个学习空间深度融合、现实与虚拟两类学习者相互塑造、现实与虚拟教育工作者的协同教学,将进一步推动教材新形态的发展。

第二节 融合环境下新形态信息科技教材研制方法与策略

在数字化全方位赋能教育综合改革背景下,线上线下融合环境下的教材研制不再局限于为师生提供形态多样的学习资源,还需要针对师生需求提供个性化的学习服务,促进学校教育从大规模集体化学习向大规模因材施教转变。数字教材作为融合环境下教材发展的新形态,其开放性、互动性、智能化的功能拓展了纸质教材边界，丰富了学习资源，为师生的教学活动提供了全新的学习环境。但是，受技术应用简单化、教材功能理解不准确、融合方法不科学等因素影响，数字教材研制进程中也遇到了新挑战。

一、新时代数字教材建设中的问题分析

数字教材作为教学内容和教学策略信息的载体，是依据国家课程方案、课程标准要求进行编制和开发，用于服务师生的数字化课程资源。[①] 近年来，学校数字教材建设与实验性应用，体现出多媒体内容、交互式环境、学习过程跟踪等技术优势。但是，数字教材研制和教学实施调研也发现，其中还存在着把数字教材简化为"电子文本"、等同于"多媒体资源库"、异化为"答题教师"等问题。

（一）将数字教材简化为"电子文本"

电子文本数字教材又称页面保真型数字教材（page-fidelity e-textbook），是将传统纸质教材以电子文本方式呈现（例如 PDF 文件），采用静态媒体形态组织学习内容。在学习应用过程中，以复现传统纸质教材阅读模式为主，要求学生通过移动终端和阅读软件对电子文本进行阅读学习，借助软件功能对文本内容进行检索、注释和保存。[②] 电子文本数字教材改变了传统纸质教材内容的媒介承载方式，学生借助移动终端可即时获取学习内容，通过网络实现学习资源快速更新，拓展学生学习时空，一定程度上突显出其学习主体地位，促进学生利用数字教材的自主学习，推动学生从"接受式"学习向自主学习转变。但是，随着"电子文本数字教材"的实践应用，研究结果也发现"相对于纸质教材，静态电子文本降低了学生持续阅读时长，弱化了学生对阅读内容的注意力和思考深度"，导致"浅层次阅读"和"伪学习"问题。[③] 此外，由于使用移动终端，学生需长时间观看电子屏幕，也引发人们关于电子设备对学生视力危害的担忧。

① 沙沙.数字教材的边界问题分析及对策研究[J].课程・教材・教法,2022,42(2):67—72.
② 徐丽芳,邹青.国外中小学数字教材发展与研究综述[J].出版科学,2020,28(5):31—43.
③ Blazer, C. (2013). Literature review: Digital textbooks. Research Services of Miami-Dade County Public Schools. literaturereviewondigitaltextbooks. pdf (dadeschools. net) [2022 - 11 - 9].

（二）将数字教材等同于"多媒体资源库"

该类数字教材发挥了多媒体资源形态多样性和网络技术快速传播信息的功能,为学生提供基于"网络平台＋移动终端"的数字化学习环境。该类数字教材可通过多媒体技术将文字、图像、音频、视频、动画等生动形象的学习资源加入到教学内容中,用于激发学生学习兴趣,融合学生对学习信息的获取通道。梅耶的"双通道信息加工原则"指出,当学习者将听觉信息通道和视觉信息通道的心理表征整合在一起时,才能更好地促进学习者实现意义学习。事实上,教学实践也表明,在数字教材中合理融入多媒体资源可以激发学生学习兴趣,多媒体形象的表达方式有助于学生理解教材内容。此外,数字教材依托网络平台提高了教材内容的开放性和互动性,学生通过数字教材中的"链接与搜索功能"可获取适合自己需要的学习资源,提高学生对学习内容的选择性和与学习同伴的合作性。但是,从教材属性来看,教材除了具有知识传播功能外,还具有教学性特征,即教材所呈现内容本质是学科教学性知识,是把学科知识通过学生可理解的语言、叙事方式、学习活动等进行教学转化而形成的知识。① 因此,教材在内容上并不是原原本本地呈现学科知识体系,而是对学科内容进行教学适宜性改造后的作品。如果将数字教材简化为"多媒体资源库",缺乏以课程与学习视角关联组织教材内容,就容易因资源过载而加重学生学习负担。

（三）将数字教材异化为"答题教师"

随着人工智能技术发展,计算机识别、资源推荐、学习画像等智能技术被越来越多地应用于数字教材中,但是受"考试指挥棒"影响,一些数字教材为解决学生解题困难,借助智能技术向学生提供解题答案,被异化成"答题教师"。例如,有的数字教材添加所谓"智能辅导教师"功能,对学生拍照上传的习题在数据库中检索,为学生直接提供解题方法与答案,并推荐大量相类似练习题,提高学生解题熟练度。这种数字教材将学生学习简单等同于"考出高分",忽视对学生正确价值观、必备品格和关键能力的综合素养培育,尽管其中引入人工智能技术,能针对学生学习过程进行学习分析,基于证据提供个性化学习资源,但是在功能应用中过于强调学生对习题的重复训练,惰化学生思维能力与独立思考意识,违背素养导向的教育理念。可见,数字教材建设过程中如果忽视学生全面发展的

---

① 赵长林.什么是好的教科书设计:一种多学科观点[J].教育导刊,2022(9):33—41.

教育要求,过于强调利用数字化工具追求考试分数,甚至依托智能技术向学生高频度推送训练题,不仅不能发展学生核心素养,还会因为数字技术应用掉入"电子题海"误区。

综上所述,在教育数字化转型大背景下,数字教材建设就需避免教材的电子文档转换、多媒体资源堆积、智能技术机械使用的误区,按照现代教学理论与学科逻辑特征构建教材知识图谱,借助智能技术和机器学习算法预判学生学习现状,形成学生学习者画像,结合学科知识图谱和学习者画像为学生提供结构化、互动性和生成性的学习内容,推动数字教材向智能教材发展。

二、融合环境下新形态信息科技教材基本特征

近年来,国内外一些教育研究机构推进了中小学数字教材的研发,并以自带设备(BYOD)或免费提供方式在学校推广应用。但是,数字教材的应用也存在着"学生浅层次阅读、注意力不集中、影响身心健康"等问题。反思数字教材影响,从学校教育来看,纸质教材与数字教材并不是谁取代谁的问题,而是发挥两者优势,为学生提供适切的学习资源。[①] 牛津、霍德等国际知名教材出版机构在学校信息科技教材研制中,通过线上线下环境将纸质教材与数字教材融合起来,创新教材形态,提高教材智能化学习指导功能。比较已有研究成果,融合环境下新形态信息科技教材发展呈现出:结合线上线下环境,开发"多形态融合、智能化指导、持续性生成"的立体化教材的特征。

线上线下学习内容融合,创新教材形态。 信息科技课程具有技术发展快、内容持续更新的特征,为保证学生能对知识内容进行深度学习,同时又能了解到信息技术新技能、新应用和新资源,一些国际教材采用纸质文本与电子活页相结合方式持续更新,动态调整教材内容。例如,牛津出版社研制的"1—9年级计算"教材在纸质教材中根据学习内容需求设置"资源文件"栏目,该栏目指向在线平台中持续更新的"数字活页"学习内容,包括学生学习活动中所需的数据资源、作品素材资源以及一些新技术、新应用中的补充资源等。

线上线下学习活动融合,促进教材智能化。 信息科技课程包括逻辑性强的

---

① Seomun G A, Lee Y. Potential Adverse Health Outcomes of Digital Textbook Use: Teachers' Perspectives [J]. Research and Theory for Nursing Practice, 2018, 32(1):9 - 22.

原理性知识,也涉及操作性强的应用技能。学习过程中需要深层次的阅读理解,也要有分步骤的技能性操作。为促进学生达成不同类别学习目标,一些教育研究机构将学生纸质内容学习与在线活动相结合,以纸质文本引导学生深度阅读与研讨,通过在线伴随式技术记录、分析学生活动过程,针对学生学习问题,给予个性化、智能化指导。例如,霍德教育集团出版的《计算机科学》教材,通过"动态学习"栏目将纸质教材的学习延伸至在线活动中,在线系统分析学生在线活动的关键环节,针对学生活动过程中存在的问题反馈学习建议,推送个性化学习资源。

线上线下学习空间融合,提高教材生成性。信息科技学习过程也是成果生成的过程,学生在学习过程中可以持续生成学习作品。例如,编程解决问题时生成程序作品、数据处理过程生成调研报告等。为加强学生对学习过程的反思,不断完善学习作品,一些新形态教材将纸质教材内容与个人在线学习空间相结合,拓展学生学习时空,提高教材生成性。例如,DK 出版社出版的《儿童图形编程》教材,通过"在线社区"为学生创设个人在线学习空间,学生学习纸质教材编程基础知识时,也能利用在线空间的编程功能开展实践活动,完成编程作品,生成个人学习作品集。

综上所述,国内外信息科技教材研究沿着"纸质教材向数字教材转型—数字教材应用与反思—多形态教材融合共存"的路径持续发展,从教材形态、研制策略、教学应用等方面开展研究。这为新时代信息科技教材研制提供了有意义的启示。但是,这些研究成果多是从计算机学科知识层面展开的,这与我国当前开展的面向核心素养信息科技教材研究还有较大的差异。因此,借鉴国内外数字教材研究成果,根据我国信息科技课程改革需要,利用线上线下融合环境提高教材的智能化与生成性,还需要深入探讨与研究。

三、融合环境下新形态信息科技教材研制方法

教材作为人类优秀文化的传播载体,其承载形式需要与时俱进。互联网、大数据、人工智能等新技术的发展促进了线上线下深度融合,创生出教材建设的新形态。2020 年 1 月,国家教材委员会印发的《全国大中小学教材建设规划(2019—2022 年)》指出,"教材建设要适应信息技术与教育教学深度融合需要,满足互联网时代学习特性需求"。因此,素养导向的信息科技教材建设要充分发挥

新技术优势,创新教材新形态。其一,"互联网＋信息科技教材",拓展信息科技学习时空。信息科技纸质教材受传统编辑、印制流程的影响,一定程度上其内容更新难以与数字时代新技术、新工具发展同步,导致信息科技教材内容滞后于社会需求,影响了信息科技课程改革,甚至阻碍了学生对信息科技新技术、新工具的学习。近年来,随着移动通信、智能终端等新技术在教育领域中的广泛应用,加速物理学习空间与网络学习空间的深度融合,拓展学习时空,推动了信息科技教育资源多样化发展。因此,在数字化转型的大背景下,信息科技教材建设就应发挥网络环境的超越时空、实时交互、资源共享、个性化应用的优势,根据信息科技教学需要及时更新与拓展信息科技教育资源,为学生提供符合时代发展的信息科技学习内容;针对学生学习需要实现个性化学习资源推送,创建出"时时可学、处处能学、人人皆学"的在线学习环境,支持学生根据个人学习基础、学习需求、学习风格自定步调开展学习,打破封闭式教室或纸质教材的时空限制,推动学生跨时空合作学习的开展。其二,"增强现实(AR)＋信息科技教材",丰富信息科技学习资源。信息科技纸质教材受媒介条件的限制主要是以文字、图片插图、配套光盘视频等方式呈现教材内容,学生主要是通过视觉和听觉获取学习信息。从学习组织方式来看,信息科技纸质教材主要是以"传送—接受"方式组织学生学习,尽管有些纸质信息科技教材增加了配套光盘,体现出"双通道多媒体学习原理",为学生选择信息、组织内容、建构知识创造了条件,但是,信息科技课程标准倡导的"做中学""用中学"和"创中学"的课程理念对教材资源建设提出新挑战。教材资源不应再局限于传统的视听材料,还应通过新的技术环境与方法为学生提供体验、交互式情境性学习资源。AR技术是建立在三维计算机图形学基础之上的人机交互技术,它集交互性和想象性于一体,可以真实或再现真实存在的或虚拟的场景,支持用户的沉浸式交互。AR技术应用于信息科技教材中,可把抽象的科学概念转化为生动的交互场景,学生借助感官体验,从被动地接受纸质书本知识转变为主动探究科技活动,学生在信息科技学习过程中的参与度更高、参与时间更长,让学生感受到"身临其境"的学习体验。其三,"人工智能＋教材",强化信息科技育人功能。信息科技纸质教材通常是在课堂中教师解读下进行教学应用的。但是受教师教学能力和专业水平的影响,教学实施过程中信息科技教材的讲解效果也会产生差异。人工智能作为新一轮社会发展的核心驱动力,其知识图谱、数字画像、个性化推荐等技术推动了教材资源组织与呈现方式的创新。人工智能在信息科技教材建设中融入优质的、数字化教师智慧,可以让教材内容解读不再完全受制于师资水平的差异,嵌入学习者模型,让学习走向个性化,通过个性化推荐给学生提供自适应的学习支持,助力教育公平的有效落实。通过互联网、人工智能等新技术的应用,信息科技数字教材继承了传统教材的教学性、科学性、工具性等特征与属性,也发挥出信息科技动态性、丰富性、交互性等优势,创造出信息科技教材建设的新形态,赋能信息科技教育创新发展。[①]

四、融合环境下新形态信息科技教材推进策略

线上线下融合新形态教材建设是一个系统工程,教材建设中既要避免忽视教材建设内在规律、过于强调技术功能的“教材技术论”,也要克服无视数字化设备的技术优势、一味沿用传统纸质教材的“教材保守主义”。依据现代教学理论、注重实践迭代、采用技术监管等策略,推进数字教材研制与应用。

(一) 以现代教学理论引导新形态教材研制。 学校教材之所以区别于教育媒体材料在于其中渗透了有计划、有步骤的教育活动设计,凸显教材教学性特征。从教材设计来看,不同教育理念都影响着教材结构与内容组织。基于行为主义的教材,强调“小步子程序教学法”,根据学生应答正误做出适当反馈;基于认知主义的教材,重视“学习者能动知识建构”的过程,为学生创设自主探究学习条件;基于建构主义的教材,注重“协同学习”功能,支持学生协同建构知识。从教材应用来看,由于学习者性格和行为习惯的不同,不同学习者也存在学习差异和偏好差异,个性化学习表现出来的行为方式也存在着个性差异。因此,为切合学习者的学习风格、认知基础及其最近发展区,数字教材建设就要依据现代教学理论发挥智能技术优势,预判学生学习特征与内容组织的适应方式,动态组织学习资源,支持学生开展高质量的学习。

(二) 在实践应用中持续优化新形态教材建设。 数字教材区别于传统纸质教材,在于它以“智能终端 + 网络平台 + 智能系统”的方式创新教材形态。从功能效果来看,数字教材依托网络技术拓展学生学习时空,丰富学习资源,为学生时时可学、处处能学创造条件;通过学习大数据分析学生学习状况,为学生个性化学习资源选学提供支持;借助人工智能伴随学生学习,为学生提供有针对性

---

① 张治,刘德建,徐冰冰. 智能型数字教材系统的核心理念和技术实现[J]. 开放教育研究,2021(1):44—54.

的学习指导。从功能实现来看,数字教材遵循信息系统研发规律,从需求分析、模型建设、数字化实现、优化完善等环节进行持续迭代。因此,为达成上述功能,数字教材的研发就需要在教材实践应用中获取师生需求,结合教学理论依据需求开发相应的教育功能,在教学实践中验证功能,通过不断迭代优化数字教材。可见,数字教材建设过程也是实验学校同步应用与逐步完善的过程,要在教学实践中持续优化新形态教材的建设。

（三）借助信息科技手段监管新形态教材研制与应用。教材建设作为国家事权的政策意蕴,我国教材政策以"凡编必审""凡选必审""管建结合"等方式加强教材管理。[1] 数字教材作为新时代教材的一种新形态,势必也要纳入国家教材统一规划和管理体系。但是,因数字教材自身开放性、交互性、媒体类型多样性等因素影响,数字教材的监管面临着新挑战。为推进数字教材建设与应用,就需要依据数字教材标准研发数字教材管理工具,以信息化手段和智能化工具对数字教材内容、学习应用、在线交互、资源生成等方面进行监管,提高数字教材的可管理性,落实国家对教材的管理要求,推动数字教材研究、设计和开发从实验室向教室的推广普及。

学校教育数字化转型,是将数字技术整合到教育领域各个层面,推动教育全方位的创新与变革,形成具有开放性、适应性、柔韧性的教育新生态。[2] 中小学信息科技教材,作为课程实施的重要"抓手",在教育数字化转型大背景下,就要充分利用互联网、大数据、人工智能等新技术创新教材新形态,以融合环境下新形态教材的研制与应用推动学校教育数字化转型,促进学校教育从大规模集体教学向大规模因材施教发展。

第三节　以人工智能技术提升信息科技教材智能水平

人工智能作为新一轮产业变革的核心驱动力,催生出新技术、新产品、新产业、新业态和新模式,深刻改变着人类生产生活方式和思维模式,实现社会生产力的整

---

① 郝志军.教材建设作为国家事权的政策意蕴[J].教育研究,2020(3):22—25.
② 祝智庭,胡姣.教育数字化转型的实践逻辑与发展机遇[J].电化教育研究,2022(1):5—15.

体跃升。以大模型、大数据、大训练为代表的新一代人工智能在教材研制中的应用可伴随学生学习过程，及时解决学生学习困惑，实时诊断学生学习问题，刻画每位学生学习画像，提供丰富多样的智能学习工具，增强学生交流与互动能力，加强学生自主与协作学习，为每位学生学习提供智能学伴（Smart Tutors），促进学生个性化学习。

一、智能技术在教材研制中的创新应用

人工智能技术快速发展为教育带来了许多新的机遇和挑战。传统的教育模式受限于人力和时间，无法满足个性化、高效、精确的教学需要。而人工智能技术的强大计算和深度学习能力让教育领域迎来了智能化的革新。线上线下融合环境下，将人工智能技术融入教材研制和应用中，不仅丰富了教材的交互方式，也加强了教材的智能化水平，在教、学、管、评等方面创新教学新模式。

（一）以"智能学伴"提供定制化学习服务。智能学伴是通过计算机进行模拟，结合人工智能中的算法，设计开发出一个能与学习者进行交流、互动和沟通的虚拟伙伴，同时可以帮助和引导学习者进行学习，记录学习者的学习进度、成长历程等功能的智能学习伙伴。[1] 通过"智能学伴"可对学生的响应和行为进行分析，根据学生的需要、知识水平、学习习惯和优劣势进行个性化指导，提供定制化的学习体验。尤其是生成式人工智能的创新发展，其对自然语言、图像、音频和视频等多模态信息的理解、响应和创造功能，增强了"智能学伴"的学习能力和通用功能。将"智能学伴"融入信息科技教材建设中，既可以为学生提供在学习过程中针对学习问题的交互对话和即时反馈，也可以跟踪、记录、分析学生学习过程，根据学生学习进度、理解能力和偏好调整学习材料和难度，适应学生的个别差异，还可以针对学生学习的过程性数据进行自我学习，不断提高对学生学习指导的科学性和有效性。

（二）以智能仿真技术创设体验式学习场景。智能仿真技术，是运用计算机模拟和人工智能相结合的方法，对现实世界中的系统、进程或现象进行仿真和分析。它能够精确复现和模拟现实世界中的复杂系统，例如交通流动、气候变

---

[1] 张攀峰,寻素华,吉丽晓."智能学伴"在小学游戏化学习社区中的情感交互设计[J]. 中国电化教育,2014(10):123—128.

化、生态系统或制造过程。尤其是随着机器学习、深度学习、智能优化算法等技术的发展，使得仿真过程不再是静态的和线性的场景，而是能够根据所采集的数据进行实时学习，以适应复杂变化的环境。在信息科技教材研制过程中，将智能仿真场景合理融入其中，既可帮助学生真实地体验到在现实学习环境中较难体验的学习内容，化抽象知识为生动内容，提高教材内容的易学性，也可创设深度互动的学习场景，引导学生经历提出假设、实施验证、结果分析、得出结论的过程，发挥学生探究学习能力和创新思维。

（三）以智能教学管理系统创新教学管理功能。智能教学管理系统是利用计算机、大数据和人工智能提高教学管理效率和质量的信息系统。通过智能教学管理系统可帮助师生管理学习信息、课程安排、教学资源、考试成绩等任务，在系统中利用数据分析和智能推荐等功能提供个性化的教学服务，发挥系统信息的最大效能。课堂教学管理对学习活动进行计划、组织、监控和评估的一系列管理措施和方法，包括了学生个人信息管理、学习资源管理、学习进度管理、个性化成果管理等，其目标是确保学习活动持续、有效开展，达到预期的学习成果。信息科技教材研制过程中，将智能教学管理系统融入教材结构中，既可有效管理教材中的学习资源，也可根据师生对学习资源应用情况、学生学习中的问题及需求、学习过程中生成内容等数据分析结果，及时补充和调整学习资源，促进学习资源的动态更新，加强教学资源的实效性，为师生创设个性化在线学习空间，记录和分析学生教材学习日志，判断学生学习状态和可能存在的学习问题，在学习管理方面进行学习提醒和预警，创新教材应用过程中的教学管理功能。

（四）以智能评价系统促进学生增值学习评价。智能评价系统借助计算机、网络、大数据和人工智能等新技术突破传统纸笔测评的局限性，实现对学习过程和作答过程数据的建模，"高保真"的测评场景、交互式新型测评方法、多模态的数据采集，实现了对学生综合素质的有效评价。[①] 此外，智能评价系统的自动化、高效性，也能为师生提供实时的反馈，实现动态和伴随评价。增值学习评价，是指通过获取学生在两个及以上时间段的学习数据，利用统计方法或分析模型对学生在前后不同时间点上的学习情况进行分析，得到学生学习发展变化的

---

① 骆方，田雪涛，等. 教育评价新趋向：智能化测评研究综述[J]. 现代远程教育研究，2021(5)：42—52.

"净效应",以衡量学生进步程度的一种评价策略。^① 这种评价,不仅仅关注学生最终学习成绩,更强调学生学习结果的"增值",关注学生自身真实发生的进步,体现出"不比基础比进步""不比背景比努力"的内生教育发展观,促进教育从关注结果向关注过程的转变。将智能评价系统融入教材建设中,可全程追踪、记录学生应用教材学习过程中的学习成果,依据评价指标收集学生学习结果数据,比较不同阶段学生学习结果数据,判断学生学习结果增量,促进增值学习评价的开展。

二、教学论视角下智能教材的功能

智能教材的建设既是基于大数据、人工智能、区块链等新兴技术解决数字教材发展中所存在问题的需要,也是满足教育"从大规模班级化教学向大规模因材施教转变"的发展需求。当前学界对智能教材还没有统一的界定。但研究者以不同视角对其进行了研究与阐释。张治等结合教学需求与新技术功能指出"智能型教材系统是以数字教材和智能学习平台为支撑、以提升教学效率和个性化为目的,集成智能终端、数字化资源、教与学工具、学习社群、学习路径规划、教学策略实现等的组合系统"^②。江波等通过梳理数字教材发展历程,概述出"智能教材是以深度交互、学习画像和自适应为主要特征,为学生提供个性化学习、评价和规划等服务的智能化数字教材"^③。Wang M 等人将智能教材概括为"以电子格式呈现内容,集成人工智能可操纵的知识扩展常规教材,增强教材功能的自适应学习系统"^④。综合已有智能教材的研究成果,可发现尽管当前学界对其研究视角有所不同,但较多还是从技术方法层面探讨数字教材的智能化特征。例如,通过屏幕触控技术、传感感应技术、语音交互技术等加强教材的智能交互功能,借助 3D、VR、AR 等技术丰富教材的资源形态等,鲜有从教材教学性层面分析智能教材的功能,导致"以技术为中心的数字化"^⑤,进而引发数字教材简化为"电子

---

① 辛涛."探索增值评价"的几个关键问题[J]. 中小学管理,2020(10):1.

② 张治,刘德建,徐冰冰. 智能型数字教材系统的核心理念和技术实现[J]. 开放教育研究,2021(1):44—54.

③ 江波,杜影,顾美俊. 智能教材研究综述[J]. 开放教育研究,2022(3):39—50.

④ Wang M, Chau H, Thaker K, et al. Concept annotation for intelligent textbooks [J]. arXiv preprint arXiv:2005.11422,2020.

⑤ 袁振国. 数字化转型视野下的教育治理[J]. 中国教育学刊,2022(8):1—6,18.

文本"、等同于"多媒体资源库"、异化为"答题教师"等问题。因此,为突出智能教材的教学性特征,就需要按照教材特有的知识组织、课程导学、对话交流、作业巩固等教学功能,结合人工智能的知识图谱、学习者画像、深度交互、持续跟踪等技术优势,从智适应选学、智能化导学、伴随式评价、深度学习互动等方面分析智能教材的功能。

(一) 智能教材的智适应选学功能。教材作为支持学生达成学习目标的学习材料,其内容选择与结构组织要遵循学生身心发展规律,与其认知发展水平、学习兴趣相契合。[①] 教材内容的选择与组织需努力适应每位学生进步的速度和发展程度,适合相应年龄阶段和年级水平学生的成长、学习、准备和进步。然而,传统纸质教材或电子文本教材局限于给学生提供静态学习资料,并不能对学生学习状况进行有效判断,无法为学生个性化选择学习内容提供支持。智能教材融入智能教学系统,根据学习者信息、资源应用信息和学习行为日志进行数据分析和计算,通过数据挖掘、机器学习等技术进行模型量化,运用推荐算法遴选出适合学习者的最优学习路径,有针对性地向用户推荐学习资源,支持学生按需选学,满足个性化学习需求。例如,信息科技教材应用中,其智能系统通过分析学生应用算法解决问题的过程判断其算法设计和实现的能力水平,按照学生算法学习的基础对学习内容和辅助材料进行坡度设计、动态组织学习材料,引导学生在个人学习基础上开展算法学习。智能教材可根据学生的作业结果、学习时长、内容断点等学习表现进行学习资料推荐,支持学生选择性学习。主要表现在:其一,依托学生错题库推荐与选学。智能教材收集与分析学生作业或练习中的错误内容,将其形成学生个人错题库,通过学生在学习过程中出现的错题判断学生学习不足,以此进行学习资料推荐、支持学生选学。其二,按照学习时长推荐与选学。智能教材借助虚拟仿真环境、鼠标箭头记录软件等工具可推断学生对相关内容的学习时长,分析学习者对相应内容学习的困难程度,推荐与相关内容有较强关联的内容供学生选用。其三,针对学习内容断点推荐与选学。智能教材通过追踪技术可记录学生对教材内容学习的断点,按照断点衔接关系推荐适合学生进一步需要学习的内容供学生选学,加强学习过程的连续性。智能教材选学功能通过分析学生学习过程动态组织学习内容、个性化推荐学习资源,支持学生按需选学,避免因学习内容设计不足而引发的"伪学习"问题。

---

① 赵长林. 什么是好的教科书设计:一种多学科观点[J]. 教育导刊,2022(9):33—41.

（二）智能教材的智能化导学功能。《义务教育课程方案（2022 年版）》强调，"教材建设要加强情境创设和问题设计，引导学习方式和教学方式的变革"。该要求从教学性层面强调教材"问题导学"功能。"问题导学"设计体现出"以问题为中心，以学生为主体，以教师为指导"的教育理念。① 因此，为加强个性化学习指导，智能教材可借助学习分析技术从学习风格、认知能力以及学习态度等方面进行智能化导学。其一，基于学习风格的智能化导学。依据学习风格理论设计学习风格测试模型，开发在线工具实现学生学习风格自动检测，依据学生学习风格提供相适应的导学方式。例如，依据学生学习风格提供"听讲—演练""探究—发现"等导学支持②。其二，基于认知能力的智能化导学。依据学科知识图谱设计学力测试模型，通过学习分析技术判断学生的学习基础，按照学生认知能力提供与之相适应的导学内容。其三，基于学习态度的智能化导学。态度作为一种内部状态或倾向影响着学生学习动机和对学习内容的深入程度。利用智能教材在线跟踪技术记录与分析学生学习行为，辨析学生学习态度，创设积极的导学情境与学习氛围，激发和维持学生学习动机。智能教材导学功能依据学生学习特征设计导学路径、内容与情境，结合学生学习经验提供导学支持，避免因学习资源过载引发的"加重学生学习负担"问题。

（三）智能教材的伴随式评价功能。评价作为教学实施的重要环节，其作用不再局限于甄选学生的水平等级，更重要的还是通过评价帮助学生达成学习目标，促进自我发展。教材在将课程标准具体化的过程中，为能准确判断学生学习教材内容后是否达成学习目标，评价就成为其中的一项关键措施。在教材中嵌入伴随式评价功能，可及时发现学生学习问题，反馈学生学习情况，促进学生自我调节。传统纸质教材较多是以课后作业方式对学生学习后的情况进行检查和巩固，较难实现对学生学习过程的跟踪，基于证据的伴随评价也就难以得到落实。智能教材具有过程跟踪与实时记录的技术优势，可按照学生综合能力测评框架，在不同阶段伴随式收集、分析学生学习数据，依据过程性数据证据和表现性学习结果推动伴随式评价开展，引导学生在个人学习基础上持续进步，主要表现在：（1）通过学习日志伴随学生学习评价。通过智能教材平台日志获取学习者

---

① 胡小勇，张瑞芳，冯智慧. 翻转课堂中的问题导学策略研究[J]. 中国电化教育，2016(7)：93—98.
② 张治，刘德建，徐冰冰. 智能型数字教材系统的核心理念和技术实现[J]. 开放教育研究，2021(1)：44—54.

在线行为数据,分析学生不同时间节点学习结果表现的变化,及时反馈学生学习进阶情况,指导学生改进学习。(2)借助数字设备伴随学生学习评价。借助智能教材的配套数字设备跟踪学生学习行为的路径,伴随学生学习过程,发现学生学习过程中的难点与痛点,帮助教师为学生提供个性化学习指导。例如,在智能教材中,借助电子笔可持续记录学生答题过程,通过智能分析系统诊断学生答题的错误点,对照错误点的前序知识和支撑内容提供学习资料,引导学生开展补偿性学习。(3)依托虚拟情境伴随学生学习评价。利用智能教材创设虚拟仿真学习环境,实时采集学生在虚拟仿真环境中的过程性学习数据,客观评价学生在活动过程中知识和技能掌握与运用情况,提供有助于学生学习改进的建议和资源。

(四)智能教材的深度学习互动功能。数字化学习环境中只有当人与机器融为一体,实现人机交互、人机协同,教育数字化功能才能真正发挥出来。[①] 智能教材建设中,其"互动"功能对学习者知识建构起着重要作用。佐藤学在学习共同体研究中强调,"学习者与学习内容对话、与他人对话、与自我对话"的互动意义。[②] 事实上,为加强学生学习互动,传统纸质教材同样关注教材互动功能设计,但受静态资源和线性呈现形式的影响,其互动功能主要停留于做标记、留批注或写感想等层面。智能教材发挥其数字技术优势,从情境创设、大数据分析和远程协作等方面为学生创设深度互动环境。主要表现为:其一,借助模拟仿真技术支持学生与学习内容的深度互动。例如,通过 VR/AR 技术丰富教材的真实性情境创设功能,帮助学生在身临其境中开展体验学习,系统跟踪学生与学习内容互动过程,采集学生学习数据。其二,依托学习者画像技术支持学生深度反思。智能教材通过收集、分析和可视化学生学习数据,实时向学生反馈个人学习现状分析结果,学生利用个人学习数据进行自我反思,支持学生有针对性地改进学习。例如,信息科技智能教材中,通过图像识别技术实时采集和分析学生物联网搭建的实验过程数据,在数据分析结果上给出学生实验操作过程的数字画像,针对学生不规范动作提供视频示范和讲解。其三,采用协作学习平台支持学生合作与互动。按照学习任务,智能教材以在线共享文档、网络虚拟实验室等方式组织团队成员在线协作完成任务、共同解决学习问题,保存每位成员的参与成果,以过程性数据分析学生的参与度和贡献度,增加学习互动效果。智能教材的深度学习

---

① 袁振国.数字化转型视野下的教育治理[J].中国教育学刊,2022(8):1—6,18.
② 佐藤学.建设学习共同体[J].基础教育论坛,2014(5):33—35,3.

互动功能将学生与学习内容、学习伙伴和自我反思紧紧黏合在一起,避免因只是呈现电子文本而产生的"浅层次学习问题"。

三、智能教材的功能设计与实现

在教育需求分析基础上,结合学习分析、知识图谱、计算机识别以及学习追踪等技术,实现智能教材的智适应选学、智能导学、伴随式学习评价和深度互动等智能教育功能,以"移动终端＋教材专用平台＋智能教学系统"创新教材形态,其功能模块结构如图6-3-1所示。

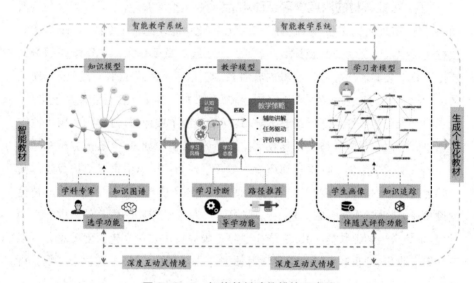

图6-3-1 智能教材功能模块示意图

（一）以知识图谱技术构建知识模型,支持智能教材选学功能

1. 知识图谱在智能化教材中的应用。知识图谱是以符号描述物理世界中的概念及其相互关系,构成网络的知识结构,是结构化的语义知识库。借助知识图谱技术构建智能教材知识点之间的连接和层次关系,可实现知识信息的智能检索,建立知识技能与问题解决过程的先决和对应关系,自动识别学生能力表现与知识结构的关系,将静态的数字教材转化为自适应教材。目前,国内外一些成果

已实现从各学科维度进行学科知识图谱和知识模型的构建。泰等人使用知识图谱技术构建数字教材知识点之间的连接和层次关系,实现知识信息的智能检索[①];朱珂等人将知识图谱技术应用于跨媒体融合数据研究中,通过对学习资源的知识化标引和链接,使得非结构化学习资源以结构化、知识化加工的方式成为有语义关联的知识对象,为学习者提供可重组、可融合、可创生的知识体系。[②]

2. 智能教材的知识模型构建。智能教材是在学科专家指导下依托知识图谱和机器学习技术构建知识模型,基于知识模型的教材内容组织既可促进学习资源的动态调整,与学习者的知识结构达到最适配状态;也可针对学习者在学习过程中自我知识结构的发展,优化教材内容,支持学习者个性化学习。其技术实现路径为:(1)将课程知识体系化,构建多维度下的知识图谱,其拓扑结构蕴含领域专家经验、知识关联与学习路径,为基于课程内容自适应学习奠定基础;(2)将知识图谱与学生已有学习数据进行融合,为学生自适应学习提供量化的、实时策略支持;(3)基于决策支持进行学习资源推送、自适应学习路径规划与自适应学习预警等智能教材应用与实践。此外,在智能教材应用过程中,依据学生学习数据分析、迭代优化知识模型,进一步完善知识模型。

3. 智能教材知识模型实现与选学应用案例。知识图谱技术助力于智能教材中知识模型的持续优化,结合学生学习过程数据和学习分析算法,教材中的智能系统可判断出学习者的认知基础与学习现状,以此调整知识模型,生成与学习者相适应的学习内容,帮助学习者根据自己的实际情况进行选学。例如,智能教材依托知识图谱技术,围绕"数据—算法—网络—信息处理—信息安全—人工智能"六条逻辑主线进行信息科技课程的知识模型构建,支持学生个性化选学。实现过程为:(1)建立知识模型。依据课程标准明确知识点及知识点之间的关系,例如父类、子类、前序、后序等,采用对象属性和行为关系的数据结构表示信息科技学科知识点和知识点的关系,通过聚类法、空间向量模型和语义模型消除知识抽取中出现的知识点交叉、重叠概念。基于学科知识点之间的逻辑关系建立学习结果判断的推理规则。(2)实现知识推送。依据知识模型跟踪学生对信息科

---

① Tay, N.N.W., Yang, S.C., Lee, C.S., & Kubota, N. Ontology-based adaptive e-textbook platform for student and machine co-learning. In 2018 IEEE International Conference on Fuzzy Systems (FUZZ-IEEE) (pp.1-7). IEEE.

② 朱珂,王玮,李倩楠.跨媒体智能的发展现状及教育应用研究[J].远程教育杂志,2018(5):60—68.

技知识学习的路径,采集学生学习数据(如测评数据、学习行为数据等),在学习大数据分析的基础上,向学生推送个性化学习资源。(3)优化知识模型。基于知识图谱建立的学科知识模型和学生学习数据的相互作用,通过机器学习算法和学生学习大数据补充知识模型内容,优化模型中知识关系推理规则,持续完善知识模型和提高知识推送的有效性。

(二)借助学习分析技术构建教学模型,加强智能教材导学功能

1. 学习分析技术在智能教材中的应用。学习分析技术是通过记录、跟踪、分析学习者学习过程,对其学习行为进行预测、对其状态和效果进行评估,继而干预学习,提高学习者学习绩效的技术。[①] 智能教材嵌入学习分析技术可记录学生使用教材学习过程中的阅读(例如阅读时间、阅读页数、添加标记等)、练习(例如解题过程、采用方法、练习结果等)、互动、协作等学习行为,诊断学生学习风格与认知基础,采用聚类算法、非负矩阵分解算法等分析学生学习数据,建立学生学习特点与课程内容、学习策略的关联,为个别指导和个性化学习提供支持。

2. 智能教材的教学模型构建。智能教材借助学习分析技术和人工智能算法,按照学习过程中在线阅读、虚拟探究、学习互动等细颗粒度的交互数据,生成学生在认知、行为、情感等方面的学习特征[②]的教学模型,包括:(1)学情诊断。通过收集学生使用智能教材中表现出的勾画、批注、翻页、点击等交互行为数据,采用聚类算法分析学生多维度的学习行为数据,预判学生学习现状。采用在线学习风格测评工具判断学生学习风格。此外,随着虚拟现实、增强现实以及可穿戴设备的应用可更精细采集学习行为数据,准确分析出学生学习表现。(2)策略匹配。依据学生学习现状诊断结果,在智能教材导学功能支持下,教师可以有针对性地选择教学策略、组织教学内容、开展教学设计。张治等人在智能教材研究中根据学生学习风格分类,提出"讲解辅助的建构、任务驱动探究、评价导引的补救"等教学匹配策略,归纳出"微课 + 评价 + 资源推送、加入问题链、测试评价 +

---

① Siemens, G., & Long, P. Penetrating the fog: Analytics in learning and education [J]. EDUCAUSE review, 2011,46(5):30.
② Boulanger D, Kumar V. An Overview of Recent Developments in Intelligent e-Textbooks and Reading Analytics [J]. iTextbooks@ AIED, 2019:44 – 56.

资源推送"等导学方案[①]。(3)优化关系。教学过程中,随着学生学习投入度的深入,学生学习状态也在发生变化,智能教材在跟踪、采集与分析学生学习数据过程中,需要及时判断学生学习状态变化情况,优化学生学习需求与教学策略的关系,为教师调整教学策略提供证据支持。

3. 智能教材教学模型的实现与导学应用案例。 智能教材中的教学模型用以精准诊断学生学习问题,支持师生开展教学,促进智能导学实施。例如,有智能导学系统嵌入学习分析技术,沿着"诊什么—怎么诊—如何导"路径描绘学生学习特征,实现智能导学功能。(1)诊什么。按照学生综合能力评价要求,设计"学业成绩""学科素养与表现""学习风格"等指标,通过逻辑判断方式赋予不同得分区间不同标签,提取出个体与群体特征标签。依据学习心理理论确定归因假设,利用学习大数据,使用机器学习或人工智能算法得到归因排序/归因组合,对归因假设进行验证,依据后期的学习数据进行迭代与优化。(2)怎么诊。依托人工智能算法与学习数据,梳理出个体/群体学习过程的形成逻辑,主要包括学生学习信息多维展示(基本信息、学业信息、综合评价信息、学习态度)和学生学业水平影响因素分析,诊断学习数据中影响学业成就的维度,提出针对性建议,将学习分析结果的教学建议或教学案例纳入数据库,供师生参考。(3)如何导。教师根据智能教材学习诊断结果,既可对个别学生学习现状做出判断,进行个别化指导;也可判断学生群体学习表现,针对班级学习特点制定导学方案,提高学生群体性学习质量。

(三) 采用在线追踪技术构建学习者模型,支持智能教材伴随式评价功能

1. 在线追踪技术在智能教材中的应用。 在线追踪技术是依托信息技术软硬件工具,对学生在线学习数据进行持续采集、综合比较、可视化呈现的人机交互技术。智能教材研究中,一些学者通过鼠标移动热力图、文本关键词、测评成绩、模拟仿真等方式采集学生学习过程原始数据,基于机器学习算法建立学习者模型,构建出学生能力增值区间,促进评价标准从共性化向个性化调整,推动教材从过于关注知识技能评价向关注学生学习过程与综合能力评价发展。

---

① 张治,刘德建,徐冰冰.智能型数字教材系统的核心理念和技术实现[J].开放教育研究,2021(1):44—54.

2. 智能教材的学习者模型构建。智能教材借助在线追踪技术,依托学生个人学习数据库和学习过程路径,设计学习跟踪节点,判断学生进步状况,激励学生在原有学习基础上持续学习,形成基于在线追踪技术的学习者模型。基于在线追踪技术的学习者模型主要为:其一,建立学生学习数据库,形成过程性的学生学习成果集。智能教材建设中常采用学生成长电子档案袋收集和记录学生学习成果。① 其二,采用知识追踪技术对学生学习路径和学习行为进行追踪,定位学生不同时段上的知识与能力水平。例如,有研究者采用贝叶斯知识追踪技术判断学生学习水平,将学习者对知识点的掌握情况作为潜在变量,将学习者答题表现结果作为观察变量,诊断学习者的知识水平。② 其三,通过统计图、词云图、要素关联图等可视化手段形象描绘学习者画像,分析学习者与学习资源匹配关系,为学习者推荐相适应的学习资源。例如,王莉莉等人以学习者画像方式,借助神经网络算法探索符合学习者学习习惯与偏好的学习路径,降低学习者学习盲目性,增加学习者在线学习的体验效果。③

3. 智能教材学习者模型的实现与应用案例。伴随式学习评价是将评价内容和活动嵌入到学习过程中,依据课程目标,伴随每位学习者的学习历程,有针对性地、适时进行反馈与干预。智能教材中融入伴随式评价,借助数字化手段获取学生学习表现数据,构建学习者模型,利用统计方法分析学生在不同时间点的学习数据,得到学生学习结果变化的"净效应",衡量学生学习进步程度。例如,学生利用智能教材学习信息科技课程内容时,以"数字化情境创设—问题解决过程跟踪—素养表现对比分析—增值结果可视化反馈"的路径对学生数字素养与技能开展伴随式学习评价,主要表现为:(1)模拟数字化问题情境,采集学生素养表现数据。借助信息科技模拟真实性问题情境,为学生提供解决情境问题的交互功能,通过人机交互实现复杂学习结果的具体化,引发学生解决问题过程的素养表现;(2)依据素养表现评价指标,确定数字化情境中数据采集要点,伴随追踪学生利用交互情境解决问题的过程,记录反映素养表现性特征的关键数据;(3)比较不同节点学生在问题情境中素养表现的变化,综合反馈学习评价结果,促进学

---

① 许楠. 增值性评价在教育教学中的应用初探[J]. 内江科技,2021,42(12):29—30.
② 黄诗雯,刘朝晖,罗凌云,等. 融合行为和遗忘因素的贝叶斯知识追踪模型研究[J]. 计算机应用研究,2021,38(7):1993—1997.
③ 王莉莉,郭威彤,杨鸿武. 利用学习者画像实现个性化课程推荐[J]. 电化教育研究,2021(12):55—62. doi:10.13811/j.cnki.eer.2021.12.008.

生个性化学习。在信息科技课程的智能教材中,学习者模型从表现性指标、问题解决过程路径、技术方法熟练程度等方面反馈学生数字素养与技能发展情况,不仅可以判断学生学习提高程度,也能针对学生学习问题提供个性化指导。

(四) 依托在线技术创设互动学习环境,支持智能教材深度交互功能

1. 数字交互技术在智能教材中的应用。数字交互技术是指通过数字设备的输入、输出功能,借助计算机软硬件有效实现人与机器对话的技术。数字交互技术在智能教材中的应用可有效加强学习者在学习过程中的体验、对话和反思,主要表现在智能对话、模拟仿真、远程协作等方面。其中,智能对话是根据预训练的自然语言知识库、学科知识库和教材内容,通过理解、综合和推理,结合知识表示、问答技术和自然语言生成技术,智能教材能在特定的范围回答学生的问题,并生成推荐性问题供学生选择[①];模拟仿真是借助虚拟/增强现实、仿真实验、可穿戴设备等技术为学生创设探究式学习环境,支持学生与学习内容交互,体验在真实情境中的活动场景,采集学生开展活动的数据;远程协作借助智能教材网络平台,学习者在交流和协作中解决问题、创作作品,通过在线追踪技术记录学生的协作过程,分析学生协作表现。

2. 依托智能技术的交互学习环境建设。智能教材应用深度交互技术创设线上线下相融合的学习环境,通过数字设备可精准采集学生的学习活动数据,为学习者提供有针对性的学习指导,创新教育教学模式。智能教材互动学习环境建设主要表现为:其一,线上线下融合学习环境。借助互联网、数字设备等创设出开放的、具有生成性的学习环境,拓展学生学习时空,丰富学生学习手段,实时整理和保存学生生成性学习资源。其二,学生互动数据采集与记录环境。在线上线下融合环境下,利用信息技术手段分析学生互动数据,分析学生互动过程中相关要素的相互关联,诊断学生学习问题。例如,借助虚拟现实环境和可穿戴设备可准确判断学生技术操作中的错误,给出精准指导和学习预警。其三,"智能教材 + 深度互动"创新教学模式。智能教材中交互学习环境的创设与应用,改变了传统静态教材学习应用中"读文本、理解文本、应用文本"的线性学习方式,创新出"情境体验、深度互动、数据分析、精准指导、反思改进"的自适应学习方式。

3. 智能教材交互学习环境实现与应用案例。智能教材应用过程中,深度交

---

① 江波,杜影,顾美俊. 智能教材研究综述[J]. 开放教育研究,2022(3):39—50.

互学习环境可记录、存储、分析能够反映学生真实性学习状态的过程性全样本数据，借助算法和计算机程序诊断学生对学习内容的理解水平和认知层次，构建出符合学生最近发展区的学习支架。[1] 例如，信息科技智能教材通过模拟仿真实训场景，开发技能练习与矫正功能，从"物联系统搭建数据采集—活动过程的问题分析—提供指导方案"等方面实现对学生信息科技应用技能练习的支持。其技术实现路径是：通过模拟仿真系统收集学生在系统中模拟搭建活动的数据，利用机器学习算法和资料库分析学生在模拟仿真系统中搭建过程的表现情况，对照课程标准给出学生进一步学习的建议。该技术在智能信息科技教材中的应用，解决了信息科技实验教学中学生技能操作能力"黑箱"的难题。近年来，随着移动传感技术、物联网技术以及计算能力的发挥与增强，智能教材还可借助智能技术工具有效地采集学习者在真实场景中演讲、工具操作、制品搭建、手势交互、面部表现等多模态数据，在深度交互环境中分析学生学习行为，创新学习模式。[2]

第四节　融合环境下新形态信息科技教材研制：案例分析

线上线下融合环境下新形态信息科技教材体现出多媒体化、交互性、动态开放性等功能特性，丰富了教材资源形态，拓展学生学习时空，构建了物理世界与数字世界融合的学习空间，成为撬动课堂教学改革的重要支点。学生、教师和学习内容作为课堂教学三要素，他们互动交流、相互作用形成了丰富多样的教学场景。为了增加教材的应用效果，新形态信息科技教材研制就需要围绕着这三要素在数字化环境支持下组织学习内容、促进学生学习和教师教学指导。

一、融合环境下新形态信息科技教材：内容组织功能

融合环境下新形态信息科技教材不是简单地将纸质教材转化为电子版本，

---

① Boulanger D, Kumar V. An Overview of Recent Developments in Intelligent e-Textbooks and Reading Analytics [J]. iTextbooks@ AIED, 2019:44-56.
② 牟智佳. 多模态学习分析：学习分析研究新生长点[J]. 电化教育研究, 2020(5):27—32.

而是现代信息科技与信息科技学科教材深度融合的成果。新形态教材突破了使用单一纸质教材的障碍，不仅创新了教材内容呈现和编排形式、丰富了教材资源形态，还可借助技术工具使教材内容持续动态更新，使学生时时可学、处处可学成为可能。

数字技术赋能的信息科技教材，可通过多种媒体形式多样化地呈现学习内容，借助基于数字设备的图片、动画、音频、视频等多媒体技术，以及智能终端、虚拟现实等新技术，实现多种感官与数字信息的互动交流，学生应用新形态教材不仅能体验到教材中丰富多样的学习资源，也能够通过虚拟仿真环境加强与学习情境的互动，促进学生从接受学习向体验学习、探究学习转变。

例如，新形态信息科技教材通过配套网络平台采用多种内容组织方式为学生提供"基础性＋个性化"的学习内容。其一，为全体学生提供共同的基础学习内容，包括与纸质教材相一致的电子文本和知识讲解微视频等配套资源；其二，为每位学生创设一个在线学习空间，其中的内容包括学生学习后生成的学习资源、学生学习过程中自己添加的学习资源，以及系统根据学生学习数据分析结果推荐的个性化学习资源；其三，为每位学生提供学习过程性数据及分析结果，包括学生学习时长、阶段性学习成绩、学习交流次数、作业完成情况等过程性数据，也包括平台对学习资源应用情况的统计数据，为学生根据个人学习情况调节学习方式提供建议和支持。

融合环境下新形态教材内容资源对纸质教材进行补充，通过纸质文本与数字化资源相结合可促进教材内容持续更新，动态调整学习资源，确保学生可以实时地开展学习，同时更新的内容资源又能使学生了解到信息科技不断发展中的新技术、新工具和新应用，契合信息科技学科前沿知识更新快、发展迅速的特点。通过"互联网＋教材"建设拓宽教材边界，既可帮助学生有效获取丰富的学习资源，也能增强师生、生生以及学生与资源之间的深度互动，促进学生学习质量的提升。

例如，新形态信息科技教材通过配套网络平台组织和呈现学习内容，师生利用电子终端设备阅读学习教材资源。教材配套网络平台支持师生根据学习需要插入文本、任务单、微课、音频、视频、图片、文档等多种学习资源的功能，教师和学生可根据自己的需求添加多媒体资源辅助学习。此外，教材配套网络平台还能够与多种在线学习资源平台建立链接，帮助学生快捷获取多类型的学习资源，及时收集整理学生使用教材过程中生成的学习成果，形成学习内容丰富、搜索快捷、个性化支持的学习资源体系。

二、融合环境下新形态信息科技教材:学生学习功能

融合环境下新形态信息科技教材借助配套网络平台发挥数字技术优势,通过触摸、语音、手势、眼动等交互方式,营造情境体验、大数据分析和远程协作等深度互动场景。在交互过程中,借助移动互联、大数据、虚拟仿真、人工智能等技术,通过在线工具追踪、学习数据挖掘等方式分析学生学习过程,按照学生学习过程生成个性化学习记录,促进学生个性化学习。

例如,新形态信息科技教材配套网络平台所设计的用户注册、学习活动支持、学习过程记录、学习结果评价、学习成果生成等功能,可以较好地支持学生应用新形态教材开展学习。其中,用户注册功能可收集用户基本信息,创设用户学习空间;学习活动支持功能可通过情境创设、问题讨论、活动支架、资源提供等方式引导学生学习教材内容、完成学习任务;学习过程记录功能可跟踪和记录学生学习过程,保存学生在平台学习过程中的学习痕迹,分析学生学习过程中的问题,形成学生学习过程数字画像;学习结果评价功能可利用平台中学习分析技术从学习风格、认知能力以及学习态度等方面对学生学习过程和结果进行评价;学习成果生成功能可对学生学习过程中创作的学习作品、完成的学习作业、合作过程中的交流信息,以及文本阅读中的批注等信息进行保存,形成学生的学习成果库,为开展综合学习评价提供证据。

依托融合环境下新形态教材的配套平台,学生可以拥有个人网络学习空间,在使用教材的过程中,根据自己的认知路径和学习进程定制个性化学习资源、功能和需求,生成个人的学习记录。学生利用配套网络平台学习资源开展跨时空实践活动,远程协作完成活动作品,将线上线下学习空间结合,拓宽教材边界,推动立体化教材建设。

学生在使用融合环境下新形态教材的学习过程中产生的交互数据、学习行为数据和过程性学习成果均会被记录和保存,教材配套平台可为每位学生生成个性化学习文档。学生通过分析个人学习文档,可查漏补缺,发现学习不足,开展补偿学习。教师也可对这些学习文档进行汇总分析,汇总学生学习成果,发现学生学习过程中的难点和痛点,进行个性化教学指导,有针对性地支持学生学习。

例如,新形态信息科技教材的配套网络平台支持学生使用自由画笔、高亮、划线、批注等功能对教材内容进行圈划,自主生成电子教材笔记,利用平台工具对笔记进行标签管理、编辑和删除,保留个性化的学习痕迹。个性化学习笔记系统支持资料的导入、上传和共享,学生可以在数字设备上查看个人学习记录,与不同学习者交流共享学习成果。教材配套网络平台也保存着学生的答题数据,综合分析电子笔记数据、习题测试数据、在线学习行为等数据,能够生成个性化的学习档案,通过个人学习空间,学生能够回顾个人学习历程,掌握学习进度,根据学习需要调整学习方法和策略。

三、融合环境下新形态信息科技教材:教师教学功能

融合环境下新形态信息科技教材为教师进行教学准备和开展教学实施提供了新工具,教师利用教材配套网络平台,分析学生学习过程中产生的学习数据,进行学情判断;借助平台数字化工具进行教学准备,形成数字化教学设计;通过平台交互功能为学生进行答疑解惑,进行个别化学习指导。

例如,新形态信息科技教材配套网络平台,按照教师教学准备和实施的一般方法和流程提供了学情分析、教学准备、学习指导等在线教学支持功能。其中,学情分析功能包括为教师提供班级学生学习基础分析报告、课前测试数据分析结果、学生学习风格和指导建议等相关学情分析数据,为教师进行教学准备提供证据支持;教学准备功能包括教学资源查找与整理、备课模板创设与应用、学习活动设计、内容呈现、测评组织、实时反馈等数字化工具,相关功能为教师进行教学备课,创设丰富多样的学习资源提供了技术支持;学习指导功能包括在线直播讲解、网络讨论区互动交流、协同创作空间、在线批改等在线交流环境,丰富教师开展线上线下融合教学的方法和工具。

新形态信息科技教材应用过程中,教师借助配套网络平台中的智能测评系统,可持续获取学生不同时间段的学业成绩的数据,利用平台的统计工具和分析模型对学生不同时间点上的学业成绩进行比较分析,得到学生学习成就变化的"净效应",以此诊断学生个人的进步程度。开展信息科技增值性学习评价过程中,可充分发挥教材配套平台的模拟演示功能,为学习评价活动开展创设问题情境,借助人机交互功能真实反映学生在解决问题过程中的核心素养表现。此外,在保持同等素养表现水平的情况下,教师还可利用开放性的学习空间,创设类型

多样的评价问题情境,利用平台系统快速存储、数据分析、实时反馈等功能,对学生解决问题的过程进行全程追踪,记录学生在解决问题、设计方案、实施方案、得出结果等方面学习前后的素养表现,准确计算出学生素养表现的增值量,减小因学生在评价过程中的机械记忆而产生的虚假评价结果。教材配套平台还能通过电子学习报告单,及时反馈学生在学习中取得的成绩,以及学习过程中存在的问题与不足,指导学生个性化学习。利用新形态信息科技教材及配套网络平台,开展信息科技增值性学习评价,可激发学习成绩不良学生的学习动力,让他们感受到自己在持续进步,树立起学习的信心;也可增强学优生的危机意识,引导他们察觉到自己在学习过程中的进步程度,促使他们在良性学习竞争过程中挖掘个人的学习潜能,持续保持进步。

例如,学生通过教材配套网络平台进行自主测试和诊断,所测试的内容会出现在教材章节中的某个知识点后或者章节内容结束处,学生根据自己的学习步调完成相应的练习题后,能够获得即时答题反馈和学习指导,平台会对学生完成习题结果和答题过程进行记录,跟踪学生答题路径,发现学生学习难点和痛点,支持学生查看练习作答过程的详情。学生完成答题后,教师可以查看答题统计界面,分析每一位学生、每一道习题的答题结果,了解学生的答题详情,通过数据可视化方式查看和分析学生学习情况,为个性化学习指导提供证据。此外,教师也能够利用教材配套网络平台针对学生学习情况选择习题和组织试卷,快捷地发布具有定制特征的评价内容,帮助每位学生在已有学习基础上持续地开展学习。

中小学信息科技课程旨在培养学生科学精神和科技伦理,增强自主可控意识,培育社会主义核心价值观,树立总体国家安全观,提升数字素养与技能。[①] 融合环境下新形态信息科技教材的研制和应用为师生提供了丰富多样的学习资源,创新了学习方法,帮助学生通过信息科技手段与方法开展信息科技内容的学习,引导学生理解信息科技应用过程中个人与社会的关系、思考信息科技为人类社会带来的机遇和挑战、履行个人在信息社会中的责任和义务,在数字化学习环境中提升数字素养与技能。

---

① 中华人民共和国教育部. 义务教育信息科技课程标准(2022年版)[M].北京:北京师范大学出版社,2022.

第七章

新形态信息科技教材的创新应用

  教材是师生开展教学的主要资源,是学生课外扩大知识领域的重要基础。[①]《高中信息技术课程标准》和《义务教育信息科技课程标准》提出了新时代信息科技课程的内容要求和教学方法,推动了线上线下融合教材建设的新形态,丰富了师生教与学的资源,为教师的教学与评价、学生的自主学习提供全方位、立体化的支持。教学实施中,依据"用教材教"的教材应用理念,通过线上线下融合设计、学生学习教材的过程性数据分析和在线错题库个性化学习指导等方面创新信息科技教材应用的方法与策略,以新形态信息科技教材建设推动信息科技教学创新与发展。

---

① 顾明远.教育大辞典(上)[M].上海:上海教育出版社,2002.

第一节　信息科技教材应用理念的转变：从"教教材"到"用教材教"

　　教材是影响课程与教学实施的一个重要因素。教学过程中,教师如何用好教材、怎样通过教材促进学生学习的有效开展,是教师处理教材的一项基本功。教材不仅指学科中各种概念、原理、法则、理论,而且包括心智活动与实践活动的各种方法、步骤、运算、规则、技术,以及世界观、人生观和价值观①,是对学生未来发展的"预设"。教材应用过程中,教师要处理好"预设"与"生成"的关系,综合分析教材内容、学生学习基础与技术特征的关系,为学生发展提供相适应的学习支持。

一、教材应用观念的分析

　　现代教学论的研究表明,教材大体可以概括为三大功能:为学习者选择并传递有价值的真实信息与知识的"信息功能";为学习者建构自身的知识并有助于其知识系统化的"结构化功能";为学习者提供合理的学习方法的"学习指导功能"。教师对此功能认识和应用的不同,就形成了不同的教材观,随着课程改革的深入,教师对教材的认识观念主要可分为两种:一种是"目的型"教材观,另外一种是"手段型"教材观。

　　"目的型"教材观是从教师的角度出发,把教材视为完成教学任务的决定性手段。认为学生的发展直接受制于教材的选择和排列,学习活动就是学习特定的教材内容。教师的作用在于指导学生获得教材所提供的系统化的知识,教学

---

① 钟启泉.确立科学教材观:教材创新的根本课题[J].教育发展研究,2007(12):1—7.

行为也就有可能是照本宣科式的教学,体现在教学实践中就是"教教材"。

"手段型"教材观从学生的角度出发,认为教材是使学生主体内部发生变化和发展的素材,是学生学习的媒介。学生发展是借助对教材作用而产生的主体能力的变化,学习活动是学习主体与教材"对话"的过程。实现从教材到教学目标的达成,就要求教师对教材进行研究、解释、补充和完善,为学生与教材的"对话"和知识的建构提供支持,因此教师的作用不仅是提供教学方法,还包括对教材的开发、创造以及根据学生学习需要进行补充。体现在教学实践中,就是"用教材教"。

"用教材教"还是"教教材",是教师对课程标准理解与否的分水岭。我国课程改革针对"繁、难、偏、旧"教学内容和"灌输中心"的教学方法,提出了"课程资源"和"对话教学"的概念。[①] 这为教师依据课程标准、针对学生的实际情况,选好教材,用好教材提供了政策保障。

二、信息科技教材应用方法与策略

"新课程实施过程中,教材通过预先设定内容来决定教学活动和教学进程的状况将会发生改变,教材也将由教学中教师和学生直接面对的对象这一中心地位,转向为达到课程标准的要求而选择的学习资源之一的工具性地位。"[②]由此可见,教材并不是唯一的教学资源,它只是为学生的学习提供的一种知识上的线索,为学生学习活动的开展提供导引和参考。教师理解、处理、驾驭教材的能力决定了实际的教学效果。教学活动创新表现在教材的应用上,就需要教师在理解课程标准的基础上,依据教学实际情况合理地修改、增加、删减教材中预设的活动内容。

依据学生学习情况适当"修改"活动任务。即使是相同学科、同一学段,不同教材安排活动任务的顺序也不相同,有的教材依据"知识逻辑体系"安排活动任务顺序,有的教材按照"学生心理认识过程"安排活动任务顺序。实际教学活动中,教师需要根据教学实际情况合理地调整教材中活动任务的顺序。例如,某小学信息科技教材依据"知识技能逻辑性"的原理,将"编程"内容放在"算法知识"

① 钟启泉.确立科学教材观:教材创新的根本课题[J].教育发展研究,2007(12):1—7.
② 钟启泉,崔允漷.新课程的理念与创新——师范生读本[M].北京:高等教育出版社,2008.

之后学习。可是在实际教学中,算法学习时就需要用到"编程验证",体验算法的正确性和效率,那么在教材处理过程时,教师可根据实际情况适当地将"编程"内容融入算法学习过程中,当完成算法描述内容学习后可合理融入相关的"编程"知识,将"学编程"和"用编程"结合起来,根据学习需要对教材中的活动任务进行顺序调整。此外,教学活动中教师还需要根据当前的情况对教材中的活动主题进行适当的调整,以更适合当前的学情。

根据教学需要适当"增加"活动任务。教材通常是依据普遍性原理安排教学活动的任务。但在实际教学中也会出现一些特殊情况,这就需要教师根据实际情况适当地增加活动任务,促进学生知识与技能的迁移。例如,某初中信息科技教材在网络信息处理的学习内容中,只安排了一个活动任务,由于网络信息处理过程中涉及的信息技能较多,学习目标对学生技能应用迁移能力有一定的要求(例如包括根据问题分析设计和创作网页,发布网页和收集用户数据,处理数据做出解决问题的决策等)。为能巩固学生技能的掌握和迁移,教师需要根据教学实际情况适当增加类似的活动场景,引导学生在不同场景中进行信息技能应用,增强学生技能迁移能力。

依据内容标准适当"删减"活动任务。教材为加强学生学习的多样性,满足不同学习者的学习要求,有时会安排一些超出学生学习能力的教学活动或过多安排类似的教学活动。活动实施过程中,教师可根据需要对不符合当前教学要求的活动内容进行删减。例如,在某初中信息科技教材中,编者为了使学生能更深入地了解微处理器处理数据的工作原理,其中"知识拓展"内容中增加了堆栈原理的教学内容,介绍了"后进先出"的计算机处理数据工作原理。但是,这些内容对大多数中学生来说都比较困难,超出大部分学生的学习能力,课程标准对此内容也未做相应的学习要求。因此,教师安排学习任务时,就可适当删减相应的学习内容。

安排活动任务的过程中,教材提供了一些必要的学习资源,教师要在理解课程标准的基础上,针对学生认知能力和教学的实际情况,合理处理和重组教材学习内容。只有"把处理后的教材内容作为学生学习活动内容更符合学生的实际学习情况时,学习活动的开展才会更加有效"①。

---

① 崔允漷. 有效教学[M]. 上海:华东师范大学出版社,2009.

三、新形态教材促进信息科技教学创新

素养导向的课程实施更加注重因材施教,关注学生个性化学习。新修订的《义务教育课程方案(2022年版)》对课程实施提出明确要求,强调要创设以学习者为中心的学习环境,凸显学生学习主体地位,发挥新技术优势,探索线上线下深度融合教学,服务个性化学习。融合环境下新形态信息科技教材融入了互联网、虚拟/增强现实、人工智能等新技术,有助于跟踪学生学习过程、开展学习数据分析、精准推荐学习资源,促进学生个性化学习。主要表现为:

其一,跟踪记录学生信息科技学习过程。信息科技课程注重以真实问题或项目驱动教学,强调引导学生经历原理运用过程、计算思维过程和数字化工具应用过程,以此提升学生数字素养与技能。新形态信息科技教材建设与应用可依据核心素养表现特征,利用信息科技手段创设活动情境,有针对性地收集学生应用信息科技解决问题的过程性数据。例如,学生为解决问题设计的方案、实施步骤、选用数字设备类型、具体任务成果、活动时长等,这些数据为判断学生的素养表现提供了直接证据。

其二,实时分析学生信息科技学习进展。信息科技课程是依据核心素养和学段目标,按照学生认知特征和信息科技课程的知识体系,围绕数据、算法、网络、信息处理、信息安全、人工智能六条逻辑主线,设计义务教育全学段课程学习模块,组织课程内容,体现出循序渐进、螺旋式上升的特点。教学过程中,为能支持学生由浅入深、持续性地开展学习,可借助新形态信息科技教材的配套网络平台,收集和处理学生学习数据,以可视化方式呈现和反馈学生学习数据分析结果,帮助师生了解学习目标达成度,及时发现学习过程中存在的问题,有针对性地进行学生学习指导和改进教学方法。例如,为分析学生素养表现特征,可依托教材的在线资源和技术为每位学生创建在线学习空间,按照核心素养学段特征设计分析框架,从信息意识、计算思维、数字化学习与创新、信息社会责任等维度分析学生的素养表现,以可视化方式反馈学生学习数据分析结果。

其三,依据学习问题提供个性化学习指导。学生在信息科技学习过程中,难免会出现这样或那样的"错题"。错题常引发师生对学习的担忧。但是如能分析出"错题"产生原因,有针对性地提供学习指导,就可将"错题"转化为促进学生学习的教育资源。借助信息科技数字教材配套网络平台,可为每位学生建立"在线

错题库",帮助学生找到个人学习薄弱之处,有针对性地进行学习干预,达到因材施教的目的。通过"在线错题库",可从"资源推送、错题抽检与交流共享"等方面进行学习指导。[①] "资源推送"是针对学生学习过程中出现的错误,从数字教材资源库找到与之相适应的学习资源,推送给学生进行补偿学习;"错题抽检"则可在学生阶段性学习结束后,利用在线错题库对学生所出现过的错题进行再次检测,判断学生对知识技能的掌握情况,以确定是否继续提供相应的学习支持;"交流共享"是针对学生学习过程中错误率较高的习题,将相关习题推送到数字教材上的交流平台,教师在交流平台上组织学生对错题进行研讨,或者直接进行面对面的讲解与研讨,提供解决错题的方法和注意事项。

其四,生成个性化在线学习文档。 信息科技课程的实施效果最终是由学生的学业成就来反映的。新形态信息科技教材应用过程中,可发挥数字设备高速存储和分类管理的技术优势,及时保存、整理学生过程性学习成果。学生在使用数字教材完成学习任务后,数字教材可为每位学生实时生成一个过程性的学习文档。通过分析个人学习文档,学生可查漏补缺,发现个人学习不足,有针对性地开展补偿学习;教师也可以将这些学习文档进行汇总分析,梳理学生学习成果,发现学生学习过程中的难点和易错点,合理应用学生的学习成果支持后期教学活动开展。

新形态信息科技教材作为数字化教学转型的重要"抓手",其开放性、互动性、智能化的功能拓展了纸质教材边界,丰富了学习资源,为师生的教学活动提供了全新的数字化学习环境。在教学应用中,教材提供的线上线下融合教学资源延伸了学生学习时空,知识追踪与数据分析技术促进了综合性学习评价的开展,智能推荐功能能针对学生学习特点提供与之相适应的学习资源,使得"一生一学习方案"成为了可能。

第二节　利用新形态教材开展融合教学设计

新形态信息科技教材研制与应用助推了线上线下融合、智能化、一体化的学

[①] 李锋,王吉庆.中学生在线学习伴随式干预环境、策略、方法与案例[J].中国电化教育,2019(11):91—98.

习空间的建设,为教育数字化转型创造了契机,推动了活动过程灵活、学习场景丰富、教学方式多样且能满足个性化学习需求融合教学的开展。① 在全新的数字化学习环境下,如何发挥新形态教材线上线下融合教学的优势,实现 1＋1＞2 的效应是融合教学发展的核心追求。因此,新形态信息科技教材应用过程中就需要理清融合教学内涵,明晰融合教学特征,构建线上线下融合教学模式,借助新形态教材将融合教学模式落实于教学实施中。

一、融合教学的内涵与特征

融合教学利用线上线下教学环境创新了教学模式,多位学者对融合教学进行过概念界定和内涵解读。祝智庭等明确提出,线上线下融合教学模式是以学生为中心,通过技术手段打通线上和线下、虚拟和现实学习场景,形成线上线下融合的学习情境,满足学生个性化学习需求,达到学习目标,实现个性化教学与服务的新样态。② 穆肃等提出,线上线下融合学习是发挥线上和线下学习优势,学生在以学为中心导向的多类学习场景、多种教学情境和多样化学习活动中开展自主灵活、无边界连通的学习。已有研究在阐述对融合式教学的理解时,大都会提到线上和线下融合、以学生为中心、学习场景的无缝转换、个性化学习等关键词。综合分析上述观点,可发现融合教学是以学生为主体,突破时空界限,发挥资源共享优势,同时满足线下真实场景的实时互动和情感交流的需求,满足学生个性化学习需求,促进学生差异化发展,实现因材施教的学习方式。

融合教学并不是将线上教学与线下教学进行简单叠加,而是对线上线下教学进行系统性、综合性、一体化地规划与实施。基于教学论视角,线上线下融合教学在教学目标、教学内容、操作程序、教学环境和教学评价等方面有了新的特征。

(1)从教学目标来看,分析学生学习数据可以为教学目标的界定提供数据证据。线上线下融合教学能够采集学生学习过程数据,借助学生学习数据教师能有针对性地进行教学目标界定。

---

① 穆肃,王雅楠,韩蓉.线上线下融合教学设计的特点、方法与原则[J].开放教育研究,2021,27(5):63—72.

② 祝智庭,胡姣.技术赋能后疫情教育创变:线上线下融合教学新样态[J].开放教育研究,2021(1):13—23.

（2）从教学内容来看，实现了课程内容重组。发挥线上线下各自教学优势，以学生为主体，将符合学生不同学习基础与学习方式的教学内容进行重组设计，明确哪些内容通过线上呈现、哪些要在线下完成，根据课程标准，以单元化、情境化、任务群的方式，将线上教学内容与线下教学内容整合融通。

（3）从教学过程来看，实现了教学流程再造，通过课前预习、合作探究、课上交流、课后检测等方面设计教学过程。特别注重学生自主学习、小组合作、个性化辅导等活动的实施。线上线下融合教学设计逐步模糊线上线下边界，凸显融合优势。[1]

（4）从教学评价来看，实现了伴随式评价开展。学习数据实时采集与应用是促进线上线下融合教学的重要条件，也是指向个性化学习的前提。将评价内容嵌入到学习过程中，基于学生学习数据分析学生学习现状，依据教学目标伴随每位学生学习历程，有针对性地、适时地进行反馈与干预，促进学生个性化学习和自适应学习。

（5）从教学环境来看，线上线下教学需要有信息技术基础设施的支持，线上教学需要网络、数字设备、数字资源等，线下教学同样需要网络、平板/电脑以及多媒体等，数字化学习环境使得学生在线上线下融合学习空间无缝切换，按照学习需要选用恰当的学习环境。

二、依托新形态教材进行融合教学设计

融合教学实现了传统教学无法做到的新型资源配置和基于数据的学习评价，线上线下融合教学环境赋予了教学新时空，发挥出线上学习和线下学习各自优势，促进高质量教学的开展。课程实施中，教师依托新形态教材中线上线下融合的教学资源，借助学习数据采集和处理的数字化工具，从教学目标、内容组织与实施过程、教学评价、教学环境设计等方面开展融合式教学设计。（如图7-2-1所示）

在教学目标上，线上线下融合教学促进了因材施教理念的落实。一方面，线上线下融合教学过程中，通过采集分析学生的过程性学习数据，如学生线上完成的课前学习情况，学生学习过程中做过的每一道题，学生课后的在线检测等，判

---

① 李锋，周世杰."双新"背景下培养"数字公民"的思考[J]. 中国信息技术教育，2021(14)：4—9.

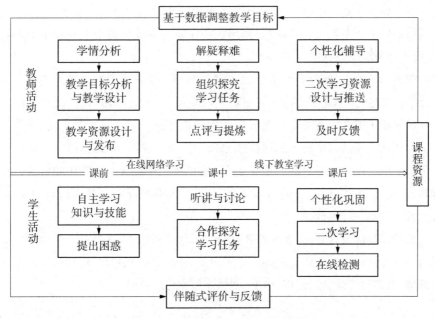

图7-2-1 线上线下融合式教学模式

断学生学习现状,较精准地为学生制定个性化学习目标。另一方面,线上学习为学生自主学习提供资源内容,帮助学生自主开展知识与技能类内容的学习,线下学习过程中师生可以深入讨论交流,集中解决线上遇到的难题,开展基于真实情境下的探究性任务,促进高阶学习目标的达成。

在内容组织与实施方法上,将其分为教师活动和学生活动的课前、课中和课后环节。在课前环节,教师基于学生测评数据进行学情分析,设定教学目标,进行教学设计,在平台上发布教学资源,用于支持学生对知识与技能的学习。同时,学生登录平台自主学习教师发布的内容,在学习完后提出存在的困惑问题。在课中环节,教师作为指导者和引导者,帮助学生解疑释难,引导学生探究和讨论更深层次的问题,是对线上学习知识的综合应用,加强线上和线下教学内容的相互融合,之后教师对学习过程和结果进行点评和提炼。学生听讲和讨论问题,以集中研讨或合作探究的方式进行,在此过程中培养学生创造性思维、问题解决能力、沟通交流能力等。课后环节,在学习数据分析的支持下,教师根据学生课前及课上的学习反馈情况,通过学习资源推送方式为学生提供个性化学习资源,利用在线平台与学生进行互动交流,及时反馈学生学习过程中的问题,开展个性化学习指导。在此过程中,学生按照教师推送的个性化学习资源进行二次学习,在教师在线指导下解决学习问题,利用在线作业等方式巩固个人学习中的薄弱点,直到达成教学目标。

在教学评价上,伴随式评价是融合式教学的一项重要内容。通过线上线下融合学习环境,伴随式评价的学习过程实时记录、个性化学习分析、评价结果及时反馈等要求都能够在融合式教学模式中得以实现。在学习科学理论、数据支持下的伴随式评价可以较客观地描述出每一位学生在线学习的现状,教师可以根据学生的阶段性学习数据发现学生存在的问题,对其进行个性化的资源推送和辅导;此外,教师可以分析学生学习数据,按照学生的学习现状进行教学设计,提高教学活动的针对性。

在教学环境设计方面,新形态教材的应用环境包括了在线网络学习环境、线下教室学习环境以及课程资源等。师生所处的线上网络学习环境和线下教室学习环境,都需要智能移动终端、电脑、网络等信息化设施的支持。

三、新形态教材支持下融合教学实践效果分析

为探讨新形态教材应用的教学实施效果,研究者通过新形态信息科技教材及配套平台的数字化资源在高一年级开展了教学实践研究,选择三个平行班学生为研究对象。

(一) 研究概况

在教学实践研究过程中,教学内容选择的是华东师范大学出版社《信息技术》高一年级"必修1"第三章"数据处理与应用",本章围绕数据处理与应用开展教学,包括"数据采集、整理与安全""数据分析与可视化处理""数据分析报告应用"等内容。教材采用纸质教材及配套在线学习平台资源,支持师生开展线上线下融合学习。教学实践过程中,比较了融合教学实验组与在线教学对照组 A、依托纸质教学对照组 B 之间的教学效果。

融合教学实施(实验组),教师将纸质教材中线下活动过程与线上(在线平台)提供的数据集资源、在线微视频资源和数字化工具资源相结合,利用教材配套平台资源组织学生开展学习活动,完成学习任务,发挥在线学习追踪技术的优势采集学生学习数据,分析每位学生的学习结果,针对学生学习问题进行教学指导。

在线教学实施(对照组 A),教师借助教材配套平台资源(包括数据集、数字化工具、在线微视频)组织学生开展活动,完成学习任务,发挥在线学习追踪技术的优势,采集学生学习数据,分析每位学生的学习结果,学生根据个人需求通过平台微视频进行二次学习。

依托纸质教材教学实施(对照组 B),教师按照纸质教材中的内容讲解数据处理的过程,通过微视频对数据处理的方法进行演示。例如,在"数据采集"一节中,教师通过微视频讲解知识技能要点,通过案例分析应用知识与技能获取网络数据的方法,介绍基本原理,采用纸质学习任务单的方式检测学生学习结果。

(二) 实践策略

按照研究构建的线上线下互补性的融合式教学模式流程,笔者在实践中主要采用了以下策略。比较实验组与"对照组 A"和"对照组 B"的学习结果,相关策略如表 7-2-1 所示。

表 7-2-1　三组教学策略的不同之处

分组/教学阶段	课前		课中				课后
	教材内容研读	基于平台学情分析	新知学习	教材内容研讨	任务活动	伴随评价	个性化学习
实验组	√	√		√	√	√	√
对照组 A	√	√	√		√	√	√
对照组 B			√	√	√		

不同组别教学实施中根据教材应用情况采用相应的学习策略,这些策略包括:课前活动学生教材内容研读、基于平台预习的学情分析;教学实施中的新知学习、教材内容研讨、任务活动、伴随评价;课后的个性化学习等。教学策略实施方法是:

(1) 基于数据的学情分析。在整个实践研究过程中,我们选择了教材配套平台,师生进行实名注册。由平台发布教材配套的数字学习资源,可通过平台采集学生检测、练习、作业数据,运用平台的数据统计功能,实现了对学生学情的精准分析。

(2) 教材内容研读。学生通过阅读纸质教材中的内容,学习教材所设计的知识与技能,按照教材内容组织的逻辑关系,结合个人学习基础,自主学习相关的内容。

（3）新知学习。针对课程中的核心知识内容，研究者制作了多个微视频资源，发布在教学平台上，帮助学生在线自主进行新知学习。

（4）教材内容研讨。师生针对纸质教学中所设计的一些问题进行讨论，合作探索解决问题的方法、策略和方案，并进行展示交流。

（5）针对能力增强的任务设计。在数据分析环节，对平台中提供的数据集进行处理。如"某区域共享单车使用情况数据分析"主题，设置了两个活动任务：①数据分析（包括查找、筛选、排序）；②数据可视化。实践过程中，组织学生对数据集中的数据进行处理。

（6）个性化学习指导。基于教材配套教学平台，打通学习数据通道，基于学生课上反馈情况，研究者制作了不同类别的"二次学习微视频"，推送给不同需求的学生，学生学完微视频后进行学习检测，开展针对性的学习指导。

（三）数据分析

研究团队在教学实验中获取的检测数据，对实验组、对照组 A、对照组 B 的数据进行了独立样本 t 检验。由表 7-2-2 可见，p 值小于 0.05，表明实验组和对照组 A 的测试得分存在显著差异，且实验组学生的平均得分（M=60.83）比对照组 A（M=56.89）高出 3.94 分。由表 7-2-3 可见，p 值小于 0.05，表明实验组和对照组 B 的测试得分存在显著差异，且实验组学生的平均得分（M=60.83）比对照组 B（M=54.09）高出 6.74 分。由此可知，实施线上线下融合教学能较好促进学生掌握所学的学科知识与技能。

表 7-2-2　实验结束后实验组和对照组 A 测试结果对比

分组	样本量	均值	标准差	t	p
实验组	79	60.83	11.76	-2.535	0.012
对照组 A	80	56.89	12.16		

表 7-2-3　实验结束后实验组和对照组 B 测试结果对比

分组	样本量	均值	标准差	t	p
实验组	79	60.83	11.76	-4.085	0.000
对照组 B	77	54.09	8.68		

新形态信息科技教材支持下的融合教学作为一种新型教学模式,推动了教学变革与创新,实现了线上与线下的融合、课上与课下的融合、校内与校外的融合、教师指导与自主学习的融合,助力教学活动向情境化、智能化、精准化与个性化发展。研究表明,新形态信息科技教材在支持线上线下融合教学实施中,能够显著促进学生掌握所学的知识与技能。然而,在教学实践的过程中,受外在因素影响,也出现了教师数字化教学能力不强、过于强调模仿、真实教学情境中解决问题不足等问题。因此,教师数字素养以及新教学方法都还需要进一步提高与探索。

第一,提升教师数字素养。新形态教材支持的线上线下融合教学对教师的数字化教学能力提出了较高要求,教师需要熟练应用数字化设备,能够分析学生学习数据背后的含义,利用信息科技教材配套网络平台及所提供的数字化资源进行教学设计与实施等。然而在具体教学实践中,一线教师在自主选择教学工具、有效应用数字化工具开展数字化教学等方面还存在较大的提升空间。2022年,教育部发布的《教师数字素养标准》提出了数字化意识、数字技术知识与技能、数字化应用、数字社会责任、专业发展五个一级维度。该标准明确了教师数字教学方面应具有的能力,对教师专业发展提出了新要求。因此,在开展线上线下融合教学过程中,一方面,需要摸清学校教师数字素养水平,针对薄弱能力项进行系统化培训。另一方面,教材研发部门要进一步完善纸质教材和配套在线资源,更好地支持融合教学实践,推动教师在教学实践中提升个人数字素养。

第二,基于伴随式评价个性化教学实施。随着教学改革深入,借助数字技术促进教育从大规模集体化教学向因材施教的发展已越来越为学界所重视[①],教学评价从关注学生甄选走向关注学生的发展,伴随式评价成为大数据教学背景下学生学习评价的新方式。在融合教学过程中,学生学习过程的追踪记录为伴随式学习数据收集和分析提供了可能,将过程性数据有效利用,对学生进行差异化教学,成为融合教学研究的挑战性任务。例如,新形态信息科技教材支持下的线上线下融合教学实施,可根据学生课前的学情数据对学生进行学习基础分析,根据学生学习基础和学习需求推荐个性化学习材料,帮助学生减轻学习负担,提升教学的效率和质量。伴随式评价开展过程中的评价结果实时反馈、全面评价学生学习表现等特点,为新形态信息科技教材支持的融合教学提供了新思路。

---

① 袁振国.教育数字化转型:转什么,怎么转[J].华东师范大学学报(教育科学版),2023(3):1—11.

随着计算机和网络技术的发展,教学及知识的传播方式也在不断加入新的技术元素,学校教材也从传统纸质教材发展为线上线下融合教材的新形态。学生应用新形态教材所产生的学习数据成为一种全新教育资源,通过采集与分析学生学习数据,可较准确地判断学生学习状况,提供针对性学习指导。因此,新形态信息科技教材应用中,可利用教材配套的网络平台及工具将学生学习数据记录下来,基于学习数据的分析结果来审视教与学,促进从"基于经验教学"向"基于证据教学"发展。

一、学生生成性数据的类别与特征

新形态信息科技教材应用过程中,利用配套网络平台及平台的过程跟踪、数据采集和可视化处理等技术,可以记录学生在网络平台上的学习行为,形成大量且连续的学习数据。分析学生应用教材配套网络平台学习的数据,主要可划分为三种类型数据:(1)基础性数据;(2)过程性数据;(3)测评性数据。

1. 基础性数据。基础性数据是实现基于大数据的个性化教育的重要基础,是对学生个体特征较全面的反映,是个性化教育尊重个体差异的基本前提。基础数据采用数据集成、融合等方式,归档现有的各级各类教育教学业务信息系统中学生人口学等数据。[①] 新形态教材配套网络平台上的基础性数据是学习者在在线学习前所产生的数据,反映了学习者的个人基本情况,例如学习者在注册网络平台时就可以获取的数据信息等。

2. 过程性数据。过程性数据指的是学生在学习过程中所表现出的各种反映学生在自然状态下的细微而又真实的行为表现,这些表现有隐性的特点,在一般情况下教师难以观察。而通过在线学习平台能够最大限度地保留这些细微而又

———————————

① 米春桥,邓青友,李晓梅,刘毅文,赵嫦花.基于大数据的个性化教育方法体系构建[J].计算机教育,2018(10):129—131.

反映真实现状的数据。过程性数据具有连续性和即时性的特点,在学习过程中精细化的活动数据可以即时地保留下来。过程性数据包括知识点掌握程度、资源使用情况和学科学习时间、学生与教师课堂环节同步率、学生对课堂素材的选择、阅读时长、顺序等。

3. 测评性数据。测评性数据指的是学生完成在线学习后,根据学习目标分析学生的学习情况,对学生的学习情况进行客观总结,同时也对教师教学质量进行评估,在这一过程中所产生的数据集。测评性数据包括教师基于学习过程对学生个人能力的评价数据,例如,学生在完成新形态教材配套网络平台资源学习后,以在线习题的方式对所学教材中的知识与技能进行巩固练习,平台可以实现与反馈学生在完成练习过程中的正确率与做题时间等信息。

二、应用学生学习数据进行个性化指导

新形态信息科技教材应用过程中,学生开展线上线下融合学习所生成的数据资源日趋丰富和多样,学习数据成为指导教学设计和实施的重要资源。但是,如何根据这些数据去构建一个科学的评价模型,怎样较准确地分析学生学习特点、持续地跟踪学习状态,并不断完善系统模型;如何为教育者提供有效的输出结果,落实因材施教理念,精准地进行个性化指导,增加学生学习效果,这对教师应用新形态教材提出了挑战。

2012 年 4 月,美国教育部发布的《通过教育数据挖掘和学习分析改进教与学问题简介》中指出,在教育中有两个特定的领域会用到大数据:教育数据挖掘和学习分析。[①] 2018 年 5 月,柴艳妹等在《基于数据挖掘技术的在线学习行为研究综述》一文中认为:数据挖掘技术应用于在线学习系统中是一个循环迭代的过程,在线学习行为研究中应用数据挖掘的流程包含四阶段,分别为数据收集、数据预处理、数据应用、数据挖掘。[②] 分析学习数据处理已有研究成果,根据教育数据的特点以及教育信息的理论,新形态信息科技教材及配套网络平台中所生成

① Bienkowski M, Feng M, Means B. Enhancing teaching and learning through educational data mining and learning analytics: an issue brief [Z]. Washington, D. C. Office of Educational Technology, U.S. Department of Education. 2012:9 - 10,13.
② 柴艳妹,雷陈芳. 基于数据挖掘技术的在线学习行为研究综述[J]. 计算机应用研究,2018(5):1287—1293.

的数据处理结构模型如图7-3-1所示。

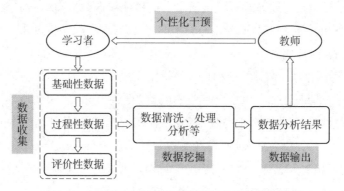

图7-3-1　新形态教材应用中数据处理的结构模型

在数据处理结构模型中,主体是学生(即新形态教材应用者),学生在新形态教材及配套网络平台学习过程中,其学习内容、学习时间、学习过程等都将作为过程性数据进行记录,学生在学习过程中进行的学习评价,以及课后的作业练习等也都将以数据形式得以保存。学生学习数据收集之后,构建学生学习数据集,按照数据处理规则进行数据清洗,去除一些不必要的数据,对处理后数据进行分析和可视化处理,将数据处理结果反馈给教师。教师解读数据分析结果后,对学生学习现状进行判断,针对学生学习问题和需要开展个性化的干预与指导,增加学生学习效果。

三、新形态教材生成性学习数据应用案例①

通过采集和分析学生使用新形态教材及配套网络平台生成的学习数据,不仅能帮助教师进行学情分析,也能支持教师开展个性化学习指导。例如,在新形态信息科技教材配套网络平台中,可以对学生学习过程中生成的学习数据进行跟踪记录,还能对学生课后作业完成情况进行分析,数据结果既可供教师在网络平台中教师端上进行查看,也能帮助教师开展针对性的教学指导,提高教学精准化水平。

"枚举算法"是教科版《高中信息技术必修一·数据与计算》中"算法与程序

① 该案例由复旦附中青浦分校王定洋老师提供。

实现"章节的教学重点之一,其中采用循环结构来列举出所有可能状态发生的情况,以分支结构逐个判断有哪些情况符合问题所要求的条件,内容结构紧凑且环环相扣、逐步推进。学生在应用新形态教材配套平台和学习资源学习过程中,每部分的学习都会以数据的方式留下"痕迹"。教师通过分析和判断学生每一环节中的学习情况,可以更合理地设计教学与开展教学指导。

首先,在教材配套网络平台上,教师通过教师端可以布置每一课时的相应练习,学生基于网络平台完成这些练习后,教师能够查看每个学生答题正确率、试答次数,以及完成作业所需时间等数据。例如,分析图7-3-2中的数据可以发现,其中一位同学,对教师布置的习题练习次数为4次,每次答题时长在3分钟以内,较长的一次用时2分29秒,最短的一次只有24秒(也是最后一次),此外该生最初的习题正确率较低,但经过多次努力后,较好地完成了习题任务。这说明一方面该生学习基础需要加强,教师需要按照学习目标要求为学习基础较弱的学生提供一些学习资料,另一方面该生学习态度较好,能针对自己的学习问题持续地开展学习,直到解决学习过程中的困惑。教师通过数据分析结果,可以与学生进行深入交流,寻求学生学习表现的真实情况与原因。教师在教学过程中"对症下药",为学生提供个性化的学习指导。

图7-3-2 教材配套网络平台练习结果数据

除此之外,新形态教材配套网络平台通过网络平台"智能学情分析"系统可对学生整个单元练习情况进行分析,帮助教师了解学生个体和班级整体的学习情况。就学生核心素养表现数据进行挖掘与分析,从"信息意识""计算思维""数字化学习与创新""信息社会责任"方面对学生核心素养的发展情况做出判断。

因材施教是教育的高层次境界。新形态教材开发与线上线下融合教学改变了传统纸质教材信息单向传输的功能,借助配套网络平台,使得"信息传输—学生学习—数据生成—循证分析—个性化指导—教材资源调整"成为教材建设和优化的闭环。随着学生学习大数据的生成和分析结果的提供,教师需要用数字化教学思维去理解这些数据的价值,利用好这些数据,借助新形态教材促进传统课堂教学的变革与突破。

第四节　利用新形态教材的"错题库"促进有效教学

学生学习过程是学习目标达成的过程,也是个人学习成果生成的过程。在此过程中学生可以生成正确的学习成果,但也难免会出现这样或那样的"错误",分析这些"错误",可以反映学生在学习过程中的困惑和痛点,可为学生针对性学习提供指导、为促进有效教学提供证据支持。新形态教材及其配套网络平台,为记录和梳理学生学习过程中的"错误"提供了技术支持。借助教材配套网络平台,可为每位学生建立"在线错题库",将"错题"转化为促进学生发展的学习资源,帮助学生找到自己学习过程中的薄弱之处,引导学生针对个人的学习问题开展学习,成为借助新形态教材促进有效教学的一种新策略。

一、"在线错题库"的教学功能

从多元智能理论来看,学习者的智力总会存在着一定的差别,不同学习者在智力方面的优势表现也各不相同。[1] 因此,新形态教材及配套学习网络平台应用过程中,就需要根据学生所表现的能力特征设计与之相适合的学习资源与方法,

---

[1] 霍华德·加德纳. 多元智能[M]. 沈致隆,译. 北京:新华出版社,1999.

有证据地开展个性化指导。"在线错题库"通过跟踪学生的学业评价过程，分析学生学习过程出现的问题及相关原因，为每一位学生建立错题内容及错误分析档案系统，依据学生学习差异提供学习资源和个性化学习支持。从学习指导功能方面来看，在线错题库具有错误习题分类整理、个性化学习资源推荐、错题库更新与完善、错题资源共享与交互等方面的功能。（如图 7-4-1 所示）

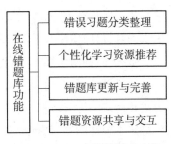

图 7-4-1　在线错题库功能

错误习题分类整理功能。 该系统能记录学生在练习与评价过程中错误习题的编号与内容，编写错题序号；按照知识与技能体系对错误习题进行分类整理，厘清错题所属的知识类别，用可视化方式（例如知识结构图）呈现学生在学习过程中的问题或不足。

个性化学习资源推荐功能。 该系统能标识学生解题过程中错误的地方，给出错误的归因分析（从知识要点、过程方法等方面给出归因）。针对学生练习过程中的错误习题及出错原因给出进一步学习的建议，提供与之对应的学习资源，补充一题多解、同类归纳和题目改编等学习资源，帮助学生通过对错题的学习起到举一反三的作用。

错题库更新与完善功能。 随着学生在线学习的深入，该系统可将学生在学习过程中所出现的新学习问题持续地补充到错题库中，同时将新的错题纳入相应的类别项目中，建立错题之间的关联，提供相应的解决错题需要的知识与技能的学习资源。

错题资源共享与交互功能。 在线学习过程中，学生通过对错题的进一步学习，可能会产生新的学习方法与体会，通过该系统可以将这些学习成果进行分享与交流，帮助其他同学少走"弯路"，提高全体学生在线学习质量。

二、基于"错题库"的学习干预案例

新形态教材及配套网络平台应用过程中，通过"在线错题库"，教师可以梳理出学生在学习过程中的共性与个性问题。针对这些问题，教师可以再次设计和组织教学资源，改进教学方式，提高教学质量。例如，一位信息科技老师在"声音数字化"的复习课程中,利用新形态教材配套网络平台,将本章中学生错题比例最高的习题重新组织,专门设计一节"学生在线错题复习课",帮助学生梳理学习内容。其设计、组织与实施过程如下所示。

步骤一:遴选错题,明确复习内容。借助教材配套网络平台分析班级中学生的在线错题库,遴选出学生出错率较高的习题。分析这些容易出错的习题,界定与之相对应的学习目标,找准学生未能掌握的知识与技能要点,在错题分析基础上确定本节课的复习要点。

案例:

1. 高错误率的习题:"一首时长为 100 秒的双声道音乐,采样频率为44.1kHZ,量化位数为16,请计算该文件大小是多少兆。"在线数据显示,该题学生在计算过程中错误率为50%。

2. 对应教学目标:了解数字化的意义和作用,理解数据编码的基本方式。

3. 知识与技能要点:①音频文件大小与采样频率、量化位数、声道数、时长的关系;②存储单位之间的换算。

步骤二:分析原因,进行二次教学设计。通过教材配套网络平台的记录功能判断学生答题过程中出现错题的原因,依据错题所对应的学习目标和问题存在的原因,进行二次教学设计。其中包括:(1)重新细化教学目标,将教学目标进一步分解,便于学生分步理解。(2)改变教学方法。例如,对于抽象的原理知识可以采用实物观察和动手体验方式完成。(3)提供更多的教学资源。例如,增加微视频内容,便于学生进行选择性学习。

案例:

判断习题出错原因:学生对声音数字化过程没有理解清楚,对公式只是采用记忆的方式,在习题计算过程中就容易忘记计算相关的参数。例如,较多学生忘记双声道的记入,还有学生只是套公式,忽视将存储单位转化为"兆"单位。

二次教学设计:教师通过"微视频"方式进行教学资源二次设计,分步骤讲解声音数字化过程,明确每一个参数的特征和意义。复习课程中,请学生按照微视频的讲解寻找错题出现的原因。

步骤三：改变错题呈现形式，伴随学生复习。依据学习目标，从形式上对错题进行重新设计。例如，改变描述情境、重新设置题型等。将重新设置的习题安排到本节课的复习过程中，利用重新设计的习题检测课堂复习效果，确保学习目标的达成。

案例：

二次设计习题，检验复习效果：小张同学录制了两段音乐，一首是时长 100 秒，双声道，采样频率 48 kHZ，量化位数 16；另一首是时长 200 秒，单声道，采样频率 44.1 kHZ，量化位数为 8；在未经压缩的条件下，请比较两段音乐的存储量大小。

步骤四：组织小组讨论，反思错题复习效果。复习完成后，组织小组同学对出现的错题进行讨论。要求同学分析个人错题出现的原因、复习后所采用的解决错题的方法、比较同学之间解决问题的异同，依据学习目标小组同学相互出题练习，起到举一反三的作用。

案例：

小组交流，相互检测：针对上述错题完成对应的知识点复习后，同学以小组为单位进行交流，反思学习过程，针对知识技能点，尝试小组同学相互出题练习。

三、"在线错题库"的应用价值与意义

新形态教材中"在线错题库"的建设过程，是伴随学生的学习与评价不断完善与更新的过程。通过"在线错题库"，可以"刻画"每位学生在学习过程中所出现的困难，对学生未能掌握的知识与技能进行"画像"，以可视化方式反映出学生学习过程中的不足，发现学生学习问题产生的原因，为精准学习的开展提供支持。

（一）"在线错题库"可以有针对性地促进学生学习。在线错题库的分类整理、交流互动空间以及个性化资源推荐等功能，可以帮助学生对自己知识与技能掌握的不足进行分类梳理，研讨交流个人错题库的问题及解决方法，针对个人

学习过程中的问题开展学习,避免学习过程中的"题海战术"。

首先,通过在线错题库,可明确个人需要解决的学习问题。在线错题库可对学生学习错误处进行标识和归类。学生通过对在线学习错题集中的标注,找到自己学习薄弱之处,按照问题的归类,分析所出现错误的原因,在系统的提示下有针对性地学习相应的知识与技能,寻求解决学习问题的方法。

其次,利用在线错题库,实现同学之间"错题与解决方法"的共享与交流。不同的人对错题解决的方法会有不同,每个人总结反思的深度、广度也存在着差异。学生利用在线平台,对所出现的问题以及解决的方法进行互动共享,取长补短,避免出现类似的错误。

再次,通过在线错题库的推荐功能提高学习的针对性,避免"题海战术"。在线错题库通过分析学生错题的内容,可以提示学生需要进一步学习的内容,明确学习方向。实际应用中,还可阶段性为学生推荐前期出现的类似错题,帮助学生有针对性地练习,将错题转化为学习资源,降低机械练习的负荷。

（二）"在线错题库"有助于教师开展补救性教学。 在线错题库的分类整理,通过学生个人时序数据比对、全体学生集中数据分析、学习资源二次开发,以及学习资源梯度分解等方式呈现学生错题情况,教师依据错题库分析结果,采用集中或个别辅导等方式开展补救性教学。

其一,借助"在线错题库"辅导共性问题。教师借助在线错题库,可以梳理学生在学习和评价过程中所出现的共性问题,通过在线分析系统对学生所出现的共性错误习题进行归类、排序、汇总,分析学生出现共性问题的原因,针对问题原因和学习需要,对教学资源进行二次开发,对教学方法进行再次设计,调整教学策略。针对这些问题,采用线上或线下方式对学生进行集中指导。

其二,利用"在线错题库"指导学生个性问题。教师通过教材配套网络平台学生学习数据中心,一方面可以看到每位学生在伴随评价过程中的学习情况分析报告,发现学生的个性化学习问题,另一方面也可对"习题"归类,分析每位学生对不同类型习题的掌握情况,采用可视化方式(例如雷达图)呈现每位学生的知识结构掌握情况,分析学生错题出现的原因,进而有针对性地制定个性化辅导策略。

其三,通过"在线错题库"辅助教学设计。在线错题库不仅是学生学习的资源,也是教师备课的资源。教师通过在线错题库了解学生对以前"错题"的掌握程度,辅助教学设计。例如,在教学设计中,教师从"在线错题库"中有针对性地抽题,对学生学习进行诊断,将评价和教学结合起来,起到"以评促学"的作用。此外,还可通过小组合作的方式,通过"错题库"组织小组学生对错题进行研讨学习,提高小组学习质量。

新形态教材通过配套网络平台创建的"个人在线错题库",发挥了信息科技自身优势,将学生学习过程中出现的"错题"转化为学习资源。利用这种资源,一方面可以提高教学指导的针对性,为教师调整教学策略提供证据[①];另一方面也可以避免"题海战术",通过有效判断学生学习过程中的不足,为学生指明学习方向。新形态信息科技教材及配套网络平台建设与应用中,及时发现学生学习问题,合理使用"在线错题库",也将加快教师从基于经验教学向基于证据教学的发展,推动大规模因材施教理念的落实。

---

① 杨明全,吴娟.论基于证据的学习的内涵与意义[J].教育科学研究,2017(11):43—47.

结 语

　　教育数字化转型是将数字技术整合到教育领域各个层面,推动教育全方位的创新与变革,形成具有开放性、适应性和韧性的教育新生态。教材作为信息科技课程实施的重要抓手,在教育数字化转型大背景下,要充分利用互联网、大数据、人工智能等新技术、新工具创新教材形态,以数智教材建设与应用推动教育数字化转型。数智教材融合了数字化、网络化和智能化技术优势,为师生的教与学提供了适切的学习资源和学习方式。2020年修订的《高中信息技术课程标准(2017年版2020年修订)》建议教材采用纸介质与电子介质相辅相成的方式,以实现教材形态的多样化,促进教学手段的更新。因此,发挥新技术、新工具优势,加强数智教材建设就成为信息科技教材研究的新任务。

　　(一)发挥多媒体技术优势,丰富教材资源。 多媒体技术是通过数字设备对文字、图片、音频、视频等多种媒体信息进行存储和管理的技术,用户借助多媒体技术可实现多种感官与数字信息的互动交流。近年来,随着智能终端、虚拟现实、增强现实等新技术的快速发展,多媒体技术应用于教材建设中不仅改变着教材内容呈现形式,也创新出基于移动终端的数字教材组织新形态。借助多媒体技术,学生不仅能感受到教材中丰富多样的学习资源,也能够通过虚拟仿真场景加强与学习情境的互动,促进学生从接受学习向体验学习、探究学习的发展。因此,在信息科技教材建设过程中,将多媒体技术合理应用其中可把抽象的概念阐释转化为生动的交互场景,将纸质教材中的内容转变为引导学生体验参与的探究活动,促进学生学习方式变革。

　　(二)应用网络跨时空功能,拓宽教材边界。 网络技术是通过一定的通信协议将分布在不同地点的多个独立的数字设备系统通过互联通道连接在一起,实现数据和服务共享的技术,网络技术应用促进了用户跨空间的实时或非实时交互，推动资源的共建与共享。"互联网＋教材"建设拓宽了教材边界，不仅可以帮助学生有效地获取丰富的学习资源，也可加强师生、生生以及学生与资源的深度互动，为"人人皆学、处处能学、时时可学"创造了条件。网络技术在信息科技教材建设中的应用，为学生创设出一个全新的在线学习空间，学生学习纸质教材的知识内容时，也能利用在线学习资源开展跨时空的实践活动，远程协作完成活动作品，拓宽信息科技教材的边界，推动了立体化教材建设。

（三）借助知识追踪技术，提高教材自适应性。知识追踪技术是通过数字化手段获取学生学习数据，根据学生已有的答题情况对学生的知识掌握情况进行建模，推断学生当前知识状态的一种技术。知识追踪技术在教学建设中的应用，可以基于学生学习数据分析每位学生对教材学习过程中知识概念的掌握程度，预测学生在最近发展区内学习行为表现，有针对性地为学生推荐学习内容，提高教材自适应性。智能化工具在信息科技教材建设中把纸质教材内容与在线学习活动相结合，以纸质文本引导学生深度思考与研讨，通过在线伴随式技术记录、分析学生活动，针对学生学习问题，给予个性化、针对性的指导，推动统一学习内容的纸质教材向"一生一教材，一生一学案"自适应教材的发展。

（四）发挥新一代人工智能优势，促进数智教材建设。近年来，生成式人工智能创新发展为数字教材建设提供了新方法与新策略，将生成式人工智能合理融入信息科技教材建设与应用中可帮助教师有效组织教学内容，针对学生学习基础和需求提供个性化学习内容。生成式人工智能在教材建设中的应用，需要依据教材建设理论和信息科技课程特征，分析教材信息化、结构化和指导化的基本功能，通过思维链提示技术、检索增强生成技术和学习智能体等方式拓展教材的基本功能，按照学习心理学理论将智能工具融入信息科技教材与应用中，发挥生成式人工智能优势，为学生搭建学习支架、生成个性化学习内容、提供"双师"教学指导，为每位学生提供适切的学习资源，促进学生个性化学习开展。

综上所述，教育数字化转型大背景下，信息科技教材建设作为一个系统工程，既要避免忽视教材建设内在规律，过于强调技术功能的"教材技术论"，也要克服无视数字化设备的技术优势，一味沿用传统纸质教材的"教材保守主义"，而是要遵循教材建设的内在规律和现实需求，发挥数字化、网络化和智能化技术优势，以数智教材建设与应用促进教育数字化转型，推动信息科技课程大规模因材施教的开展。

参考文献

［1］国家教育委员会.中小学计算机课程指导纲要(修订稿)［S］.国家教育委员会办公厅,1997.

［2］中共中央国务院.深化新时代教育评价改革总体方案［S］.http://www.gov.cn/zhengce/2020-10/13/content_5551032.htm［2022－6－13］.

［3］中华人民共和国教育部.教育部关于印发《基础教育课程改革纲要(试行)》的通知［EB/OL］.(2001－06－08)［2023－07－28］.https://www.gov.cn/gongbao/content/2002/content_61386.htm.

［4］中华人民共和国教育部.教育部关于印发《普通高中课程方案(实验)》和语文等十五个学科课程标准(实验)的通知［EB/OL］.(2003－03－31).http://www.moe.gov.cn/srcsite/A26/s8001/200303/t20030331_167349.html.

［5］中华人民共和国教育部.教育部关于印发《中小学信息技术课程指导纲要(试行)》的通知［EB/OL］.(2000－11－14).http://www.moe.gov.cn/s78/A06/jcys_left/zc_jyzb/201001/t20100128_82087.html.

［6］中华人民共和国教育部.教育部关于印发《中小学综合实践活动课程指导纲要》的通知［EB/OL］.(2017－09－25).http://www.moe.gov.cn/srcsite/A26/s8001/201710/t20171017_316616.html.

［7］中华人民共和国教育部.普通高中技术课程标准(实验)［M］.北京:人民教育出版社,2003.

［8］中华人民共和国教育部.义务教育信息科技课程标准(2022年版)［M］.北京:北京师范大学出版社,2022.

［9］中华人民共和国教育部.普通高中信息技术课程标准(2017年版2020年修订)［M］.北京:人民教育出版社,2020.

［10］中华人民共和国教育部.义务教育课程方案(2022年版)［M］.北京:北京师范大

学出版社,2022.

[11] 安德森,等. 学习、教学和评估的分类学(布卢姆教育目标分类学修订版)[M]. 皮连生,等,译. 上海:华东师范大学出版社,2008.

[12] 陈琦,王本中. 中学计算机教育的回顾与展望——全国中小学计算机教育资料汇编[M]. 北京:电子工业出版社,1991.

[13] 崔允漷,邵朝友. 试论核心素养的课程意义[J]. 全球教育展望,2017,46(10):24-33.

[14] 崔允漷. 学科核心素养呼唤大单元教学设计[J]. 上海教育科研,2019(4):1.

[15] 格兰特·威金斯,杰伊·麦克泰格. 追求理解的教学设计(第二版)[M]. 闫寒冰,宗雪莲,赖平,译. 上海:华东师范大学出版社,2017.

[16] 顾明远. 教育大辞典[M]. 上海:上海教育出版社,2002.

[17] 郭善渡. 正确认识和处理计算机学科教学中的十个关系[J]. 课程·教材·教法,1995(8):45-48.

[18] 国际文凭组织. 在中学项目中培育跨学科教学与学习[M]. 卡迪夫:国际文凭组织出版社,2014.

[19] 郝志军. 教材建设作为国家事权的政策意蕴[J]. 教育研究,2020,41(3):22-25.

[20] 胡小勇,张瑞芳,冯智慧. 翻转课堂中的问题导学策略研究[J]. 中国电化教育,2016(7):93-98.

[21] 黄诗雯,刘朝晖,罗凌云,等. 融合行为和遗忘因素的贝叶斯知识追踪模型研究[J]. 计算机应用研究,2021,38(7):1993-1997.

[22] 黄先开,杨艳萍. 数字化变革引领创新构建智慧教育新生态[J]. 中国高等教育,2022(Z3):15-17.

[23] 江波,杜影,顾美俊. 智能教材研究综述[J]. 开放教育研究,2022,28(3):39-50.

[24] 黎加厚. 电子作品集:我国学校教学改革中应用现代教育技术的新发展[J]. 中国电化教育,2001(3):5-9.

[25] 李秉德,李定仁. 教学论[M]. 北京:人民教育出版社,1991.

[26] 李锋,王吉庆. 旨在促进学习者发展的在线评价:伴随式的视角[J]. 中国电化教育,2018(5):74-79.

[27] 李锋,王希,王吉庆. 面向学科核心素养信息技术教科书的设计与开发[J]. 课程·教材·教法,2020(8):116-122.

[28] 李锋,周世杰. "双新"背景下培养"数字公民"的思考[J]. 中国信息技术教育,2021(14):4-9.

[29] 李锋,程亮,王吉庆.面向学科核心素养的信息技术单元设计与实现[J].课程·教材·教法,2021(10):114-119.

[30] 李锋,熊璋.建设数字教材,助力学生数字素养与技能提升[J].中小学数字化教材,2022(8):5-8.

[31] 李锋,盛洁,黄炜.教育数字化转型的突破点:智能教材的设计与实现[J].华东师范大学学报(教育科学版),2023(3):101-109.

[32] 李锋,袁雨欣.以数字教材推进教育数字化转型[J].现代教育,2023(4):3-7,17.

[33] 李如密.关于教学模式若干理论问题的探讨[J].课程·教材·教法,1996(4):25-29.

[34] 刘勉,等.虚拟现实视域下的未来课堂教学模式研究[J].中国电化教育,2018(5):30-37.

[35] 刘月霞,郭华.深度学习:走向核心素养(理论普及读本)[M].北京:教育科学出版社,2018.

[36] 罗伯特·J.马扎诺,等.教育目标的新分类学[M].高凌飚,吴有昌,苏峻,译.北京:教育科学出版社,2012.

[37] 吕学礼,陶振宗.BASIC语言——电子计算机初步知识[M].北京:人民教育出版社,1984.

[38] Margaret E. Gredler.学习与教学——从理论到实践[M].张奇,等,译.北京:中国轻工业出版社,2007.

[39] 牟智佳.多模态学习分析:学习分析研究新生长点[J].电化教育研究,2020,41(5):27-32,51.

[40] 穆肃,王雅楠,韩蓉.线上线下融合教学设计的特点、方法与原则[J].开放教育研究,2021,27(5):63-72.

[41] 尼尔·波兹曼.娱乐至死[M].章艳,译.桂林:广西师范大学出版社,2009.

[42] P·L·史密斯,T·J·雷根.教学设计(第三版)[M].庞维国,等,译.上海:华东师范大学出版社,2008.

[43] 瞿葆奎.课程与教材(下册)[M].北京:人民教育出版社,1993.

[44] 全国中学计算机教育研究中心.全国中小学计算机教育资料汇编[M].北京:电子工业出版社,1991.

[45] Robert J. Marzano.有效课堂——提高学生成绩的实用策略[M].张新立,译.北京:中国轻工业出版社,2007.

[46] 任学宝,王小平.背景·意义·策略:把握跨学科主题学习活动的重要维度——关于义务教育课程标准(2022年版)中跨学科主题学习活动的解读[J].福建教育,2022(27):29-32.

[47] 任学宝.跨学科主题教学的内涵、困境与突破[J].课程·教材·教法,2022,42(4):59-64,72.

[48] 任友群,随晓筱,刘新阳.欧盟数字素养框架研究[J].现代远程教育研究,2014(5):3-12.

[49] 任友群,隋丰蔚,李锋.数字土著何以可能?——也谈计算思维进入中小学信息技术教育的必要性和可能性[J].中国电化教育,2016(1):2-8.

[50] 沙沙.数字教材的边界问题分析及对策研究[J].课程·教材·教法,2022,42(2):67-72.

[51] 上海市中小学教材编写组.中学计算机教材[M].上海:上海教育出版社,1985.

[52] 邵朝友,崔允漷.指向核心素养的教学方案设计:大观念的视角[J].全球教育展望,2017,46(6):11-19.

[53] 邵瑞珍.教育心理学[M].上海:上海教育出版社,2002.

[54] 沈欣忆,苑大勇,陈晖.从"混合"走向"融合":融合式教学的设计与实践[J].现代教育技术,2022,32(4):40-49.

[55] 施良方,崔允漷.教学理论——课堂教学的原理、策略与研究[M].上海:华东师范大学出版社,2002.

[56] 孙鸿飞.电子学档在在线学习监控中的应用研究[J].中国远程教育,2007(2):57-60.

[57] 陶增乐.小学信息科技第一册(试验本)[M].上海:华东师范大学出版社,2004.

[58] 天津市中学计算机教学实验中心.初中计算机教材(试用版)[M].天津:天津教育出版社,1987.

[59] 田慧生.综合实践活动的性质、特点与课程定位[J].人民教育,2001(10):34-36.

[60] 王吉庆.信息素养论[M].上海:上海教育出版社,2001.

[61] 王莉莉,郭威彤,杨鸿武.利用学习者画像实现个性化课程推荐[J].电化教育研究,2021,42(12):55-62.

[62] 王小明.学习心理学[M].北京:中国轻工业出版社,2009.

[63] 王月芬.线上线下融合教学:内涵、实施与建议[J].教育发展研究,2021,41(6):19-25.

［64］魏雄鹰,翁恺.义务教育信息科技(四年级上)[M].杭州:浙江教育出版社,2023.

［65］吴砥,朱莎,等.学生数字素养培育体系的一体化建构:挑战、原则与路径[J].中国电化教育,2022(7):43－49.

［66］吴刚平.跨学科主题学习的意义与设计思路[J].课程·教材·教法,2022,42(9):53－55.

［67］肖君,等.基于 xAPI 的在线学习者画像的构建与实证研究[J].中国电化教育,2019(1):123－129.

［68］辛涛."探索增值评价"的几个关键问题[J].中小学管理,2020(10):1.

［69］熊梅,李洪修.发展学科核心素养:单元学习的价值、特征和策略[J].课程·教材·教法,2018,38(12):88－94.

［70］熊璋.义务教育信息科技课程建设的思考[J].中国信息技术教育,2022(11):5－6.

［71］徐丽芳,邹青.国外中小学数字教材发展与研究综述[J].出版科学,2020,28(5):31－43.

［72］许楠.增值性评价在教育教学中的应用初探[J].内江科技,2021,42(12):29－30.

［73］杨向东."真实性评价"之辨[J].全球教育展望,2015,44(5):36－49.

［74］杨向东.基于核心素养的基础教育课程标准研制[J].全球教育展望,2017(10):34－48.

［75］杨向东.指向学科核心素养的考试命题[J].全球教育展望,2018,47(10):39－51.

［76］应吉康.信息技术基础[M].上海:上海科技教育出版社,2004.

［77］俞时权.信息科技初中版(试验本)[M].北京:中国地图出版社,上海:中华地图学社,2003.

［78］余文森.从"双基"到三维目标再到核心素养——改革开放 40 年我国课程教学改革的三个阶段[J].课程·教材·教法,2019,39(9):40－47.

［79］余文森.论学科核心素养的课程论意义[J].教育研究,2018,39(3):129－135.

［80］袁振国.数字化转型视野下的教育治理[J].中国教育学刊,2022(8):1－6,18.

［81］袁振国.人工智能助推教育回归本源[N].文汇报,2018－11－25(5).

［82］袁振国.教育数字化转型:转什么,怎么转[J].华东师范大学学报(教育科学版),2023(3):1－11.

［83］张华.论核心素养的内涵[J].全球教育展望,2016(4):18－19.

［84］张华.核心素养与我国基础教育课程改革"再出发"［J］.华东师范大学学报（教育科学版），2016，34（1）：7-9.

［85］张华.课程与教学论［M］.上海：上海教育出版社，2007.

［86］张华.论核心素养的内涵［J］.全球教育展望，2016，45（4）：10-24.

［87］张华.论理解本位跨学科学习［J］.基础教育课程，2018（22）：7-13.

［88］张良.深度教学"深"在哪里？——从知识结构走向知识运用［J］.课程·教材·教法，2019，39（7）：34-39，13.

［89］张治，刘德建，徐冰冰.智能型数字教材系统的核心理念和技术实现［J］.开放教育研究，2021，27（1）：44-54.

［90］赵长林.什么是好的教科书设计：一种多学科观点［J］.教育导刊，2022（9）：33-41.

［91］赵中建，周蕾.作为一门学科的计算机科学——美国《K-12年级计算机科学框架》评述［J］.全球教育展望，2017，46（4）：52-66.

［92］郑桂华.义务教育语文学习任务群的价值、结构与实施［J］.课程·教材·教法，2022，42（8）：25-32.

［93］钟柏昌，龚佳欣.跨学科创新能力评价指标体系的构建与实证研究［J］.中国电化教育，2022（12）：27-34.

［94］钟启泉.单元设计：撬动课堂转型的一个支点［J］.教育发展研究，2015，35（24）：1-5.

［95］钟启泉.基于核心素养的课程发展：挑战与课题［J］.全球教育展望，2016，45（1）：3-25.

［96］周世杰，李锋.上海中学生网络学习现状调研与对策研究［J］.上海课程教学研究，2018（6）：56-80.

［97］周世杰，许洁.差异化教学如何落地——以二次学习微视频为例［J］.上海教育科研，2023（1）：83-88.

［98］朱珂，王玮，李倩楠.跨媒体智能的发展现状及教育应用研究［J］.远程教育杂志，2018，36（5）：60-68.

［99］朱龙，付道明.教育高质量发展背景下融合式教学的价值意蕴与发展路向［J］.现代教育技术，2022，32（10）：26-33.

［100］祝智庭，樊磊.信息技术.数据与计算［M］.北京：人民教育出版社、中国地图出版社，2019.

［101］祝智庭，胡姣.技术赋能后疫情教育创变：线上线下融合教学新样态［J］.开放教

育研究,2021,27(1):13 – 23.

[102] 祝智庭.信息教育展望[M].上海:华东师范大学出版社,2002.

[103] 佐藤学.建设学习共同体[J].基础教育论坛,2014(5):33 – 35,3.

[104] ACM&CSTA K – 12 Computer Science Standards [DB/OL]. (2015 – 05 – 15). http://csta. acm. org/Curriculum/sub/CurrResources. html.

[105] ACM&CSTA, Running On Empty: The Failure to Teach K – 12 Computer Science in the Digital Age [EB/OL]. (2013 – 3 – 20). http://www. acm. org/runningonempty/.

[106] Ala-Mutka K, Punie Y, Redecker C. Digital competence for lifelong learning [J]. Institute for Prospective Technological Studies (IPTS), European Commission, Joint Research Centre. Technical Note: JRC, 2008,48708:271 – 282.

[107] American Association of School Librarians, Standards for the 21st-Century Learner [DB/OL]. (2007) http://120. 52. 72. 38/www. ala. org/c3pr90ntcsf0/aasl/sites/ala. org. aasl/files/content/guidelinesandstandards/learningstandards/AASL_LearningStandards. pdf.

[108] Blazer, C.. Literature review: Digital textbooks. Research Services of Miami-Dade County Public Schools. [DB/OL]. (2022 – 11 – 9). literaturereviewondigitaltextbooks. pdf (dadeschools. net).

[109] Boix Mansilla, V &Gardner, H, Disciplining the Mind to Prepare the Young for Tomorrow's World [J], Educational Leadership, 2007:65(5),14 – 19.

[110] Boulanger D, Kumar V. An Overview of Recent Developments in Intelligent e-Textbooks and Reading Analytics [J]. iTextbooks@ AIED, 2019:44 – 56.

[111] Choi, J. & Hannafin, M. Situated cognition and learning environments: roles, structures, and implications for design [J]. ETR&D, 1995,43(2):54.

[112] Computing at School Working Group, Computer Science: A curriculum for schools [DB/OL]. (2012 – 03 – 10). http://www. computingatschool. org. uk.

[113] Daniel L. Schwartz. The ABCs of How we Learn [M]. New York: W. W. Northon&Company, 2016.

[114] David Buckingham Media Education Literacy, learning and contemporary culuture [M]. Polity Press UK, 2003.

[115] Engbrecht, J. R. Digital textbooks versus print textbooks. Culminating

Projects in Teacher Development. (2018). https://repository. stcloudstate. edu/ed_etds.

[116] Esther S. Grassian, Information Literacy Instruction: Theory and Practice [M]. New York, Neal-Schuman Publishers, Inc. 2009.

[117] Greenfield J. Students, professors still not yet ready for digital textbooks [J]. Digital Book World, 2013.

[118] Harvi Singh and Chris Reed. Centra Software. A white paper: Achieving success with blended learning [DB/OL]. (2019 – 03 – 05). http://www. leerbeleving. nl/wbts/wbt2014/blend-ce. pdf.

[119] Jeannette M. Wing. Computational Thinking [J]. Communications of the ACM, 2006,3:34 – 35.

[120] Kirsti Ala-Mutka, Yves Punie, Digital Competence for lifelong Learning, European Commission(2008), https://www. academia. edu/52806366/Digital_ Competence_for_Lifelong_Learning_Policy_Brief.

[121] Lee H J J, Messom C, Yau K L A. Can an Electronic Textbooks Be Part of K – 12 Education?: Challenges, Technological Solutions and Open Issues [J]. Turkish Online Journal of Educational Technology-TOJET, 2013,12(1):32 – 44.

[122] Marc Prensky. Digital Natives, Digital Immigrants [DB/OL]. (2001 – 10). http://www. marcprensky. com/writing/Prensky% 20-% 20Digital% 20Natives,%20Digital%20Immigrants%20-%20Part1. pdf.

[123] Pepper, D. Assessing Key Competences across the Curriculum-and Europe [J]. European Journal of Education, 2011,46(3):335 – 353.

[124] Perkins, D. N., Salomon. G. Teaching for Transfer [J]. Educational Leadership, 1988(46):22 – 32.

[125] Russo, J., et al. Teaching with challenging tasks in the first years of school: What are the obstacles and how can teachers overcome them? [DB/OL]. (2020 – 12 – 29). https://www. researchgate. net/publication/332139139.

[126] Sara Arnold-Garza. The Flipped Classroom Teaching Model and Its Use for Information Literacy Instruction [J]. Communication in Information Literacy, 2014,8(1):7 – 21.

[127] Siemens, G., Long, P. Penetrating the fog: Analytics in learning and

education [J]. EDUCAUSE review, 2011,46(5):30.

[128] Singleton J. Head, heart and hands model for transformative learning: Place as context for changing sustainability values [J]. Journal of Sustainability Education, 2015,9(3):171 – 187.

[129] Tay, N. N. W., Yang, S. C., Lee, C. S., &. Kubota, N. (2018, July). Ontology-based adaptive e-textbook platform for student and machine co-learning. In 2018 IEEE International Conference on Fuzzy Systems (FUZZ-IEEE) (pp. 1 – 7). IEEE.

[130] Thomas Lehmann. Influence of Student Learning Styles on the Effectiveness of Instructions [DB/OL]. (2019 – 03 – 02). https://files. eric. ed. gov/fulltext/ED542718. pdf.

[131] Torrance H. Assessment as learning? How the use of explicit learning objectives, assessment criteria and feedback in post-secondary education and training can come to dominate learning [J]. Assessment in Education, 2007,14(3):281 – 294.

[132] UNESCO. Towards Information Literacy Indicators [M]. Paris, 2008.

[133] Valerio, K. Intrinsic motivation in the classroom. Journal of Student Engagement: Education Matters, 2012,2(1):30 – 35.

[134] Wang M, Chau H, Thaker K, et al. Concept annotation for intelligent textbooks [J]. arXiv preprint arXiv: 2005.11422,2020.

后 记

2018 年 1 月，完成《普通高中信息技术课程标准（2017 年版）》修订后，我就课程标准修订过程中生成的一些过程性研究材料进行了梳理和归整，参加了人民教育出版社和中国地图出版社组织的高中信息技术教材研讨活动，就高中信息技术课程标准修订理念和内容结构做了交流，随后参加到人教中图版高中信息技术教材调研与修订工作中来。

参加信息技术教材修订是一个学习与思考的过程。在此过程中，我们陆续发表了《面向学科核心素养信息技术教科书的设计与开发》《面向学科核心素养的信息技术单元教学设计与实现》《教育数字化转型的突破点：智能教材的设计与实现》《建设数字教材，助力学生数字素养与技能提升》等文章。这些文章是对基于课程标准信息技术教材研制与应用的阶段性思考，为完成这本书打下了基础。

2019 年 7 月，人教中图版普通高中信息技术教材通过审核并正式发行使用，教材修订团队对高中信息技术教材应用情况做了一些跟踪调研，在与一些教师、教研员交流过程中我也感受到，为能更好地使用好基于标准研发的教材，还需要从"素养导向教材的特征""学科内容与项目活动结合""新形态教材的组织方式与应用方法"以及如何为老师们提供教材应用的"抓手"提供支持，这也促使我有了对信息科技教材做深入研究的想法，着手开始了信息科技教材研制的理论梳理、方法探索和案例选用的研究工作。

能够完成这本书，要感谢人教中图版高中信息技术教材修订组各位专家的大力帮助，一套高质量教材的完成是集体智慧的体现，能跟随我国有多年实践经验的信息科技教材研制专家开展教材修订工作真是一件幸事；感谢张民生主任为此书作序，张主任百忙之中读了此书文稿，专门打来电话提了中肯的建议，让我受益匪浅;感谢王吉庆先生的支持,在这本书写作过程中,先生提了很多建设性的意见与建议,让这本书得以不断完善;感谢祝智庭教授和高淑印老师的信任,跟随祝教授和高老师编写教材的过程中让我深深感受到教材无小事的真谛。感谢我的爱人王海芳和女儿李辰瑶对我工作的理解与支持,我经常性出差和办公后的晚归让她们习以为常。在书稿编辑过程中,华东师大出版社教育心理分社彭呈军社长精心组织与润色,让此书添色许多;廖艺东、兰希馨和袁雨欣同学的资料收集与整理,杨江英、沈柯、叶宜涛、王雨晗、刘曦遥同学读稿工作都给我很多帮助,周世杰老师提供了优秀的案例,在此一并感谢。这本书的完成,也得到了上海市"立德树人"人文社科基地——信息科技教育教学基地的大力支持。

最后,如果这也算是一点成绩的话,我愿意把它献给我已去世的父亲和董艳丽女士,你们的爱一直激励着我向前进。

李锋 于华东师大文科大楼

2024 - 12 - 29